ZIUA ÎN CARE M-AM IUBIT CU ADEVĂRAT

Bookzone
BUCUREȘTI, 2019

Descrierea CIP a Bibliotecii Naționale a României
SĂVULESCU, ANDREEA

   Ziua în care m-am iubit cu adevărat / Andreea
Săvulescu. - București : Bookzone, 2019

   ISBN 978-606-9008-49-2

159.9

Redactor: Crina Brăiloiu
Grafică de copertă: Maria Stoian
Tehnoredactare: Alexandra Cătuneanu

Editura Bookzone
Șoseaua Berceni nr. 104, sector 4 București
Comenzi și informații:
Telefon: +40 774 091.579; +40 770 584.429
E-mail: office@bookzone.ro

www.bookzone.ro

CUPRINS

INTRODUCERE

Îmi scriu această carte mie. Mie, copilului care a crescut într-o familie, dar care se simte constant abandonat, condiționat, trădat, singur, confuz și derutat. Îmi scriu această carte mie, adolescentului respins și agresat, care nu știe de unde să înceapă să trăiască și ce să facă în fiecare zi cu traiul ce i s-a dat. Îmi scriu această carte mie, tinerei care a încercat diverse joburi până să înțeleagă că fiecare om are un rol prestabilit și că, dacă viața ta e o rană și o fugă de sine, ajungi să te cauți ca să te salvezi, iar, în final, faci tot ceea ce ți-a fost scris - devii psiholog ca să îi salvezi și pe ceilalți. Îmi scriu această carte mie, femeii care, după câteva relații disfuncționale, tot într-o căsnicie disfuncțională a ajuns, pentru ca mai apoi să deschidă ochii într-o *non-relație*, la apogeu de neiubire, în maximă respingere și abandon. Îmi scriu această carte mie, femeii adulte de azi, divorțate și trecute prin atâtea experiențe dureroase, din care a învățat că nimic și nimeni nu e mai important pe acest pământ decât propria persoană, propria libertate, propria fericire și propria viață. Îmi scriu această carte mie, femeii de azi care undeva, cumva, deși s-a lăsat pe ea ca să corespundă, s-a conectat cu sinele ei autentic și vrea să se elibereze din capcana lui "vă fac pe plac ca să mă iubiți și să mă acceptați".

Scriu această carte ca să mă vindec pe mine de rănile emoționale și de boala lui a face pe plac pentru că, în caz contrar: *te las la casa de copii, râd de tine, te agresez, te dau afară, te părăsesc, mă distrez fără tine, te exclud, ai să vezi ce-ai să pățești.* Prin cartea asta vreau să învăț să mă

5

iubesc, înainte de a le pretinde celorlalți să mă iubească. Scriu ca să mă fac pe mine cea mai importantă persoană din viața mea, ca să mă tratez pe mine cu respect și ca să mă ajut să trec peste frica paralizantă pe care uneori o simt la gândul că cineva nu m-ar plăcea.

Azi, scriu această carte ca pansament pentru sufletele noastre, ale celor răniți, ale celor abandonați, respinși, trădați și criticați, ale celor arătați cu degetul și acceptați DOAR DACĂ CORESPUND. Vreau să ne vinedecăm de *boala* neacceptării de sine și să cultivăm înăuntrul nostru ignoranța față de condiționările celorlalți. Vreau să ne iubim cu adevărat.

Ştii sentimentul ăla când te simţi
singur şi abandonat şi respins?
Eu mă simt aşa în fiecare zi.

MĂ ELIBEREZ

Ştii sentimentul ăla de abandon, când parcă milioane de cuţite ţi se înfig cu forţă şi cu ură în stomac, iar corpul îţi tremură din toate încheieturile şi plângi în hohote, necontrolat? Când parcă nici măcar tu nu ştii de unde să te apuci pe tine, unde să te pui şi ce să-ţi faci... îţi eşti un pic străin şi porţi în suflet un gol care pare că nu se umple şi, deşi eşti printre oameni, te simţi cel mai singur om de pe pământ? Eu mă simt aşa constant...

Ştii sentimentul ăla când eşti invadat cu putere de singurătate, când ea dă buzna în tine, pe neaşteptate, fără preaviz? Când te simţi atât de singur şi te doare inima atât de tare încât pare că o să explodeze, că o să se spargă în bucăţele pe care nu le vei mai putea vreodată asambla? Când te simţi abandonat, poate respins, criticat ori judecat sau exclus pentru că nu faci cuiva pe plac, nu corespunzi, nu te ridici la standardele altora şi nici la aşteptările lor? Eu mă simt aşa în fiecare zi, deşi fac tot ce pot ca să mă placă ceilalţi...

Ştii starea aia de sfârşeală, în care, deşi îţi repeţi cât eşti de valoros, parcă nu poţi să crezi că meriţi să trăieşti? Aia... ei bine, starea aia nu se termină niciodată. Eu, cel puţin, o port în sufletul meu de mult. Şi, deşi ştiu atâtea ca psiholog, nu am scăpat de ea nici până acum. E ca o rană care capătă coajă şi când mă bucur că o să treacă, fac cumva şi-o smulg, iar buba aia nenorocită sângerează din nou şi din nou, la fel de mult, la nesfârşit.

Eu sunt Andreea Săvulescu, am 33 de ani, sunt psihoterapeut şi, după ani de lucru cu mine, tot singură, respinsă şi abandonată mă simt. Povestea vieţii mele are un fir constant: singurătate, respingere, umilinţă, trădare, abandon. Povestea vieţii mele e că, orice aş face, ajung mereu în acelaşi punct, la acel punct din viaţa mea în care am învăţat că TREBUIE să fiu perfectă ca să fiu iubită, că TREBUIE să le fac pe plac, să corespund şi că, psiholog fiind, n-am voie să greşesc, nici să simt durere, furie, neputinţă, frică, de parcă ar fi o boală ca psihologul să fie uman.

Eu sunt Andreea Săvulescu, sunt dependentă de a fi om, iar azi m-am simţit trădată, abandonată şi respinsă de către singura persoană de la care mai simţeam acceptare şi cele mai puţine condiţionări. Şi aş putea să îi găsesc un milion de scuze, cum le găsesc de fiecare dată tuturor. La asta sunt expertă, mă pricep: aşa le-am găsit scuze alor mei pentru că n-au putut să mă iubească cu nevoile mele, pentru că nici ei nu au cunoscut altă iubire, aşa îi găsesc scuze fratelui meu atunci când poate că nu îmi place tonul lui, că aşa e el şi e mai mic, aşa le găsesc scuze foştilor mei iubiţi, că atât au putut oferi, fostului meu soţ, că n-a avut de unde să înveţe să iubească mai mult, prietenilor care m-au trădat, pentru că asta e ceea ce au ştiut. Pot să văd frumosul din fiecare om de pe pământ şi să găsesc scuze oricui, oricum, oricând. Cel puţin şapte miliarde de scuze... pot să găsesc...

Dar nu mai vreau să-i înţeleg pe ceilalţi, a devenit epuizant şi nu mai vreau să fiu puternică. Azi, vreau să plâng. Vreau să mă înţeleg pe mine şi să-mi îndrept atenţia asupra mea, să îmi găsesc scuze mie şi să mă iert, să sparg uşa coliviei, să zbor, să mă eliberez, chiar dacă a zbura înseamnă a fi singur şi expus. De ce să-mi fie frică de respingere, de trădare, de singurătate şi abandon, când le trăiesc oricum, constant? Cel mai rău lucru care mi s-ar putea întâmpla ar fi să iau cu mine durerea care îmi este familiară, însă cred că ceea ce aş putea găsi în libertatea de a fi eu, merită asumarea oricărui risc.

Azi vreau să dau măştile jos şi să ajung la mine, în adânc. Să mă privesc şi să mă plac. Să mă accept, să mă iubesc, să înţeleg că dacă îmi asum felul meu de a fi, nu pierd pe nimeni, ci mă câştig.

De ce ajunge iubirea să doară,
când ea ar trebui să aline?

TIPARE DE FUNCȚIONARE

Unul dintre lucrurile cele mai importante, pe care le-am învățat în formarea mea ca psihoterapeut, a fost acela că mintea umană funcționează pe pattern-uri, pe tipare, iar felul în care ne sunt sau nu satisfăcute nevoile din primii ani de viață ne determină emoțiile, gândurile și comportamentele. Dacă, bebeluș fiind, plângi de foame și nu ești băgat în seamă, înveți că nevoile tale nu contează. Dacă mama nu te ia în brațe când te doare, te simți respins și înveți că nu ești suficient de important încât să meriți alinarea. Dacă plângi, iar mama te ignoră ca să nu "te înveți rău", atunci te simți abandonat și nedem de a fi iubit. Mintea umană este o mașinărie complicată și, deși credem că noi avem controlul, în realitate, deciziile sunt luate, în mod inconștient, de dinainte.

Cele mai multe lucruri despre lume, despre viață și despre noi înșine le învățăm în familie, de la oamenii semnificativi pentru noi și de multe ori, în același mod inconștient, perpetuăm aceste concepții și pattern-uri preluate, chiar dacă ele nu ne aduc beneficii. Cel mai dureros este atunci când avem modele disfuncționale și nu reușim să ne desprindem de ele și le ducem în relații, mai departe. Dar cine știe ce e funcțional, când disfuncțional i-a fost unica realitate? Disfuncționalitatea asta ne doare, mai ales în iubire. Când fiecare vine cu propria-i definiție și, inconștient, își urmează propriile pattern-uri, apăsându-i celuilalt niște butoane, atunci iubirea nu mai e plăcere, e durere... devine un chin.

Când sunt mici, oamenii trăiesc mai întâi emoțional și prin senzații. Până la vârsta de trei ani, creierul nu este suficient de dezvoltat încât să raționalizeze și să dea sens lucrurilor care se întâmplă. Ceea ce simțim în primii ani de viață, se întipărește în corp, devenind amprenta noastră emoțională, din care e dificil de ieșit și pe care creierul caută să o conserve, aducându-ne în situații care să o întrețină, asemănătoare cu cele inițiale, care ne-au marcat puternic. Creierul ne protejează transformând chiar și suferința în normalitate. De aceea, dacă nevoile de bază nu ne-au fost îndeplinite, bebeluși fiind, apoi am crescut având modele disfuncționale, chiar dacă a durut, căutăm să retrăim aceeași durere pe mai departe. De asta, uneori iubirea ajunge să doară în loc să aline, să ne distrugă, în loc să ne ajute să ne construim pe noi înșine și pe noi în relații. De asta, ajungem răniți și degradați pe dinăuntru, retrăind aceeași emoție incipientă, care ne-a devenit normalitate. Chiar dacă la maturitate intervine rațiunea care dă sens lucrurilor trăite, mai întâi de toate, se activează amigdala, zona aceea responsabilă cu durerea și frica, ea ne face să ne simțim aceiași copii neglijați emoțional și cu nevoi nesatisfăcute.

Iubirea pe care o primim când suntem mici, e cea pe care o căutam toată viața. Iubirea e altceva pentru fiecare dintre noi. Pentru copilul abuzat, abuzul e iubirea, pentru cel neglijat, neglijența. Pentru copilul abandonat, abandonul e iubirea, pentru cel respins, respingerea, pentru cel umilit, umilința. Pentru fiecare în parte, iubirea îmbracă forma familiarului. Copilul de ieri devine adultul de azi, care intră în relații ce îi recreează normalitatea, pentru că astfel el se simte în siguranța. Creierul unui abuzat nu știe ce să facă cu vorbele frumoase, nu se identifică, nu le poate integra în propria ființă. Tiparele astea, dacă nu sunt identificate şi schimbate, rămân acolo, ca nişte cărări bătătorite, ca nişte programe ce rulează în fiecare zi, pe pilot automat,repetându-se.

În ultima vreme, se tot vorbeşte despre vindecarea rănilor interioare, dacă până acum se punea accent pe scăderea intensităţii durerii, studiile recente au arătat că oamenii pot depăşi unele evenimente traumatice, că plăgile noastre emoţionale se vindecă, iar vindecarea vine creând noi cărări şi cu programele mentale schimbate. Psihoterapia este o metodă ce funcţionează în procesul de vindecare, însă presupune constanţă şi un proces de lungă durată, scrisul este şi el o modalitate, atelierele de constelaţii ajută, iar hipnoza este metoda mea preferată, pentru că este mai rapidă decât psihoterapia şi poate îmbunătăţi considerabil viaţa cuiva care caută să se vindece şi să îşi transforme realitatea.

Eu recunosc, de multe ori am fost neputincioasă şi m-am surprins simţindu-mă neajutorată în propria mea viaţă, singură, fără repere şi, chiar dacă am conştientizat acel ceva ce nu-mi aduce beneficii, mi-a fost greu de multe ori să renunţ la tipare şi să mă abandonez incertitudinii. Cred că m-am identificat atât de tare cu durerea mea, încât mi-a fost frică să mă desprind de ea. Cine sunt eu, dacă mă vindec şi suferinţa trece?

Cel mai mare agresor al meu
sunt chiar eu.

ȘI PSIHOLOGII FAC TERAPIE

Și psihoterapeuții merg la terapie, e obligatoriu să avem un anumit număr de ședințe de dezvoltare personală – un fel de terapie de grup, dar noi știm că, uneori, e nevoie de mai mult, de asta ajungem să facem terapie și individual. Eu am fost într-un proces de psihoterapie pentru mult timp pentru că am înțeles că, deși avem atâtea cunoștințe, dacă nu suntem vindecați noi înșine, riscăm ca, în procesul terapeutic cu clienții noștri, să dăm greș și, poate, mai rău, să-i rănim. Iar rolul psihoterapeutului e de ghid în vindecarea lor. E mare lucru să ai pe mână emoțiile unui om, delicatețea e instrumentul principal pe care noi îl folosim. Și nu ai cum să fii delicat, dacă nu lucrezi traumele cu care te confrunți chiar tu. Eu, deși am lucrat multe aspecte ale vieții mele, îmi permit să fiu vulnerabilă și să recunosc că, chiar și așa *lucrată*, tot greu m-am prins că problema mea e mereu aceeași și că doar persoana care îmi apasă butoanele e alta, odată la ceva timp. Am ajuns de fiecare dată la psihoterapie pe motiv de *neiubire*, nu m-am simțit îndeajuns de iubită, iar ceea ce am trăit s-a suprapus pe scenariul de viață cunoscut, cel în care iubirea, pentru mine, înseamnă lipsa ei.

Tot procesul meu psihoterapeutic de pe parcursul celor 10 luni de căsătorie (cu tot cu acte de divorț) m-a provocat să sap adânc. Săpând, mi-am dezgropat demonii interiori. Demonii ăștia mi-au adus la suprafață extrem de multe amintiri. Amintiri legate de cum s-a format definiția iubirii în mintea mea, amintiri despre cum am transferat ceea ce am învățat în relațiile mele amoroase și cum am trăit iubirea cu fiecare om. Mi-am rememorat o mare parte din viață într-un timp atât de scurt, ca să fiu capabilă să încep o călătorie către mine. Am crezut că în cele 10 luni de privit în interior, am vindecat din răni, ca mai apoi să mă trezesc la realitate, într-o *non-relație*, cu o persoană atât de familiară, cum nu a mai fost niciuna până acum, o *non-relație* care m-a durut și în care cel mai mare agresor al meu am fost chiar eu, în care singură am aruncat cu pietre în mine și m-am biciuit. Pe măsură ce am înaintat spre miezul acestei legături, am înțeles despre mine că nu mă iubesc deloc. Eu sunt cel mai mare sabotor al meu, eu sunt propriul meu dușman. Am înțeles că nu locuiesc încă în mine, că sunt în exterior, că mă privesc și mă critic, că mă judec și mă resping, că mă stigmatizez și mă etichetez și că nici habar nu am eu cum să mă accept și cum să mă iubesc pe mine. Sunt deficitară la capitolul iubire de sine, acum știu.

Realitatea asta m-a speriat. Să realizezi că nu știi să te iubești pe tine, după atâta psihologie, la 33 de ani, să înțelegi că nu faci altceva decât să te rănești, e un lucru înspăimântător. Așa am ajuns să caut soluții ca să ies din tipare și să învăț să îmi ofer iubirea pe care am simțit că ceilalți nu mi-o pot da. Și cred că o întoarcere în trecut, asupra tuturor acelor amintiri de *neiubire* care mă invadează uneori, m-ar ajuta. Ca să vindeci, e necesar să retrăiești durerea din momentul în care rănile ți s-au format, pentru că doar astfel poți să închei ciclul suferinței, să accepți experiența și să mergi mai departe, eliberat. Cred că mi-ar prinde bine să fiu părinte pentru copilul meu interior. Poate că asta este calea prin care am să mă vindec de boala neiubirii, care doare atât de tare, încât, uneori, simt că inima îmi cedează și se frânge pe interior.

*E timpul să mă întorc în trecut,
să mă întâlnesc cu copilul meu
interior, să-l privesc, să îi vorbesc,
să îl țin în brațe.*

MĂ ÎNTORC ÎN TRECUT

Deşi simt multă durere înăuntrul meu, sunt în acelaşi timp şi recunoscătoare oamenilor care, de-a lungul timpului, m-au respins. Pentru că azi, când respingerea s-a reactivat, din durerea asta sfâşietoare simt că renasc, că mă transform într-un om nou şi că, făcând asta, îi ajut şi pe cei care au aceleaşi răni. Oricum, eu am simţit întotdeauna că sunt protejată de Univers. Chiar şi atunci când m-am trezit la pământ, plângându-mi sufletul, ghemuită de suferinţă, în poziţia fetusului, dorindu-mi cu fiecare atom al corpului meu să scap de amărăciune şi să mă întorc la esenţă, am simţit că ceva nu-mi dă voie să mă frâng şi că o forţă superioară mie, cu o putere nemărginită, mă ridică de aripi şi-mi suflă în ele ca să zbor: *Hai că poţi, mergi către culmi!*

Îmi vin acum în minte atât de mulţi oameni pe care îi asociez cu durerea şi cu chinul meu... Mi-ar fi uşor să responzabilizez pe fiecare dintre ei pentru situaţiile prin care am trecut, dar ştiu că toate inflamaţiile sufleteşti pleacă de la începuturi, unele din pântec chiar. Cred că sămânţa abandonului, a respingerii, a trădării, a neimportanţei şi a singurătăţii se sădeşte în noi încă de la concepere. Eu nu ştiu cât am fost de vrută, când eşti făcut de nişte oameni la 20, respectiv 22 de ani, nu poţi să deduci decât că n-ai fost un copil planificat. Studiile recente arată că şi *nevrutul*, ca şi alte emoţii, se transmit la fetus, copilul simte încă din pântec trăirile mamei, energia, vibraţia şi gândurile ei. Mi-e clar că într-un fel sau altul, la nivel inconştient, eu am înţeles că n-am fost chiar binevenită pe acest pământ. Cred că pot, totuşi, să îi înțeleg pe ai mei, eu am 33 de ani şi nu mă simt capabilă să fac un copil, pentru că ştiu despre mine că nu aş fi în stare să îi satisfac nevoile emoționale, căci, până acum, n-am aflat nici cum să le satisfac pe ale mele. Ce pot să zic despre nişte oameni de 20 şi 22 de ani? Eu, la 20 de ani, nu aveam curajul să mă uit în ochii persoanei din fața mea, aşa că n-am decât să cred şi să accept că ai mei au făcut ceea ce au ştiut ei mai bine, cum au putut mai bine, cu resursele de la vremea respectivă şi că n-au avut nici ei, la rândul lor, de unde să învețe că emoțiile, fie bune, fie rele, trebuie trăite şi gestionate, că cele negative sunt un barometru şi au rol reglator, dar nici cum să mă iubească pe nevoia mea, cum nici eu n-am ştiut să cer.

Aşa că eu, astăzi, din postura de adult, aleg să mă întorc în trecut, să-mi dau întâlnire cu copilul meu interior, să-l privesc, să îi vorbesc, să îl țin în brațe, să-i spun că din tot răul, de fiecare dată, se va naşte ceva fantastic, minunat şi să închei, astfel, ciclul suferinței mele de până acum. Mă întorc în trecut ca să-i spun fetiței mele că merită să fie iubită, că nu are nicio vină pentru nimic din ceea ce s-a întâmplat, că e frumoasă, valoroasă, demnă de a trăi. Mă întorc în trecut ca să îi spun fetiței din mine că e ok să aibă standarde, să ceară şi să primească pe nevoile ei, că e în regulă să fie autentică şi vulnerabilă, că va fi iubită oricum. Mă duc înapoi în trecut ca să îi spun fetiței că nu trebuie să corespundă, că e ok aşa cum e şi că merită să fie tratată cu blândețe şi respect. Vreau să îi spun fetiței din interior că ea este cea mai importantă ființă pentru mine, că eu am să o accept şi am să o iubesc mereu, necondiționat.

Mi-e puțin frică, trebuie să recunosc. Mi-e frică de ceea ce o să simt când o să mă privesc, când o să îmi vorbesc... Ştiu, însă, că întâlnirea cu mine este atât de valoroasă, încât merită să îmi înfrunt orice frică pe care o am, pentru că doar aşa o să mă vindec de virusul ăsta al *neiubirii*, care e atât de puternic, încât uneori simt că nu mă va scăpa de el nici cel mai puternic antibiotic de pe acest pământ.

Mă tot frământ, nu ştiu cum să continui sau, mai bine zis, cum să încep povestea vieţii mele de până acum. Să încep cu suferinţa din ultima relaţie? Cu zbuciumul sufletesc pe care l-am trăit în ultimele luni? Cu toată confuzia, durerea fizică şi emoţională, date de faptul că nu am înţeles nimic din comportamentul unui bărbat de care m-am îndrăgostit? Ori cu faptul că, deşi am înţeles totul, nu am înţeles nimic? Să vorbesc despre faptul că, în 10 luni, am avut mai multe revelaţii despre pattern-urile mele şi despre ceea ce înseamnă iubirea pentru mine, decât am făcut-o în ceilalţi 32 de ani de trai? Să continui cu confuzia mea, cu incapacitatea de a înţelege de ce mă simt atât de bine, dar atât de rău în acelaşi timp? Să povestesc despre cum, deşi *non-relaţia* asta, care a fost una dintre cele mai derutante experienţe din viaţa mea, m-a ajutat să mă cunosc pe mine la un nivel profund, să mă descopăr, să înţeleg că nu e niciun dar mai de preţ decât darul de a fi autentic, cu riscul respingerii, trădării, al excluderii, cu orice risc? Sau să încep cu prima amintire care îmi vine în minte?

Am observat că viaţa mea se scaldă în confuzie uneori. Dar am să îmi permit să fiu autentică şi vulnerabilă acum, aşa că las să curgă această carte, dau voie amintirilor să iasă aşa cum vin şi aleg să mă iubesc, în tot haosul, în toată confuzia şi în toată *neiubirea* mea. Ştiu că, oricum aş fi, sunt demnă de a fi iubită, de a trăi. Aşa că azi, atât cât pot, aşa cum pot, întâmpin vindecarea şi îmi rescriu trecutul, aşa cum mi se înfăţişează.

Rescrierea amintirilor dureroase cu iubire şi acceptare, cu permisiunea de a fi, de a plânge, de a suferi este ceea ce vindecă.

AMINTIRI ŞI TRAUME

Noi nu ne amintim amintirea în sine, ci ultima dată când ne-am amintit amintirea, iar amintirile sub formă de reprezentări în imagini încep de pe la vârsta de 3 ani, când se formează structura cognitivă, iar până atunci trăim în emoţii şi senzaţii care ne rămân adânc întipărite în corp. Unele dintre amintirile noastre sunt denaturate, altele nu s-au întâmplat de fapt, dar noi ni le imaginăm pe baza a ceea ce am auzit. Nu ştiu cum a fost la naşterea mea, dar pot să vizualizez pe ecranul minţii ceea ce bunica mea mi-a povestit.

Ai mei locuiau la părinţii mamei, la Mămica şi la Tăticu – aşa le spuneam noi, nepoţii lor. Mămica mi-a povestit că ea a fost cea care m-a aşteptat la poartă şi, când a ajuns salvarea în faţa casei, să mă aducă de la spital, aşa cum se proceda pe atunci, ea a fost prima care m-a luat în braţe şi m-a pupat. Îmi imaginez scena asta şi mă întreb, oare în braţele ei cum s-a simţit? Oare, cuibărită acolo, m-am simţit binevenită, în siguranţă, sau am plâns? Că la golul pe care îl simt în interior, m-aş întoarce în braţele ei acum... Tot bunica mi-a luat şi haine să mă scoată din spital, tata nu prea avea bani şi am aflat că a fost şi dezamăgit de mine, pentru că şi-ar fi dorit să fiu băiat. Cred că asta este prima urmă de respingere pe care am simţit-o, la nivel energetic, vibraţional şi pe care am preluat-o în inconştient, ca bebeluş. În raport cu mama, cred că acelaşi lucru am simţit, am aflat că ea, cu o zi înainte de a mă naşte, umbla prin satele alăturate ca să strângă banii pentru firma de asigurări la care lucra. Din poveşti, pare că ai mei nu s-a pregătit atât de tare să îmi ureze bun-venit, pare că naşterea mea nu a ţinut pe nimeni în loc, lumea avea treabă, iar eu, la nivel inconştient, am simţit şi integrat asta ca fiind respingere.

Ştiu că ai mei nu au vrut să îmi provoace răni, îi iubesc şi înţeleg că au făcut ceea ce au ştiut ei cel mai bine în toate momentele vieţii, cu toate resursele pe care le-au avut şi îi admir pentru că, într-un fel sau altul, s-au descurcat cu un copil la o vârstă atât de fragedă, apoi cu doi. Eu recunosc, nu ştiu cum aş fi reuşit. Din nou îi scuz, pentru că ştiu că traumele sunt omeneşti şi că orice om care are copii, fie el cel mai bun părinte de pe pământ, lasă pruncului său nişte răni, pentru că noi, oamenii, aşa suntem construiţi, să ne rănim în relaţii şi tot în relaţii să ne şi vindecăm. Mintea umană e oricum în aşa fel structurată încât interpretează multe lucruri ca traume, pe care le cară mai departe, ca pe un bagaj emoţional. Din păcate, dacă nu le descoperim şi nu le vindecăm, multe dintre ele rămân întipărite în noi, apoi dor şi ne afectează felul în care funcţionăm. La rândul lor, părinţii noştri au traume, au propriile răni, iar oamenii cu traume perpetuează traumele, la fel cum facem şi noi, dacă nu le vindecăm.

Vreau ca această carte să fie o invitaţie la blândeţe, la înţelegerea propriilor traume, a propriului fel de a fi, de a trăi, a propriei fiinţe, la îngăduinţă faţă de părinţi, faţă de propria viaţă, faţă de copii. Eu cred că rescrierea amintirilor dureroase cu iubire, cu acceptare, cu permisiunea de a fi, de a plânge, de a suferi este ceea ce vindecă, este ceea ce ne aduce pe noi, oamenii, la un nivel al însoţirii de sine, al asumării, al împlinirii în interior.

Dezamăgirea unuia sau a ambilor părinți, cu privire la sexul copilului, provoacă o adâncă traumă de identitate și de respingere în interiorul celui mic.

BATE CA SĂ DEMONSTREZI

Aşadar, tata a trăit o mare dezamăgire când a auzit că primul lui născut este o fată, nu un băiat, aşa cum şi-ar fi dorit. Nu mi-a spus-o niciodată el, ştiu de la bunica şi de la mama că a fost destul de supărat. Dar cred că nici nu era nevoie să aflu, pentru că am simţit că între noi lipseşte ceva, poate 10% din doza de 100% de acceptare, sau poate mai mult... Cum spuneam, copiii au un barometru emoţional extrem de bine dezvoltat şi percep la nivel energetic, vibraţional, lucrurile nespuse, care există, dar despre care adulţii nu vorbesc, care rămân acolo, ca elefantul din cameră, despre care nu vorbeşte nimeni, cel mare şi roz. Cred că eu, simţind respingerea asta, într-un mod inconştient, am încercat încă de mică să îi fac pe plac.

Dezamăgirea unuia sau a ambilor părinţi, cu privire la sexul copilului, provoacă o traumă de identitate, cel mic o traduce ca pe o respingere a ceea ce este el cu adevărat şi trăieşte apoi o constantă şi continuă fugă de sinele său real şi dezvoltă diverse mecanisme prin care să se adaptaze la cerinţele persoanelor dragi, ca să arate că e demn şi merită să fie iubit. Asta am făcut şi eu mai toată viaţa mea, iar astăzi sunt epuizată şi nu ştiu despre mine cine sunt dincolo de sinele meu fals.

Lui taică-miu îi plăceau extrem de mult filmele „cu bataie", ne uitam des la video, era fan Jackie Chan, închiria casete şi petreceam aproape tot timpul liber pe canapea. Fost boxer, tata era extrem de pasionat de luptă şi, după fiecare film, mă învaţa diverse „scheme", ca să ştiu să mă apăr – îmi zicea. Iar eu, ca să-i arăt că, deşi am ieşit fată, sunt demnă de a fi iubită, dorind să-l mulţumesc, la nivel inconştient, am încercat să-i arăt că în spatele aspectului de fetiţă sunt aşa cum mă vrea el, drept urmare, i-am bătut pe mai toţi băieţii din cartier. *Uite tată, aplic ceea ce m-ai învăţat, eşti mândru de mine acum? Mai vrei să fiu băiat?* Uneori, se forma „coadă" de oameni la noi la uşă, părinţi ai copiilor pe care îi băteam, care se plângeau de comportamentul meu agresiv. Eu ajunsesem în punctul în care nu mă mai apăram, ci agresam ca să demonstrez că *uite, pot să mă lupt, pot fi băiat!* Iar confirmarea faptului că tata e mândru de mine, de ceea ce am învăţat, apărea atunci când, de faţă cu părinţii respectivi, el mă mustra, pentru ca, după ce închidea uşa în urma lor, să nu-mi mai spună absolut nimic. Nu mă certa niciodată real - nu pentru aşa ceva, era o mică piesă de teatru pe care o jucam acolo amândoi, o piesă pusă foarte bine în act. Mai târziu, când a mai crescut frate-miu, îmi amintesc că tata se arăta dezamăgit de faptul că el nu ştie să se apere şi să se lupte, aşa cum o fac eu. Pentru mine, acelea erau singurele momente în care simţeam că sunt mai presus, în care primeam atenţie, aprobare şi acceptare, aşa cum îmi doream. Câmpul de luptă era întotdeauna locul unde preferată eram eu...

Mă întorc în trecut, la fetiţa care învaţă să lupte şi care bate copiii de pe lângă bloc. Mă uit la ea şi văd că, deşi e bătăuşă, are un soi de inocenţă şi o doză de bunătate în interior, ea nu agresează pentru că e rea, loveşte doar ca să fie acceptată, vrea să arate că şi aşa, fetiţă fiind, îşi merită locul pe acest pământ. Îi iau mânuţa în mâinile mele de adult, o mângâi pe frunte şi îi spun: „e ok că eşti fetiţă, eşti foarte bine aşa cum eşti!"

Pe ecranul minţii mele, mă văd pe mine, femeia, în timp ce încerc să mă conţin pe mine, fetiţa (să fiu blândă cu mine, să mă privesc cu compasiune, să îmi recunosc emoţiile, să mă accept). În prezentul de acum, am degetele pe taste şi în timp ce scriu, mă înec în hohote de plâns. E un plâns autentic, cu sughiţuri de durere şi cu paralizie respiratorie, când parcă nu-ţi mai intră pic de aer în plămâni... Nu ştiu ce se întâmplă cu mine, nu ştiu ce simt. Mâinile mi-au amorţit şi corpul mi s-a încălzit, iar sângele îmi clocoteşte în vene de parcă în curând urmează să explodez şi să împrăştii durerea asta ce mă mistuie pe interior. Plâng, iar pe fundal îmi cântă Sleeping at least – Light: „You are loved. You are loved more thank you know", de parcă Universul ştia că am nevoie de asta acum. Plâng, mă doare, dar, în acelaşi timp, mă bucur, pentru că simt că, de abia în clipa asta, încep să fiu sinceră cu mine cu adevărat. Cred că de la durerea asta încolo începe vindecarea mea.

Mai stau puţin lângă fetiţă ca să-i ţin mânuţa între mâini. E mâna mea de copil, e delicată, nu e nicidecum de bătăuş. O mai mângâi puţin, mai plâng. Plâng eu mare lângă mine, mică. Mă plâng pe mine. O plâng pe ea. A fost greu atunci să depună atât de mult efort ca să se simtă iubită, ştiu... E frumoasă fetiţa de atunci, e frumoasă femeia de azi. Încă mai bate, indiferent de aspect, doar că azi loveşte oamenii în corpul emoţional, este felul ei de a se proteja, dar înăuntru se simte la fel de respinsă şi aceeaşi durere o poartă şi acum în interior. Mă uit în ochii ei şi îi spun: *mi-aş dori să te asigur că dorinţa ta de a fi altcineva decât cine eşti, va dispărea, dar nu va fi aşa. O să mai simţi mult timp nevoia să îţi creezi o identitate falsă, ca să primeşti iubire şi acceptare, nu ştiu dacă senzaţia asta de insuficienţă se va opri. Dar e ok să simţi ceea ce simţi, dă-ţi voie să trăieşti emoţia! Ştiu că de multe ori te simţi singură, dar eu am fost întotdeauna lângă tine şi mereu voi fi, îţi voi conţine emoţiile, te voi trece prin durere, te voi încuraja.*

Vreau să ştii că eu sunt tu din trecut, iar tu eşti eu din viitor, m-am întors să-ţi spun că eu te accept şi te iubesc aşa cum eşti.

Eu mă accept şi mă iubesc aşa cum sunt.

Pentru că n-am primit iubire aşa cum am avut nevoie, când am avut nevoie, ne agăţăm de ceilalţi şi punem pe ei presiunea de a ne umple golurile.

FRICĂ ŞI LIPSĂ DE REPER

Se spune că rănile din relații se vindecă tot în relații, însă vindecarea începe cu a fi conștient de pattern-urile pe care le ai. Eu, până să fiu sinceră față de mine și să mă privesc așa cum sunt, în loc să *mă repar*, m-am agățat de ceilalți și-am pus pe ei presiunea de a-mi umple golurile, pentru că n-am primit iubire așa cum am avut nevoie, în copilăria mea. În iubire, eu am învățat să aștept și pare că în continuare asta fac, aștept ca cineva să mă iubească, așa cum nu mă pot iubi nici măcar eu. De asta mă doare când nu primesc ceea ce vreau și de asta am ajuns să cred că relația cu el însuși ar trebui să devină relația de referință a fiecărui om. De aici, se poate construi orice alt tip de relație cu oamenii din jur.

Legăturile mele de dragoste au fost disfuncționale toate, asta îmi este clar. A fost nevoie să trec de mai multe ori prin aceeași durere, pentru ca, după experiența cu ultimul bărbat din viața mea, să mă pot întoarce pe firul relațiilor, să le privesc din exterior, ca observator și să înțeleg că niciodată nu a fost despre personajul masculin, cât despre mine, repetând scenariul pe care îl știu, însă cu diferiți actori. Eu am jucat rolul pe care l-am repetat o viață întreagă, în raport cu mama, cu tata și cu toți apropiații mei.

Mama mea e o femeie extrem de muncitoare. Ca tata de altfel. Ea este cea mai mare dintre cei 4 copii și a fost supra-responsabilizată, cum spunem noi, psihologii, despre cei care sunt nevoiți să se maturizeze de copii. Când bunicii mei mergeau la câmp, să muncească pământul, ea trebuia să pună totul în ordine şi să îşi organizeze fratele şi pe celelalte două surori ca să termine toată treaba din curte până când se întorceau bunicii înapoi. Dacă treburile nu erau terminate, ea era pedepsită. Responsabilitatea, pentru mama, a continuat cu mine, avea 20 de ani când m-a născut. A ştiut să fie responsabilă în toate felurile, numai că nu a reuşit să mă conţină emoţional, pentru că nici ea nu a avut un asemenea model. Aşa că s-a ţinut la distanţă de emoţii şi a muncit mult, pentru că satisfacerea nevoilor materiale întotdeauna a primat; nu se ştiau prea multe de satisfacerea nevoilor emoţionale, pe atunci.

Mama a făcut ceea ce a ştiut mai bine, iar cel mai mult a investit în mine pe plan intelectual. Pentru ea, educaţia mea a fost prioritară, să "ai carte" a fost lucrul ce a contat cel mai mult, cred că a vrut cumva să supra-compenseze şi a proiectat asupra mea ceea ce nu a putut face ea. Ştiu că ea şi-ar fi dorit să meargă la facultate, însă pe vremea comunismului era prea mult pentru bunicii mei să o ţină pe ea în facultate şi alţi 3 copii în liceu, iar ca să îi poată susţine pe toţi, bunicul a trebuit să se înscrie în CAP. Simt că mama a vrut ca, prin mine, să-şi îndeplinească dorinţa ei de a studia, doar că presiunea asupra mea a fost destul de mare, iar pe ea am perceput-o de multe ori ca fiind dură, critică şi cu prea multe aşteptări. Aşa am înţeles eu că nu am voie să greşesc, că trebuie să fiu perfectă, că trebuie să corespund, că pentru a fi iubită şi acceptată, e necesar să performez.

Îmi amintesc că în clasa a doua am luat primul 6, la o lucrare la matematică. Am primit bătaie pentru nota asta şi am fost pedepsită mult timp. Mă întreb, oare cât de mare să fi fost frica maică-mii, cât de înspăimântată să se fi simţit la gândul că aş putea da greş în viaţă de la nota aia de atunci? Mult timp am simţit că s-a comportat cu mine de parcă eram una cu nota, de parcă şasele ăla mă definea. Degeaba m-a bătut, bătaia aia nu m-a ajutat, ba m-a făcut să cred despre mine că valorez şi mai puţin.

Mi-a intrat atunci în cap că, dacă nu ştiu matematică, sunt defectă şi nu sunt demnă de iubit, dar asta nu m-a ajutat să înţeleg materia mai bine. Îmi vin în minte şi alte amintiri de prin clasele a V-a şi a VI-a, amintiri în care doiul, treiul şi patrul erau notele mele obişnuite la mate. Nu ştiu cum am scăpat de corigenţe, ştiu doar că mama mă certa, mă trimitea jos, la magazinul de cartier, ca să cumpăr caiete şi mă punea să lucrez în plus, să fac exerciţii din nişte culegeri, iar eu uram să fac asta şi plângeam atât de mult încât udam toate paginile, mă simţeam atât de tristă, izolată, prizonieră în dormitorul nostru mic şi întunecos...

Mai veneau în vizită prietene de-ale mamei, ea le povestea de ce sunt pedepsită, iar ele îi spuneau „da' las-o, Mariano, că atât poate!", dar ea se încăpăţâna că nu, că pot mai mult şi punea şi mai multă presiune asupra mea să performez la o materie la care nu mă pricepeam, iar eu plângeam, mă răzvrăteam, mă simţeam neînţeleasă, neîndreptăţită, iar matematică nu ştiu prea multă nici acum...

Primul nostru apartament era mic, extrem de mic, cum intrai în stânga era bucătăria, lungă, dar îngustă, cât să încapă doi oameni unul lângă altul pe lângă mobilă şi cam atât. În faţă, cum intrai pe uşa apartamentului, holul strâmt şi o debara, ce despărţea bucătăria de baie. Din hol, dădeai în sufragerie, unde, pe peretele din dreapta aveam mobilă din aceea masivă, maro, bună la vremurile acelea, luată de la fabrica de la Căzăneşti, acolo unde era al doilea cel mai mare abator de porci din ţară, unde lucra şi taică-miu, ca mulţi alţi oameni din oraş. Au luat mobila asta cu greu, prin intervenţii, cum se făcea pe atunci. Pe jos, în sufragerie, aveam un covor persan, din ăla cu ciucuri mulţi şi albi, pe care mama mă punea să îi perii până când arătau impecabil şi stăteau frumos aranjaţi. Din sufragerie se intra în dormitorul mic, în care nu prea aveam loc să facem mare lucru de patul mare, nupțial, de care eram foarte mândră, că nu toată lumea avea, era ca mobila din sufragerie, venit în set. Maică-mii i-a plăcut întotdeauna calitatea și, deși n-am fost bogați, ba chiar, uneori, ne-am chinuit, a luat întotdeauna lucru bun și rezistent. A ținut mulți ani mobila de la Căzănești, mai sunt încă, la bunica la țară, câteva piese din ea, inclusiv patul. Din dormitorul de la B10 intram, prin stânga, în balconul mic și el, dar plin cu jucării. Balconul ăsta a fost în copilărie locul meu preferat, oaza mea de liniște, de siguranță, de confort. În apartamentul ăsta mi-am petrecut copilăria și o bună parte din adolescența mea.

Mă-ntorc în trecut și mă văd pe mine, fetița care simte presiunea de a performa, în sufragerie, scriind. Nici măcar nu stau la un birou adevărat, părinții mei nu au mai avut bani și pentru asta, așa că scriu pe o piesă de mobilier, ceva improvizat. E primăvară, nu știu exact ce clasă sunt, mă văd doar stând la „biroul" maro închis, lipit de peretele din stânga al sufrageriei, cu geamul în dreapta lui. Sunt singură acasă, iar sentimentul ăsta de singurătate parcă e ceva normal, firesc. Știu că trebuie să merg la olimpiadă la limba romană, că trebuie să învăț ca să o fac pe mama mândră, să mă laude, să îmi spună că sunt bună și ascultătoare, că mă ridic la standardele ei. Stau cu caietul și cu stiloul în față, scriu puțin, mă opresc, mă uit pe geam, o iau de la capăt, mă uit pe geam din nou, afară e primăvară, văd mult verde, dar cerul e înnorat. Aud cum picură stropii de ploaie, mă distrage sunetul, cerul e mohorât, vremea de afară rezonează cu sufletul meu, dar aș vrea să nu mai fiu distrasă și să mă concentrez pe scris, simt că vreau mai mult de la mine, nu scriu perfect și am atâtea frici: dacă o dau în bară, dacă nu fac bine, dacă la olimpiadă nu fac mai nimic și de ce mă uit pe geam întruna, de ce nu e nimeni cu mine aici ca să-mi spună că e ok dacă nu-mi iese, că e ok dacă greșesc? De ce ai mei muncesc așa de mult și de ce e vremea asta atât de tristă și îmi plouă în suflet atât?

Mă aşez lângă fetiţă şi o simt neîncrezătoare, derutată, confuză, singură, fără reper. Pun mâna pe umărul ei stâng, ea mă priveşte oarecum mirată, cu ochii ei mari, căprui şi rotunzi. *Sunt eu - îi spun, eu sunt. Sunt tu! M-am întors să-ți spun că nu eşti singură, sunt eu aici. E ok să te simți speriată şi e în regulă să greşeşti, ştiu că te simți confuză şi ai nevoie de un ghid şi vreau să-ți spun că eşti tu, tu eşti ghidul tău, iar peste ani vei fi şi ghidul altor oameni, îi vei ține de mână şi îi vei ajuta să treacă peste durerile lor.* Mă uit la mine copilă şi mă văd atât de frumoasă în inocența mea... Mă iau în brațe, mă mângâi pe păr, mă sărut pe frunte şi îmi dau eu mie iubire, căci am atâta nevoie să mă iubesc acum. *Ştiu că este ceață în mintea ta, dar vreau să-și spun că eşti valoroasă şi fără să performezi, îți vei găsi drumul în viață oricum, aşa că dă-ți voie să nu fii perfectă, ai voie să greşeşti, erorile astea te fac om! Eu te iubesc aşa umană cum eşti. Cândva, le vei spune şi altora că e ok să fii imperfect şi că cel mai mare dar în viață este acela de a putea să te ierți pentru greşelile tale şi să-ți oferi permisiunea să le faci. Eu, femeia de azi, te iubesc pe tine, fetița speriată de ieri, cu greşelile tale cu tot.*

Vreau să ştii că eu sunt tu din trecut, iar tu eşti eu din viitor, m-am întors să-ți spun că eu te accept şi te iubesc aşa cum eşti.

Eu mă accept şi mă iubesc aşa cum sunt.

Nu mi se pare nimic mai frumos decât acel sentiment de atunci, senzația aia de parcă am fi doar noi două pe pământ și timpul s-a oprit în loc și nu mai contează nimic și nu mai există nimic, iar esența lumii se reduce la iubirea dintre noi.

CEL MAI ÎNALT OM DE PE PĂMÂNT

Eram mică, nu ştiu cât de mică, poate... la vreo 4 ani, cam aşa. Mergeam pe stradă, era iarnă şi era seară, iar eu îmi lăsasem pradă mânuţa mea în mâna mamei, într-o totală stare de siguranţă şi confort. Îmi amintesc că am intrat amândouă într-un magazin de haine de copii şi nu îmi pot şterge din interior senzaţia de mândrie pe care o aveam faţă de mama. Eram atât de mândră de ea, cum nu credeam că cineva mai poate fi faţă de vreun alt om din lumea asta mare, pe care eu o descopeream atunci. Mă uitam la mama şi mi se părea că o văd atât de sus, atât de aproape de cerul pe care zburda tăios vântul rece de iarnă, încât părea că nimic şi nimeni nu o poate atinge şi nu o poate doborî. Atât de sigură pe ea, atât de puternică, atât de înaltă era mama în ochii mei, în mintea mea. Din negura nopţii apăreau, pe lângă noi, bărbaţi pe care, inevitabil, îi comparam cu ea, iar mama ieşea mereu învingătoare. Pentru mine, nu mai era nicio îndoială că e cea mai înaltă fiinţă de pământ şi încă port în inima mea, ca şi atunci, sentimentul profund de siguranţă şi certitudinea că dacă e să fie ceva neprevăzut care să ne apară în cale, mama ar fi eroul meu, care m-ar proteja şi m-ar salva de oricine şi de orice este rău şi ameninţător pe acest pământ.

Când eram mică, aveam mare încredere în mama şi îmi plăcea să mă plimb de mână cu ea. Pentru mine, în momentele acelea, nu mai exista nimic. Câteodată, mă lua cu ea la serviciu, la ADAS unde lucra, la asigurări. Doamnele de acolo, colegele ei, mă cam înspăimântau, se băgau în sufletul meu, mă strigau „duduţă mică", iar eu nu înțelegeam ce vor și de ce niște femei atât de mari se scălâmbăie așa la un copil atât de mic. Dar îmi și plăcea, eram centrul atenției și, deși speriată, tot în siguranță mă simțeam, pentru că știam că atât timp cât mama e acolo, nu le va permite să îmi facă ceva rău. Altădată, mama pleca de acasă cât avea de rezolvat ceva, îmi lăsa mâncare pe masă și îmi spunea să mă duc să mănânc când îmi e foame, căci după ce termină vine și ea. Dar nu știu de ce, poate din frică, poate pentru că îmi plăcea să mă hrănească ea, niciodată nu mă dădeam jos din pat până când nu se întorcea. Mă simțeam în siguranță când mâncam împreună. Poate că, mică fiind, îmi era frică de monștrii de sub pat, așa cum uneori îmi e și acum, mare fiind, de toți cei care încă se ascund. Câteodată, îmi vine să o sun pe mama, să o rog să mă salveze, cum o făcea atunci, de monștrii ăștia înspăimântători, să mă mai simt în siguranță când lumea mi se pare mare, iar eu mă văd prea mică și mi-e greu.

Cel mai înalt om de pe pământ mă trezea dimineața și îmi dădea să beau ceai de mentă, să mănânc unt cu dulceață de la bunica, apoi mă spăla, mă așeza în picioare, pe pat, ca să fiu cât mai aproape de înălțimea ei, îmi punea ștrampii albi, mă îmbrăca în uniformă și mă ducea de mână la grădiniță, pe jos. Îmi plăcea să fiu mică pe lângă ea, să ne ținem de mână și să ne plimbăm. Acum, când mă gândesc, nu mi se pare nimic mai frumos decât acel sentiment de atunci, senzația aia de parcă am fi doar noi două pe pământ și timpul s-a oprit în loc și nu mai contează nimic și nu mai există nimic, iar esența lumii se reduce la iubirea dintre noi.

L-am plâns pe *cel mai înalt om de pe pământ* la bunica, la țară, când era cu tata în Turcia, după haine, aur și alte lucruri pe care le comercializau ei pe atunci. Era la câțiva ani după revoluție, îmi amintesc că îi așteptam cu nerăbdare să vină înapoi, pentru că îmi aduceau gumă Turbo și biscuiți cu cremă, care nu prea se găseau pe vremea aceea la noi. Cât timp erau plecați, iar mie mi se făcea dor, mă uitam la pozele cu ei. Acolo, la țară, am plâns-o pe maică-mea, când poza cu ea, pe care am scăpat-o pe plită, a ars la colțuri, gata să se facă scrum.

Mă întorc în trecut și mă văd pe mine în pat, în odăiță, o cameră atât de mică încât încap în ea doar o dormeză, o masă și soba cu plită de gătit. Mă uit la poza cu mama, îmi e dor de *cel mai înalt om de pe pământ*, îi privesc ochii și părul negru și mă minunez de cât de frumoasă e mama, dar nu știu cum se face că atunci când vreau să mă dau jos din pat, scap poza pe plită și văd cum unul dintre colțuri se transformă în scrum. Mă sperii și pun repede mâna să o iau, mă frig puțin și încep să plâng, dar salvez poza la timp. O ridic la nivelul ochilor, mă uit la mama cum îmi zâmbește din ea și îmi cer iertare pentru că n-am putut s-o protejez, îi spun că nu am vrut să o rănesc, că nu vreau să o pierd, că îmi doresc să rămână lângă mine mereu, că mi-e dor de ea și că vreau să mă ia de mână ca să mă ducă la grădiniță, să îi povestesc apoi, pe drumul de întoarcere, ce am mâncat, să mergem după împreună la magazinul Ialomița, la etaj, la raionul de jucării ca să-mi ia o basculantă sau un autobuz și să mă ducă acasă ca să mă joc în cutia mea mare, de televizor, plină cu mașinuțe, tractorașe, tramvaie, basculante și alte vehicule, pe care o țineam pe balcon. Iartă-mă, mamă, că am scăpat poza cu tine, nu vreau să te pierd!

Mă întorc la mine, fetița speriată și tristă, plină de vinovăție și mă așez pe dormeză, în odăiță, în fața ei. Mă uit în ochii ei înlăcrimați, o mângâi pe păr și îi iau fața între palme - o simt atât de fină, de catifelată, e pură, curată, de copil - o apuc de mână și îi spun: *e ok să te simți speriată, tristă, vinovată, credeai că ai pierdut poza care e legătura cu mama ta, iar ea e departe de tine acum. Poza asta are o parte din energia ei, dar uite, s-a salvat, mama e încă cu tine aici și, chiar dacă nu ar fi fost ea, sunt eu. Uite, te iau acum de mână și te plimb, azi sunt eu cel mai înalt om al tău de pe pământ. Eşti atât de frumoasă aşa cum eşti, cu emoţiile tale care te copleşesc, dă-ţi voie să le simţi!*

Vreau să ştii că eu sunt tu din trecut, iar tu eşti eu din viitor, m-am întors să-ţi spun că eu te accept şi te iubesc aşa cum eşti.

Eu mă accept şi mă iubesc aşa cum sunt.

Tu, draga mea, nu îți vei pierde niciodată abilitatea de a vedea, de a simți, de a auzi, de a mirosi și nici darul de a observa ceea ce e mai frumos în oameni. Vei vedea întodeauna în jur perfecțiunea. M-am întors astăzi la tine ca să-ți spun că te admir, așa cum ești, perfectă în imperfecțiunea ta.

BUCURIA DE A FI

Când te duci la psiholog, acesta îți adresează diverse întrebări ca să te ajute să descoperi singur anumite lucruri din interior. Uneori, dacă nu ești în contact cu tine, nu știi ce să îi răspunzi, așa că trebuie să sapi, să cauți bine în inconștient și să fii atent la primul gând care îți vine în minte, pentru că acela este cel mai important. Nu știu ce să scriu în continuare, așa că asta am să fac și eu acum, am să pun mâna pe taste și o să las degetele să apese unde simt că vor, am încredere că vor scrie ceea ce este mai bine, sunt și ele în flow.

Le dau degetelor libertate, iar ele vor să fugă din nou la ea, la fetița pe care o duce mami la grădiniță. Poartă un pardesiu alb pe care mama i l-a luat cu ceva eforturi, e vremea de după revoluție și lucrurile de calitate se găsesc destul de greu. Pardesiul ei e perfect pentru vremea primăvăratică de afară. Mă uit la fetiță și o văd voioasă, aceasta e ziua în care va merge la țară, la bunici, ca să petreacă vacanța de primăvară. Mama i-a promis că vine să o ia la prânz și ea știe că în ultima zi de dinainte de vacanță chiar se ține de promisiune. Nu își dă seama dacă e mai fericită pentru că locul cel mai frumos din câte a văzut până acum e la bunici sau pentru că mama vine devreme să o ia. E atât de fericită fetița, încât, de acasă și până la grădiniță, zburdă de pe un picior pe altul, cântând melodiile copilăriei. Se face prânzul și pleacă, tot pe jos, cu mama de mână, spre autogară. Se urcă amândouă în autobuzul, care în 30 de minute va ajunge în stație, pe un deal. E forfotă și fum, agitație mare în autobuz și, la fel ca ea, copii care aşteaptă cu nerăbdare să ajungă la bunici ca să se joace şi să se bucure de timpul liber pe care îl au.

Ghimpaţiul este singurul sat de pe acest drum al Bărăganului, care nu are case pe deal, la şosea, acolo unde opreşte autobuzul. Drumul de la staţie la bunici e o minunăţie şi sentimentul ăla că mai e puţin şi ajungi la libertate, nu poate fi descris nici în milioane de cuvinte, el se trăieşte doar. Cobor din autobuz şi am impresia că am păşit în ţara minunilor, atât de fericită sunt... Văd halele, încă solide, ale micului complex de porci de pe partea dreaptă şi, pe măsură ce le lăsăm în urmă, mi se dezvăluie în faţă cărarea cu nuci mari, făloşi, impunători. Umbra se îmbină cu lumina într-un dans mirobolant al vieţii, e mult verde şi pământiu în faţa ochilor mei. *Simt* rafalele vântului cum aleargă printre crengi şi printre frunze, cum câteodată se opresc şi se ascund după trunchiuri, pentru ca apoi să ne sară în faţă jucăuş. Îmi place să mă îmbrăţişez cu vântul, adie lin şi mă simt în siguranţă cu el. Aud cum foşnesc zglobii frunzele nucilor şi cum păsările îi cântă odă timpului pentru ca aici şi acum să se oprească, să pot trăi la infinit senzaţia asta sublimă de eternă libertate, pe care o simt acum. Din când în când, şi frunzelor le scapă câte-o notă şi le aud cântând. *Miros* praful ce se ridică la fiecare pas pe care-l facem pe potecă, simt iz de iarbă fragedă cu frunză de nuc şi aer de ţară şi de fericire şi de nimic nu mai contează în afară de momentul ăsta şi de cât de frumoasă e lumea în care m-am născut şi ce minune că trăim...

Ajungem în capătul dealului, de unde începe să se vadă satul. În faţă, e o crestătură ce se lasă spre sat, oamenii îi spun *şuviţă*, o coborâm încet, deşi mie îmi vine să prind viteză, ştiind că mai e puţin până să ajungem la bunici. Ajunse la baza şuviţei, văd căminul cultural, acolo unde vine caravana în fiecare vară să ruleze filme indiene, apoi observ în faţa mea chioşcul unde Mam' Aurica, sora bunicului, vinde legume proaspete de la grădina cea mare de pe vale şi, unde noi, copiii din sat, stăm şi ne jucăm de-a magazinul în după-amiezele libere de vară, după ce trece căldura toridă a orelor de prânz din Bărăgan. Simt că ne apropiem de biserică şi, pe măsură ce mergem, o văd tot mai bine conturată în faţă, iar curtea ei pare o lume de vis, ireală, cu atât de multe flori... sunt flori mai mici, flori mai mari, flori albe, flori colorate, de toate felurile. Nu ştiu cine a lăsat florile pe pământ, dar mă uit la ele şi simt că despre asta este viaţa, despre a le privi, despre a le contempla, despre a le mirosi. Cred că viaţa este despre a zburda până la bunici, purtând în suflet entuziasmul de a descoperi toate surpizele naturii pe drumul magnific către ei. Merg uşor pe lângă gardul bisericii, uitându-mă cu admiraţie la florile albastre care ies printre sârmele lui… par atât de mari, iar eu sunt atât de mică... Mai e puţin şi ajungem la noi pe uliţă, eu de abia aştept să mă descalţ şi să simt sub tălpi nisipul blând, de abia încălzit de soarele primăverii. Văd gardul, văd grădiniţa şi simt un puternic miros de zambile şi de narcise. Narcise albe şi narcise galbene are bunica, nişte minunăţii... Le spun săru'mâna bunicilor, îi pup şi fug direct în grădiniţa cu flori. E o lume de vis, pictată în culori de curcubeu. Nu pot merge să mă schimb, sunt complet fermecată de ceea ce am în jur. „La ţară" este locul în care am trăit cele mai frumoase zile ale copilăriei mele, cu picioarele goale, bătătorite de pământ, uneori cu câte un ghimpe înfipt în talpă, alteori în chiloţi şi-n pielea goală, alergând pe dig ori la gârlă, pe uliţă, în sat, uneori în cireş, alteori în cais, în vişini, sub corcoduşi, rupând soc ca să facem socată, culegând roşii direct de pe araci şi muşcând din ele fără să le spălăm, prăjind oul doar luat din cotineaţă, mâncând felia de pepene verde, proaspăt adus de bunicul de la bostana noastră de pe deal, improvizând piese de teatru cu ceilalţi copii, jucându-ne de-a familia, îmbrăcaţi în hainele părinţilor şi ale bunicilor când ei se duc la câmp, croind haine pentru păpușile de porumb și inele din iță, făcând magazin în cocina în care ar fi trebuit să fie porci, ducând vaca la 7 dimineața la păscut, alergând sub razele soarelui de vară ce se lasă țanțoșe peste dig, fugind la vecini în picioarele goale, murdară de pământ, îmbrăcată în rochia mea de balerină, tunsă băiețește, cu chică, stând lângă bunica să văd cum o mulge pe Betty, văcuța noastră cea albă cu pete negre, stând lângă bunicul când îl înhamă la căruță pe Dorian, calul nostru alb, punând apă în teică la găini, aruncându-le boabe, scoțând apă rece de la puț ca să ne răcorim, mâncând pâine caldă, abia ieșită din cuptor, sau călăvie – pâine fierbinte cu zahăr și cu vin și mergând cu gălețile pline în grădină să udăm ca să nu ardă arșița legumele pe care avem. Asta, asta e bucuria fără de sfârșit. Bucuria de-a trăi!

Mă-ntorc către fetița de atunci, mă uit în ochii ei mari în care văd entuziasmul și îi spun: *tu nu o să pierzi asta niciodată! Chiar dacă ai să crezi cândva că nu o mai ai, ai să porți în tine această abilitate de a te bucura de viață, de natură, de lucrurile mici. Ai să mergi cândva pe un drum din lumea asta și, timp de 3 ore, ai să te uiți pe geamul autocarului și ai să plângi de bucuria a ceea ce ți-e dat să vezi. Tu, draga mea, nu îți vei pierde niciodată abilitatea de a vedea, de a simți, de a auzi, de a mirosi și nici darul de a observa ceea ce e mai frumos în lume și în oamenii din jur. M-am întors astăzi la tine ca să-ți spun că te admir pentru inocența ta și pentru capacitatea de a te bucura.*

Vreau să știi că eu sunt tu din trecut, iar tu ești eu din viitor, m-am întors să-ți spun că eu te accept și te iubesc așa cum ești.

Eu mă accept și mă iubesc așa cum sunt.

*Nevoile emoționale care nu
ne-au fost satisfăcute când eram
copii, ne îngreunează drumul către
relații funcționale, către iubiri
autentice, către înțelegerea noastră
proprie, dar și a celorlalți.*

ÎMI DAU VOIE

Cine începe un proces de psihoterapie ştie că orice ai face, totul te aduce înapoi la relaţia cu mama. Mama e cea mai importantă fiinţă din viaţa ta. Primul tău contact ca om îl ai cu mama, chiar dacă nu e lângă tine, legătura ta cea mai intensă este cea cu fiinţa care ţi-a dat viaţă şi care te-a purtat în pântecul ei.

Nu ne naştem cu manuale de utilizare aşa că bâjbâim, încercând să descoperim cum funcţionăm. Cert este că avem nevoi pe care, când suntem copii, nu ştim să le exprimăm. Nevoi pe care, cei mari, nu ştiu să ni le identifice. Sunt nevoi ce rămân neîndeplinite, pentru că părinţii noştri nu ştiu ce să facă în anumite situaţii ca să umplă goliciunea urciorului nostru sufletesc. Cei mai mulţi dintre părinţi par cei mai buni părinţi din exterior. Chiar sunt. Ai mei s-au străduit toată viaţa să ne ofere tot ceea ce este mai bun, iar mie mi-au facilitat accesul la educaţie aşa cum nu mulţi părinţi o fac. Şi sunt oameni simpli, nu intelectuali. Sunt părinţi buni, pentru că ne-au oferit ceea ce au simţit că le-a lipsit lor, dar, în mare parte, disponibilitatea lor a fost legată de planul material. Emoţional, nu au ştiut cum şi ce să ne ofere, pentru că nu i-a învăţat nimeni nici pe ei.

Nevoile emoţionale care nu ne-au fost satisfăcute când eram copii, ne îngreunează drumul către relaţiile funcţionale, către iubiri autentice, către înţelegerea noastră proprie, dar şi a celorlalti. De aici, pornesc marile furtuni emoţionale, tsunami-urile interioare care ne devastează uneori, căci atragem, în mod inconştient, persoane asemenea părinților noștri, de la care așteptăm să ne îndeplinească aceste nevoi. Uităm că cei din jur sunt oameni și, la fel ca noi, uneori nu știu ce să facă nici pentru ei. Partenerii noștri, prietenii noștri, persoanele pe care le atragem, nu pot îndeplini nevoile pe care le avem, pentru că nu știu care sunt, nu știu cum să o facă și, de cele mai multe ori, nu le pot identifica și îndeplini nici măcar pe ale lor. Iar când relațiile ajung să doară, când balanța își înclină mai mult talerul cu frica decât pe cel cu iubirea, mai mult pe cel cu durerea decât pe cel cu plăcerea, mai mult pe cel cu absența decât pe cel cu prezența, atunci e nevoie de o curățenie interioară pentru a scăpa de vechi și pentru a învăța ceva nou. Aici ajută psihoterapia. Ea te îndreaptă spre trecut și te încurajează să-ți descoperi tiparele, te încurajează să îți dai voie să fii furios pe cei de la care așteptai, dar nu au știut și nu au putut să îți ofere, te încurajează să rescrii amintirile care te dor, să îi oferi copilului din tine ceea ce ar fi avut cândva nevoie, dar nu a primit, până când tu devii emoțional autonom. Psihoterapia te ajută să-ți iei puterea înapoi.

Mama mi-a repetat toată viața că semăn cu tata, așa că eu am înțeles că sunt mai mult parte din el, decât parte din ea. „Săvuleasco, ce mai semeni cu tac-tu" îmi spunea într-un mod pentru ea, haios, pentru mine, dureros. În urechile mele, gluma asta suna greu și respingător, simțeam că, de fiecare dată când nu o mulțumeam și nu-i făceam pe plac, mă reneaga, mă excludea, nu mă recunoaștea ca fiind a ei. Același lucru îl simt și acum, la vârsta asta, chiar dacă sunt adult, mai ales că frate-miu, spune ea, pe același ton haios, „seamănă cu mama lui". În procesul meu de psihoterapie, am realizat că sunt blocată în pattern-ul ăsta și că oamenii, pe care îi atrag și de care mă simt atrasă, se poartă cu mine exact în același fel. Pentru mine, e firesc să fiu respinsă, e firesc să fiu pe planul doi. Asta este tiparul de iubire pe care eu îl știu. Și doare până în adâncul ființei și înapoi. Și râcâie acolo, şi ţine rana inflamată, şi îmi dă junghiuri în inimă, iar eu trăiesc aşa. Şi e greu. Şi e obositor. Şi, uneori, aş vrea să nu mai simt, aş vrea să îmi scot sufletul din piept, dar e acolo, e al meu. Dacă aş şti măcar ce să fac cu el...

Sunt în apartamentul nostru mic, de la B10. E vacanţa de vară, iar eu stau întinsă pe canapea şi mă uit la televizor. Senzaţia asta de libertate pe care o simt îmi provoacă o fericire de neînchipuit. Mă bucur atât de tare de clipă, de moment. Maică-mea e şi ea acasă, face mâncare, ştiu asta pentru că aud sunet de crătiţi şi tigăi trântite una peste alta. Umblă la debara. I se aud paşii grei şi înţepaţi, paşi bărbăteşti, bine ancoraţi în pământ - paşi de om cu responsabilităţi - iar într-o fracţiune de secundă se deschide uşa de la sufragerie şi o văd trecând prin faţa televizorului, mergând grăbit către balcon. Este nervoasă iar, o simt, îmi dau seama când nu e bine şi are energie negativă strânsă în interior. Când se întoarce se uită către mine aşa cum mă şi aşteptam şi-mi spune: "Stai toată ziua în pat, nu faci nimic! Exact ca tac-tu, a lui eşti. Săvuleştii sunteţi voi!" Acum, adult fiind, nu mă uit la televizor, pentru că e pierdere de timp, nu mă culc devreme că am lucruri importante de făcut şi mă trezesc de dimineaţă să petrec timpul cu un scop. Acum, adult fiind, dacă stau eu cu mine nefăcând nimic, mă lupt cu reale sentimente de vinovăţie şi tind *să-mi dau la picioare*, să mă biciuiesc. Ăsta este felul în care ne intră mesajele părinteşti în subconştient. Pe mine, psihoterapia m-a salvat.

Mă-ntorc către mine, adolescenta de 14 ani ce stă relaxată pe canapea, bucurându-se de vacanţă şi de filmul de la televizor. Îi iau mâna într-a mea, o privesc în ochii căprui şi trişti şi-i spun: *Ştiu că eşti dezamăgită şi tristă că mama te ceartă fără motiv, ştiu că te doare că are aşteptări mari, iar tu ţi-ai fi dorit să te bucuri de momente şi să trăieşti libertatea pe care o ai, dar realitatea asta e acum. Dă-ţi voie să simţi ceea ce simţi, căci trăirile tale au rolul lor!*

Ştiu că de multe ori crezi că eşti singură, dar vreau să înţelegi că nu e aşa. Eu sunt lângă tine aici. Mereu am fost, mereu voi fi.

Vreau să ştii că eu sunt tu din trecut, iar tu eşti eu din viitor, m-am întors să-ţi spun că eu te accept şi te iubesc aşa cum eşti.

Eu mă accept şi mă iubesc aşa cum sunt.

*E ok să îți fie frică, e ok să fii tristă,
e ok să fii furioasă înăuntrul tău.
Plângi cât simți nevoia, e dreptul
tău să plângi!*

SĂ NU MĂ PĂRĂSEŞTI

Pentru creier e normal să caute iubirea care seamănă cu a părinţilor noştri, de aceea, chiar dacă uneori doare, rămânem într-o relaţie, pentru că, în realitate, suntem în confort. Dacă nu ne-au fost îndeplinite nevoile în copilărie, găsim un partener care nu o va face nici el, dacă ar face-o, nu ne-am mai simţi atraşi. Cei mai mulţi dintre noi nu cunoaştem alt limbaj al iubirii decât limbajul deprivării, al lipsei ei. Dacă am primi de la partener ceea ce ne dorim, n-am resimţi ca fiind iubire ceea ce am trăi şi în niciun caz nu ar mai fi atracţia atât de mare între noi, ba poate că n-am şti ce să facem şi am fugi.

Mă gândesc la fostele mele relaţii şi observ pattern-urile disfuncţionale, e aceeaşi poveste, doar bărbatul este diferit. Ştiu de existenţa pattern-urilor de mult timp şi totuşi, când vine vorba de iubire, mintea mea e oarbă şi până nu mă doare de mă sfâşie, rămân acolo, nu abandonez. La sfârşitul fiecărei relaţii mă simt complet epuizată, după o perioadă în care mă zbat să demonstrez cât sunt de importantă şi de specială. Chiar dacă sunt conştientă că merit să fiu iubită, de fiecare dată ajung captivă într-o legătură bolnăvicioasă, unde există o altă persoană mai importantă decât mine ori o altă preocupare sau vreun alt interes. Uneori, e vreo fostă iubită a cărei prezenţă emoţională se simte încă, alteori, bărbatul de care mă simt atrasă e prezent fizic, dar emoţional e absent, fie e absent atât fizic cât şi emoţional, fie e incapabil să îşi exprime sentimentele, ori e dezinteresat de o relație, ori are preocupări externe aparent mai importante decât aş fi eu vreodată. Şi, deşi după fiecare astfel de relație am impresia că am învăţat o lecție importantă şi că data viitoare nu va fi mai fi la fel, mă surprind fiind atrasă de acelaşi tipar de bărbat.

Zilele astea am avut o revelaţie în timp ce lăsam să mă acopere ploaia de amintiri. Nu-mi luasem umbrela, aşa că le-am simţit pe toate pe piele şi am trăit profund apăsarea lor, multe picături purtând în ele amintiri acide şi usturătoare, mici lacrimi de dureri. În cele mai multe mă dor singurătatea şi aşteptarea nesfârşită, respingerea şi abandonul pe care le-am trăit. Aşteptarea ca ei, părinţii mei, să vină acasă. Să îi văd. Să ne jucăm. Să ne plimbăm în parc, să citim împreună, să facem lecţii cum fac ceilalţi copii. Maică-mea a făcut lecţii cu mine până în clasa a V-a, când nu a mai avut disponibilitate, deoarece temele s-au complicat şi, în schimb, m-a trimis la meditaţii. De citit nu citea nimeni cu mine, ei ori erau la lucru, ori făceau mâncare, ori dormeau pentru că erau obosiţi de atâta muncă şi timp petrecut la serviciu, în stres. În parc, nu a avut nimeni timp să ne ducă, nici pe mine şi nici pe fratele meu, pentru că totul se învârtea în jurul lui „muncim ca să avem bani să investim în educaţia voastră să nu vă chinuiţi ca noi". Da, educaţia m-a ajutat să fiu cine sunt acum, la fel ca experienţele pe care le-am trăit. Cred, însă, că aş fi avut nevoie de mai mult timp şi de mai multă atenţie din partea lor, de conţinere emoţională, de lenevit cu ei în pat. Dar pentru ai mei, teama de a nu avea, teama de a fi săraci, a fost atât de puternică, încât au acceptat condiţii grele de muncă, sacrificând timpul, conexiunea şi apropierea de noi. Nu pot să-i judec, deşi am avut momente în care am fost furioasă, recunosc, dar îmi trece prin minte întrebarea cum m-aş fi descurcat eu dacă aş fi fost în locul lor? Gândul ăsta mă îngrozeşte. Iau buretele şi-l şterg de pe tabla minţii; ideea că aş fi avut eu această responsabilitate mă înspăimântă, recunosc.

Cele mai multe amintiri de-ale mele au în ele gustul amar al singurătății. Sunt eu având în minte ce-mi spuneau ai mei: „te descurci și singură, știu că-ți iese, ești mai mare, de la tine am pretenții, o să reușești". M-am descurcat, firește. Dar aș fi avut nevoie de cineva care să stea lângă mine și, uneori, să mă ghideze, alteori, să mă accepte cu toate sentimentele mele, cu diversele mele trăiri. Aș fi avut nevoie câteodată de cineva care să mă mângâie pe spate în timp ce plâng și să îmi valideze emoțiile - să îmi spună că e în regulă să simt ceea simt și că da, doare, dar va trece, durerea se va disipa în timp. Dar nu a fost nimeni când am privit în jur, de cele mai multe ori, singurătatea mi-a fost partener de suferință și dureri. Când stăteam în dormitorul întunecos de la B10, mă întrebam adesea ce să fac eu cu mine și cu amalgamul de trăiri pe care-l am în interior? Chiar și acum, când mă gândesc la mine singură, simt, încă puternic, o senzație profundă de așteptare, o nerăbdare, o anxietate, o dă, Doamne, să treacă timpul mai repede ca să vină tata acasă și să mă salveze de plictiseală, de singurătate și de gol". Nu că pe maică-mea nu aș fi așteptat-o, dar cu ea era de parcă în fiecare zi ai extrage un loz nou, nu știai niciodată dacă azi câștigi sau pierzi, îmi dădeam seama după cum băga cheia în ușă cât de bine sau de prost dispusă e, așa că incertitudinea era și ea la loc de cinste la mine în interior.

Pe taică-miu îl percepeam mai cald. Poate unde s-a jucat mai mult cu mine atunci când eram mică și l-am asociat cu sentimentul ăla de distracție, de siguranță, de frumos. Cu tata mă jucam de-a calul, mă plimba în spate prin casă, mă învăța scheme de luptă și când eram mică de tot, mi-a luat niște carioci (era mare lucru pe atunci), iar cu ele mi-a desenat munți și câmpii, podișuri și văi, și pomi, și ape, în timp ce eu îl priveam fascinată și îmi spuneam că nimeni în lumea asta nu desenează mai bine ca tata și că nu există culori mai frumoase de atât. Câteodată, când eram răcită sau mă durea ceva, tata se trezea peste noapte și mă asculta la inimă, ca să audă cum bate, să vadă dacă sunt ok. „Nu știu ce are fata, îi e rău" îi spunea maică-mii, uneori. Ea nu era atât de panicată, lucru ce cred că m-a ajutat, că poate altfel mă panicam și eu cu ei. Când eram bolnavă, mă simțeam în siguranță, știam că orice ar fi, sunt amândoi acolo și că mă pot salva.

O singură dată am leșinat și atunci a fost în brațe la tata. Eram prin generală, m-am trezit din somn cu o amețeală extremă și am fugit la ei în dormitor, unde am apucat doar să spun că îmi e rău, iar când taică-miu a ajuns lângă mine, mi-am pierdut cunoștința. Când m-am trezit, era aplecat deasupra mea și mă dădea cu apă pe față și pe mâini. Când ești mic și ai nevoie de atenție, de iubire, de asigurări că ești văzut, dar nu știi cum să o exprimi, creierul tău caută scurtături, strategii, variante, metode prin care să facă în așa fel încât să primească ceea ce îi trebuie ca să poată supraviețui. Inconștientul este mai puternic decât noi, așa că de multe ori dă naștere unor comportamente prin care să atragă atenția, să își ia doza de iubire necesară. Câteodată, recurge la somatizări. Somatizările sunt emoțiile, trăirile neprocesate, nerecunoscute, neacceptate, nevoile, dorințele refulate, traumele și toate durerile sufletești ce nu au fost date afară într-un mod funcțional și care ies prin corp, sub formă de boli, sau sub formă de „imitații" ale unor boli.

Îmi vine în minte momentul în care am ajuns în spital pentru prima dată în viața mea. Mă întreb, atunci oare ce am somatizat? Mama lucra la o librărie micuță din incinta Peco – pe vremea aceea cel mai nou cartier din oraș, acolo unde locuiau oamenii cu un alt statut, așa cum poate mama și-ar fi dorit să aibă, dar nu a putut. De multe ori mă lua cu ea, pentru că nu avea cu cine să mă lase acasă, iar la grădiniță nu mă ducea pe atunci. Îmi amintesc de mine, pe la vreo 4 ani, înăuntru, în librăria pe care o vedeam ca pe un loc magic și minunat, unde mă jucam cu animalele de plastic şi mi se părea că e cel mai frumos lucru de pe pământ că pot să o fac, mai ales că eram acolo, în spaţiul ăla mic, doar eu cu mama, înconjurate de creioanele colorate, de stickere, de maşinuţe şi păpuşi.

Mă întorc în trecut la mine, fetiţa care s-a îmbolnăvit. Sunt pe patul de la urgenţe, tare, îmbrăcat în piele crem, cu picioare de fier vopsite în alb, iar un doctor mă cercetează, mă ascultă la inimă şi la plămâni. „Trebuie internată" îi spune mamei. Dar ea nu e pregătită, o văd uimită, nu se aştepta. „O lăsaţi aici sau cum faceţi?" Mama spune „Nu, nu îmi las copilul singur în spital", „Bine doamnă, staţi cu ea, dar mergeţi acasă să luaţi ce vă trebuie şi îi facem noi internarea până reveniţi". Mamei îi vine greu să mă lase, iar eu mă uit la ea şi încep să plâng. Ea se uită la mine, îmi explică, îmi spune că vine înapoi, că se duce acasă ca să ia pijamale şi ceva să mâncăm şi îmi promite că dacă sunt cuminte şi o aştept îmi cumpără şi o păpuşă, dintr-aceea mare, de plastic, cum are ea la librărie şi cum îmi place mie mult. Şi pleacă, lăsându-mă în hohote de plâns. Simt asistenta cum mă ia în braţe şi mă duce în salonul prea mare pentru o fetiţă atât de mică, bine luminat, unde mă aşază într-un pătuţ cu gratii gri. Aud zgomote, îmi dau seama că umblă la cutiile de fier, sigilate după sterilizat, din care scoate ace şi seringi. Ia un tub de sticlă, plin cu o substanţă transparentă, lichidă, înfige seringa în capătul lui, trage puţin, scoate acul, apasă cât să ţâşnească un strop prin vârf şi se întoarce către mine, cu acul ridicat în sus, ameninţător. Eu mă zbat, încep să ţip şi trag de gratii, vreau să ies, mă simt captivă, prinsă în cuşcă, sunt singură şi speriată, „Unde e mama? vă rog, mai aşteptaţi până vine mama ca să îmi faceţi injecţia, îmi e frică, vă rog, o vreau pe mama mea!" iar ea îmi spune „Dacă nu stai cuminte şi plângi, mama nu se mai întoarce niciodată, te lasă aici!". Mă opresc încremenită, îmi înghit durerea, o las pe asistentă să-mi înfigă acul în pulpă, dar nu simt nimic, durerea fricii de abandon doare mai tare decât tot. Îmi înghit plânsul, îmi înfig degetele în saltea, ea mă laudă că n-a mai văzut fetiță așa cuminte, iar eu rămân în tăcere, cuprinsă de spaimă, în agonie, întrebându-mă dacă mama va mai veni vreodată să mă ia? Și când îmi pierd orice speranță și cad sfârșită de atâta zbucium interior, o văd intrând pe ușă, ținând o păpușă imensă în brațele ei. A venit, așa cum a promis și mi-a adus și păpușa de care mi-a zis. Îmi spune să-i pun un nume și îi zic Pamela, ca pe Pamela din Dallas care îmi place mult. Mă liniștesc și în gândul meu îmi promit mie că nu voi mai plânge niciodată la vreo injecție, că uite, am fost cuminte și mama s-a întors. Dacă aș fi plâns, poate că ea n-ar mai fi venit niciodată și m-ar fi părăsit.

Mama mă îmbracă în pijamalele mele călduroase, flaușate, de un galben pui, iar ea își pune un halat pufos. A cumpărat o baghetă turcească de la brutărie și un borcan de tocăniță de legume de la magazinul de jos. Mă ia de mână, scoate capul pe hol și mă trage cu ea pe furiș în salonul de lângă al nostru: „Shhh, să nu ne vadă nimeni, că facem un lucru interzis!". Salonul e gol, așa că ne așezăm pe un pat, eu mă pun lângă ea, mă lipesc de ea și stau acolo cuibărită de parcă aș vrea să fim una și aceeași mereu. Stau așa cu mama și parcă nu mai există nimic în jur și tot ceea ce vreau am – o am pe ea și o privesc și-i spun cu gândul, căci voce nu mai am: „Mamă, să nu mă părăsești niciodată, vreau să stai așa lângă mine, să fim lipite mereu, să mâncăm baghetă caldă și tocăniță de legume cu aceeași furculiță, până la sfârșitul vieții și mai apoi. Atât de bine e să te am!"

E trist cum creierul, trecut prin astfel de situații, învață că, pentru a fi o persoană iubită, pentru a fi acceptată, pentru a nu fi părăsită, trebuie să corespunzi. Pentru mine, nimic nu se compară cu disperarea pe care o trezește, hrănește și alimentează frica asta nebună de abandon. O mai simt încă, destul de intens, chiar dacă astăzi sunt adult. Însă azi, spre deosebire de atunci când eram micuță, pot să îmi creez un univers în care nimeni să nu mă poată abandona, pentru că abandonul apare atunci când ești neajutorat, când depinzi emoțional. Or, ca adult, învăț să mă descurc cu mine, mă îngrijesc de mine și iau fiecare ocazie, ce vine, ca pe o oportunitate de a îmblânzi monstrul interior ce îmbracă haina de abandon.

Mă întorc către mine, fetița care-și ține disperarea strânsă între dinți, să nu cumva să ajungă la mama plânsul ei, iar ea să nu mai vină și să o abandoneze în spital. Mă aplec deasupra pătuțului cu gratiile reci și dure, de fier, o apuc între mâini și o ridic, o pun la piept, îi șterg lacrimile pe care le are încă pe obraji, o mângâi pe păr, mă uit în ochii ei micuți și triști și îi spun: *E ok să îți fie frică, e ok să fii tristă, e ok să fii furioasă înăuntrul tău. Plângi cât simți nevoia, e dreptul tău să plângi! Înțeleg că te-a cuprins o mare disperare și e firesc să simți așa, ai impresia că mama te va abandona, e normal să crezi că nu se mai întoarce, deși ea ți-a promis că va veni. Vreau să înțelegi despre tine că dacă ești bolnavă nu înseamnă că ești defectă și nici că dacă plângi, mama nu te mai vrea. Ea va veni înapoi la tine, curând. Dar până se întoarce, vreau să știi că nu ești singură, deși te simți așa. Eu sunt aici lângă tine să te veghez și să te protejez. Când crezi că nu e nimeni în jur, sunt eu aici, să te alin, să te mângâi, să te protejez, să îți vorbesc.*

Vreau să știi că eu sunt tu din trecut, iar tu ești eu din viitor, m-am întors să-ți spun că eu te accept și te iubesc așa cum ești.

Eu mă accept și mă iubesc așa cum sunt.

*Dă-ţi voie să simţi durerea
asta a pierderii, dă-ţi voie să simţi
revoltă, dă-ţi voie să simţi furia,
tot tsunami-ul de sentimente ce te
invadează pe dinăuntru, e normal,
îşi are rostul lui.*

DESPRE CEI TRECUȚI

Am în psihoterapie o clientă care și-a pierdut mama în urmă cu câteva luni. Nu prea poate să plângă, i-a promis mamei că va fi puternică și că va merge mai departe fără suferință, cu cât mai puține daune sufletești. Dar emoțiile o copleșesc, iar în ședințele noastre o ajut să își plângă amarul, să își verse cupa cu năduf. O ascult și încerc să o conțin emoțional, însă oamenii îi cer să fie veselă și să râdă, iar ea simte că nu înțelege nimeni câtă durere și-a făcut culcuș în sufletul ei de fată tânără, de 20 și puțin de ani, care și-a îngrijit mama până în ultima secundă, afișând o mască de putere, în același timp. Pe alocuri, îmi vine să plâng odată cu ea, simțindu-i suferința și mă gândesc de ce oare a ajuns la mine în terapie tocmai ea, tocmai acum? Noi, psihologii, știm că oamenii nu vin întâmplător în cabinet și că universul ni-l scoate pe fiecare în cale cu un scop, fie ca să ne oglindească ceva, fie ca să activeze înăuntrul nostru un aspect ce trebuie explorat, ceva ce trebuie integrat sau acceptat. Stăteam mai devreme împreună în cabinet, ea pe canapea în fața mea, povestind cu ochii înlăcrimați, eu pe scaunul de psiholog, ascultând. Am simțit pentru ea atât de multă compasiune... dar știu că nu pot înțelege cu adevărat durerea ei. Știu cum e să pierzi pe cineva, dar pe mama, ființa cea mai dragă din univers, nu îmi pot imagina. Mă înspăimântă gândul că vremea aia ar veni.

Au fost momente în care mi-am judecat părinții, în care am simțit o furie imensă față de ei, momente în care le-am adus reproșuri, am fost sadică și am încercat să-i fac să se simtă vinovați și momente în care m-am răzvrătit și am plecat de acasă, din același motiv - neiubire pe nevoile mele. Iar după tot procesul ăsta epuizant, în care mi-am lucrat și eu în terapie partea de relație cu părinții, simt că, în ultima vreme, m-am mai îmbunat. Am fost în vizită la ei în Germania ca să petrecem sărbătorile de iarnă împreună, după ani buni în care au stat atâția kilometri între noi. Am mers acolo ca să fiu din nou copil, pentru că încă sunt în interior, chiar dacă aspectul meu e de adult. Am mers să vindec și să iert. Am pus-o pe mama să mă mângâie pe spate și mi-a gătit tot ce-am dorit. Cu tata, m-am plimbat la braț și am petrecut timp stând cu toții în pat, la televizor. Am făcut ceea ce aș fi vrut să facem mai des împreună, când eram mică, în trecut. A fost bine, m-am întors în țară mai echilibrată, dar simt că mai am nevoie de câte o vacanță pe care să o petrec cu ei. Și mă gândesc că poate, fata asta, draga de ea, mi-a ajuns în terapie ca să mă învețe să fiu mai tolerantă, să accept mai ușor ceea ce s-a întâmplat, să iert, să repar ceea ce mai am de reparat și să mă bucur de ei cât încă sunt.

În seara asta, după ce clienta mea a plecat, m-am întins pe canapea în cabinet, am închis ochii și mi-am adus aminte de ai mei, cei care nu mai sunt printre noi. Mi-am amintit de Cristina mea, de unchiu', de cei doi bunici, de străbunicul și de străbunica. Am stat așa puțin ca să-i plâng pe ei că au plecat și să mă plâng pe mine că m-au lăsat. Căci m-a durut...

Prima dată a murit străbunica, eu aveam vreo 12 ani, dacă îmi amintesc corect. Privind în urmă, înțeleg cum, pe masură ce înaintăm în vârstă, ni se dezvoltă tot mai mult conștiința morții, căci atunci, la 12 ani, nu îmi amintesc să fi suferit așa profund, nu cred că realizam cu adevărat că femeia aceea intră în pământ și de acolo nu mai iese niciodată, așa cum realizez acum. Străbunicul a murit când eram ceva mai mare, nu mai știu ce vârstă aveam exact, cred că ajunsesem la majorat. Îmi amintesc cu drag de el şi ştiu că fie vară, fie iarnă, străbunicul Mărgărit, Moşu', cum îi spuneam noi, purta acelaşi pulover de lână (chiar dacă vara era arşiţă şi cald), aceeaşi bască pe cap, acelaşi baston şi aceiaşi ochelari. El stătea *pe deal*, noi *pe vale*, iar după ce a murit străbunica Maria, venea aproape zilnic să mănânce la bunica, fata lui. Ea îl certa că era tot timpul beat, cred că bea de singurătate şi ca să uite de bătrâneţe; îşi îneca amarul în vin. Îmi erau dragi străbunicii... vara, când toţi ceilalţi mergeau la câmp, mă puneau în căruţă şi mă duceau la ei, pe deal. Străbunicul avea o vie întinsă şi îmi plăcea să mă plimb prin ea, în bucătăria lor mirosea a brânză sărată de oaie şi întotdeauna, în dulap, străbunica - Baba, aşa cum îi ziceam noi, avea mămăligă rece, rămasă de dinainte cu o zi. Uneori, făcea ciorbă de peşte şi-mi plăcea la nebunie să gust din ea, mă fascina când vedeam pe masă un cap mare de peşte, băltind în zeamă, într-un castron de lut. Baba avea o cameră miraculoasă, cu un dulap magic, în care întotdeauna găseai săpun şi de unde mereu îmi aducea cuburi de zahăr ca desert, iar străbunicul avea un calendar de hârtie şi în fiecare dimineaţă când ajungeam, rupea foaia de cu o zi înainte, lucru care pe mine mă fascina. Baba şi Moşu' se certau în fiecare zi, nu îmi amintesc de ce şi ce-şi spuneau, dar ştiu sigur că „se drăcuiau" şi cu toate astea, deşi mică, nu am simţit o secundă că oamenii ăştia se urăsc. Nu mi-a fost frică, nu m-am speriat, ba era o adevărată aventură să merg la ei. Am simţiţi, chiar şi în cele mai aprige certuri ale lor, că oamenii ăştia se iubesc profund. Baba si Moşu' sunt îngropaţi în acelaşi mormânt şi am o bănuială cum că se ceartă şi acum în cer, acolo unde sunt. Câteodată, merg la mormântul lor, le aprind o lumânare, vorbesc cu ei şi le spun cât îmi e de dor să fiu mică, să mănânc brânză sărată şi ciorbă de peşte, să zburd prin vie, să îi aud. Mi-i imaginez iubindu-se la fel şi dincolo, acolo unde sunt. Răstit, dar, totuşi, cald şi blând.

Bunicul din partea tatălui a căzut dintr-o dată la pat și în câteva luni s-a stins. Era un om robust. Mare, chel, impunător și puțin cam ursuz, nu își dorea să se facă plăcut și nu era tocmai prietenos. A murit undeva înainte de Crăciun, când aveam eu vreo 15 ani din câte îmi amintesc. Știu că a făcut cancer în gât și s-a transformat atât de tare într-un timp atât de scurt, încât părea de nerecunoscut când l-au înmormântat. Nici atunci nu cred că înțelegeam eu prea bine care e treaba cu moartea, cred că încă nu integrasem faptul că, odată ce se ajunge acolo, pe tărâmul celălalt, în viața de apoi, omul ăla nu se mai întoarce, deoarece moartea e definitivă și ireversibilă, crudă și nedreaptă, inexplicabilă și de ce, de ce, de ce oamenii se nasc și mor și care-i sensul de-a trăi? De ce venim dacă ne ducem tot acolo, înapoi?

În decembrie 2014, tot înainte de Crăciun, am pierdut-o pe Cristina, una din prietenele mele cele mai bune. S-a dat bătută în fața morții la 31 de ani, după o luptă aprigă cu o tumoare pe creier, nu înainte de a se fi operat de încă două ori, la 24 și la 29 de ani. În perioada ei de chin, mi-am dat seama că la școală învățăm prea multe lucruri inutile și prea puțin din ceea ce e important, cum ar fi să îți gestionezi emoțiile, să îți alegi meseria potrivită în funcție de abilități, să îți faci prieteni, ce să îi spui unui om în suferință sau unui om aflat în fața morții. Îmi amintesc că stăteam lângă Cristina în pat, din corp îi ieșeau drene, avea capul bandajat, ea mă privea în ochi cu o disperare cum cred că simte numai un om care știe că în curând va ajunge acolo de unde a plecat, iar eu stăteam, stană de piatră, ținându-i în palme mâna scheletică, încercând să formulez în capul meu măcar o frază de alinare, ceva... ca s-o consolez. N-am putut decât să o mângâi și i-am arătat poze dintr-o carte cu destinațiile ei preferate din Italia, încercând să mă prefac că nu sunt înspăimântată când o aud țipând și când îi văd lacrimile curgându-i pe obraz, necontrolat.

M-am simţit mult timp vinovată pentru că nu am avut puterea să fac mai mult, să spun mai mult, să o vizitez mai des. Nici pe ultimul drum, n-am reuşit să-i fiu aproape, pentru că eram şi eu imobilizată la pat, cu o problemă la picior. Tot ceea ce am putut face a fost să storc din mine un mesaj pentru iubitul ei, ceva ce mi-aş fi dorit să ajute, să ia din durere, ceva care să semene cu o anestezie pentru sufletul lui. M-am străduit să o fac, dar nu ne învaţă nimeni ce să spunem cuiva care pierde o persoană dragă, cum nu ne învaţă nimeni nici ce să ne spunem nouă ca să nu ne mai doară atât de crunt.

Pe bunicul care ne-a crescut îl chema Gheorghe. Azi e Sf. Gheorghe şi l-am fi sărbătorit. Mă doare tare că nu îl mai pot suna să-i spun: „Săru-mâna, Tăticule, să ne trăieşti mulţi ani!". Uneori, îmi apare în minte, din senin, şi încep să plâng. Bunicul a fost un om tăcut. Era un bărbat nu tocmai înalt, mai degrabă slab decât solid, brunet la piele, muncitor. În tinereţea lui, a lucrat ca tractorist, dar eu pe vremea aia nu eram, aşa că l-am ştiut doar „căruţaş". Ziua pleca la muncă la câmp, iar seara trăgea căruţa în faţa cârciumei din sat. A avut şi el viciul ăsta, ca mulţi alţi consăteni de-ai lui. Bunicul bea până când nu se mai putea ţine pe picioare şi de multe ori adormea în căruţă, dându-i calului puterea de a-l aduce în siguranţă acasă, ca şi cum între ei ar fi fost un pact neexprimat: „eu am grijă de tine şi te hrănesc, te mângâi şi sunt blând cu tine când sunt treaz, iar tu mă duci acasă, în siguranţă atunci când beau". Câteodată, când ajungea în curte şi încerca să coboare din căruţă, bunicul se împiedica, pica jos şi acolo dormea. Bunica îl lăsa până când se trezea din beţie, timp în care calul stătea frumos lângă el şi îl aştepta. Alteori, bunicul nu se îmbăta chiar atât de tare şi reuşea să ajungă în bucătărie pe picioarele lui şi îi cerea bunicii să-i mai dea de băut. Ea ne trimitea, pe mine şi pe vară-mea, la damigeana de ţuică, având grijă să ne facă semn să punem un strop de ţuică doar, iar restul apă, peste ea. Când era beat, bunicul avea o "plăcere" ca de fiecare dată să spargă farfuriile din dulap. Bunica tăcea şi-l ignora, iar a doua zi scotea întotdeauna vase noi şi completa. N-am înţeles niciodată de unde avea atâtea, parcă zici că ascundea pe undeva o cultură de farfurii, parcă planta constant seminţe pe care le uda şi le îngrijea, până când prindeau formă finală şi erau gata de cules, ca după fiecare beţie de-a lui Nea Gheorghiţă - cum îi spuneau oamenii din sat - să le pună la loc, în dulap. În timp ce făcea treabă, ea îl certa pe bunicul, iar el stătea spăşit şi asculta. Rolurile erau oarecum inversate: a doua zi după beţie, el era mut - ştiindu-se vinovat, tăcea, iar ea turuia şi îi ţinea aceeaşi predică pe care o ştiam cu toţii pe de rost, dar care niciodată nu funcţiona – bunicul o lua de la capăt cu prima ocazie. Nu îmi era frică deloc de bunicul când *făcea scandal*, îl analizam şi îi urmăream fiecare mişcare, fără dorinţa de a mă ascunde sau de a fugi. Îi plăcea jocul de-a spartul farfuriilor, dar nu era violent nici cu bunica, nici cu noi. Nea Ghorghiţă era un om bun, nu îmi amintesc ca vreodată să ne fi certat pe noi, nepoţii, ba chiar o mustra pe bunica atunci când ne certa - ca să ne lase în pace, că suntem copii şi trebuie să ne simţim bine şi să ne distrăm.

A murit de leucemie bunicul, la 77 de ani. Am observat, cu câţiva ani înainte să moară, că devenise cam ursuz, cred că intrase în depresie şi nu mai vedea rostul existenţei lui. Poate că boala lui pe fondul ăsta s-a şi instalat. Părea epuizat, parcă viaţa îl apăsa. Cu puţin înainte de a pleca sus, în ceruri, ajunsese foarte slab şi, când îl vedeam transformat dintr-un om vioi într-un bătrân lipsit de putere, simţeam cum durerea mă săgeta. Îmi amintesc că m-am dus să îl văd odată şi că, la fel ca în cazul Cristinei, încercam să creez în mintea mea o frază adecvată pe care să i-o spun. Ceva care să conteze pentru el, să înţeleagă că îl iubesc, că îi sunt aproape, că îi mulţumesc că ne-a crescut şi ne-a iubit atât de mult. Aş fi vrut să îi spun cumva că eu nu vreau să plece, dar simt că el vrea şi că îl las, chiar dacă pe mine mă va durea. Dar în faţa morţii, suntem cu toţii muţi. Nu ştiu ce i-am spus, dacă i-am spus ceva, dar ştiu că i-am luat picioarele slabe între mâini şi i-am făcut masaj. Am dus cea mai aprigă luptă cu mine însămi să nu plâng şi îmi era greu să înţeleg cum de bunicul a ajuns aşa. Picioarele îi erau atât de fragile încât masam cu grijă să nu îl doară şi să nu cumva să îi rup ceva. I-am uns venele cu cremă şi mi-am imaginat că îi transfer iubire din mine, din interior, ca să îi ia din durere, în semn de mulţumire că a avut grijă de mine atât timp. De ce, dintr-un om care se ţinea aşa de bine pe picioare, ai ajuns un om aşa plăpând, Tăticule, şi de ce-ai plecat şi unde eşti acum? Îţi e mai bine acolo, unde ai ajuns? Mă auzi, oare, când vin să îţi aprind o lumânare şi când vorbesc cu tine, la mormânt?

Scriu şi plâng, mă plâng pe mine cred. Se zice că, atunci când oamenii mor, nu îi plângem pe ei, ci ne plângem pe noi fără ei. Se mai spune că ne apasă foarte tare lucrurile care rămân nespuse între noi, acelea pe care poate le-am simţit, dar pe care nu am ştiut cum să le exprimăm, pentru că, în faţa morţii, suntem cu toţii muţi. Nu ne e milă de cei care se duc, ne e milă de noi, cei care rămânem în urma lor. Ce mă fac eu fără tine? Cui rămân? Asta ne întrebăm atunci când conducem un om drag nouă pe ultimul său drum.

Şi eu m-am plâns pe mine fără ai mei, dar parcă la unchiul meu am simţit că l-am plâns pe el. Şi acum, când mă gândesc la el, simt milă, amintindu-mi ce viaţă chinuită a avut, şi cum a suferit de neiubire atât timp. Dar pe cât de *neiubit* s-a simţit el, pe atât de mult am simţit că ne-a iubit pe noi, nepoţii lui. În afară de un episod, când ne-am certat, în rest întotdeauna am avut senzaţia că ne leagă ceva profund. Când era tânăr „făcea scandal" destul de des, nu se înţelegea cu bunicii mai deloc. Probabil, nu s-a simţit iubit cum ar fi vrut şi poate că nici ei nu au ştiut să îi arate că-l iubesc cum a avut el nevoie. Şi, deşi cearta la noi la ţară era ceva obişnuit, niciodată nu m-a invadat frica atunci când el era într-un episod de-al lui mai agresiv. Undeva, în sinea mea, ştiam că apele se vor liniști şi l-am simţit întotdeauna un om bun, aşa cum a şi fost, dincolo de toate măştile lui. Comportamentul lui era mecanismul său de apărare, îl folosea drept scut. A suferit de *neiubire*, aşa zic eu. Şi cum *neiubirea* se duce la inimă, de inimă a şi murit. Încet, în timp, cordul lui s-a oprit, puţin câte puţin, până când a încetat să mai bată. Nu cred că am simiţit la nimeni altcineva ceea ce am simţit la moartea lui. Avea 46 de ani şi, când vedeam pământul ăla căzând peste sicriu, îmi venea să bag mâna după el, să îl scot de acolo şi să îi spun că îl iubesc, că îmi pare rău c-a suferit, că, dacă aş putea, i-aş da viaţa înapoi şi l-aş învăţa să se iubească singur, ca să nu mai pună la inimă, să moară de durere aşa curând. „Andreio, lasă ţigările alea că nu sunt bune de nimic, dă-le dracu, că eu m-am lăsat!", „Andreio, mi-ai adus, fă, şi mie ceva de la Bucureşti?" Ţi-am adus, Florine, bomboane cu mentă, mere, pâine, biscuiţi". „Aşa, fă, dă-mi şi mie nişte bomboane că eu sunt amărât!".

Rămân cu mine cea de acum, femeia care poartă în ea durerea pierderii celor dragi, îmi încrucişez braţele în jurul corpului şi-mi spun: „Ei au plecat şi, inevitabil, vor mai pleca şi alţii după ei. Asta ne e rostul, cu toţii dispărem. Doare şi e normal să suferi pentru că nu-i mai ai, rănile astea rămân. Urmele oamenilor rămân. Energiile lor rămân. Lipsa celor dragi o resimţi toată viaţa şi nimic nu poate acoperi golul pe care ei îl lasă în urma lor. Nu ştiu dacă voi reuşi vreodată să înţeleg de ce se întâmplă să murim, nimeni nu ştie de ce ajungem acolo în final, ni se pare nedrept că îi pierdem pe cei dragi, dar e un lucru cu care trebuie să învăţăm să trăim. Dă-ţi voie să simţi durerea asta a pierderii, dă-ţi voie să simţi revolta, furia, pentru că tot tsunami-ul ăsta emoțional este firesc, își are rostul lui. Știu că moartea te face să te simți singură și abandonată, dar vreau să înțelegi că nu e așa, eu sunt aici cu tine ca să te susțin, să te conțin. "

Eu te accept și te iubesc așa cum ești. Eu mă accept și mă iubesc așa cum sunt.

*Anxietatea e o boală pe care nu
ştii cum să o apuci, nu se simte la
atingere, nu are formă, nu se vede cu
ochiul liber, nici la ecograf, nici la
RMN. E în mintea ta, o frică asupra
căreia nu ai nici cel mai mic control.*

SĂ AI GRIJĂ DE COPII!

În clasa a XII-a, am trăit nişte spaime intense cu taică-miu, a avut o perioadă în care îi era atât de rău, încât am trecut prin groaza de a-l pierde de nenumărate ori. A fost înspăimântător să îl văd chinuindu-se aşa, mergând din doctor în doctor, pentru ca nimeni să nu îi găsească ceva concret. Când am trecut prin acelaşi lucru anul trecut, am înţeles că e anxietate ceea ce mult timp a simţit el şi că asta e o *boală* pe care nu ştii cum să o apuci, care nu se simte la atingere, nu are formă, nu se vede cu ochiul liber, nici la ecograf, nici la RMN, nu se operează, nu se extrage în vreun fel din organism. Anxietatea e ceva în mintea ta, ce îţi dă o stare de frică asupra căreia nu ai nici cel mai mic control. În faţa acestei frici, eşti sclav.

Sunt clasa a XII-a, sunt în semestrul al II-lea, mai e puţin până la BAC şi azi am teză la engleză. Sunt la mine în cameră, mă pregătesc să plec. Deodată, îl aud pe taică-miu ţipând şi fug la ei în dormitor. Maică-mea e lângă el, nu ştie ce să-i mai facă, el, panicat, strigă „Mor, o să mor, dacă mor, ai grijă de copii!". Sunt în picioare, la colţul patului şi mă uit, înmărmurită, la el. Parcă nu mai sunt eu în trupul meu. Nu vreau să aud, nu vreau să văd, nu vreau să simt. Spaima că ar putea să moară mă face să mă disociez - vreau să ies din mine, să plec din propriul corp, refuz să fiu prezentă acolo, să asist. Cumva, mintea mea nu poate şi nu vrea să proceseze un astfel de gând, cum că el ar putea muri. Nu azi. Nu, niciodată n-aş putea accepta aşa ceva. Cum să-l pierd pe tata? Nu! Deschid ochii, mă uit din nou la el şi îl văd parcă puţin mai liniştit. Încep să desluşesc şi zgomotele de fundal. O aud pe mama vorbind cu doctorii la telefon, înţeleg din convorbire că trebuie să plece undeva. E agitată, e speriată, eu încă sunt în şoc, aud doar că-mi spune să stau cu tata, să am grijă de el până când revine ea. Iau telefonul şi sun la şcoală, spun că nu pot să ajung, teza şi BAC-ul mi se par cele mai mari nimicuri acum, când trăiesc aşa ceva. Vreau doar să fie tata bine, să nu mă părăsească, pentru că, dacă moare, nu ştiu ce mă fac fără el!

Mă-ntorc către mine, adolescenta de atunci. Sunt în spatele ei, în picioare. O văd înmărmurită, o iau în braţe şi îi spun: *Ştiu că eşti înspăimântată acum şi că doare atât de tare încât îţi vine să te detaşezi de propriul tău corp, este o traumă ceea ce trăieşti. E firesc să fii speriată, e firesc să nu ştii ce să faci, tot ce simţi acum este uman. Ştiu că ţi-e teamă ca el să moară şi să te abandoneze, dar eu sunt aici cu tine, să te ţin în braţe şi să te ajut să treci peste etapa de acum. Tata nu o să moară, el face atacuri de panică doar. De când a murit bunicul, tatăl lui, anxietatea morţii l-a cuprins. Mai târziu, mare, vei înţelege şi tu ce este anxietatea asta şi cum funcţionează ea. Vreau să ştii că nu eşti singură, eu sunt aici şi voi fi cu tine mereu, iubindu-te şi acceptându-te aşa, cu spaimele tale, cu anxietăţile tale, cu bolile tale reale, cu bolile tale imaginare, cu tot.*

Vreau să ştii că eu sunt tu din trecut, iar tu eşti eu din viitor, m-am întors să-ţi spun că eu te accept şi te iubesc aşa cum eşti.

Eu mă accept şi mă iubesc aşa cum sunt.

Întotdeauna am simțit că sunt altfel, dar, trăind în lumea oamenilor, m-am deconectat de la ființa mea autentică, de la eul meu interior.

ANXIETATE ŞI ABSENŢĂ

Anxietatea asta poate fi şi ea învăţată de la oamenii reprezentativi, ca orice reacţie sau comportament. Dacă ai trăit cu părinţi depresivi, sunt şanse mari să treci printr-o depresie. Dacă ai un părinte anxios, e posibil să ajungi un adult anxios. Dacă oamenii care te cresc sunt critici, concetraţi pe negativ, la fel poţi ajunge şi tu. Noi luăm ca adevăruri şi ca normalitate ceea ce vedem la cei apropiaţi, iar mai târziu, dacă avem norocul de a deschide ochii, de a observa că mai e şi altceva în afara bulei noastre, că există alte comportamente care ne aduc mai multe beneficii, atunci putem schimba ceea ce este vechi cu altceva mai potrivit, funcţional. Dacă nu, perpetuăm convingerile negative şi transmitem copiilor noştri gândurile disfuncţionale.

Anul trecut, am trăit cele mai crunte momente ale vieţii mele. Nu mă mai vedeam trecând de etapa în care eram, mă simţeam blocată, captivă în propria mea minte. Pe parcursul unui an întreg, am trăit cu iluzia că am trei tipuri de cancer în fază terminală, rând pe rând. Prima dată, am suspectat că am la sâni, simţeam nişte gâlme, aveam dureri îngrozitoare şi mă comportam ca şi cum chiar aş fi fost bolnavă, pe moarte. Stăteam în pat, paralizată, incapabilă să adorm, gândindu-mă doar la cum o să primesc diagnosticul şi cât de crunt e că o să mor şi cât de tare regret că n-am trăit mai intens şi mai pasional, că n-am îndrăznit mai mult, că n-am iubit mai mult, că nu m-am exprimat liber. Fostul meu soţ stătea lângă mine în pat, total indiferent, şi mă privea dispreţuitor, spunându-mi că n-are ce să-mi facă, că sufăr de boli imaginare şi că o să-mi treacă. Spune-i asta unui om în anxietatea morţii şi aşteaptă-te să înţeleagă... pentru mine, să văd aşa reacţie din partea unui om apropiat, a fost dezamăgitor. Aş fi avut nevoie de înţelegere, de o vorbă frumoasă, de o încurajare, de susţinere, de empatie, de un simplu: „sunt aici". El era prezent fizic, dar emoţional, total absent.

Nu aveam nimic la sâni, după ce am umblat prin doctori şi am auzit mai multe păreri, în final, am acceptat că sunt sănătoasă clinic şi că ceea ce simţeam era o somatizare ce avea legătură cu feminitatea mea. Era, probabil, presiunea pe care o simţeam de la cei care mă întrebau când fac copii, că am peste 30 de ani şi dacă nu mai pot face mai târziu? Începusem să mă gândesc la asta serios, dar corpul m-a salvat, mi-a transmis semnale cum că e cazul să mă trezesc şi să mă ascult pe mine, să-i las pe ceilalţi. *Ce vrei tu, Andreea, cu adevărat?* Îmi striga el, prin diferitele dureri. Nu voiam copii şi nu voiam bărbat. Nu voiam aliniere, nici cutume, nici presiune socială. Nu voiam să fiu în rând cu lumea. N-am vrut niciodată, nu vreau nici acum şi nu ştiu dacă va veni o vreme în care se va întâmpla să îmi doresc o viaţă comună. Întotdeauna, am simţit că sunt altfel, dar trăind în lumea oamenilor, m-am deconectat de la fiinţa mea autentică, de la eul meu interior. Însă corpul m-a salvat, m-a trezit la realitate, m-a îndemnat să mă regăsesc, să mă privesc, să îmi ies în întâmpinare. Corpul meu mi-a transmis cel mai preţios mesaj, acela că este cazul să privesc cu seriozitate către mine.

La scurt timp după ce m-am liniştit cu sânii, am început să simt un nod în gât, traheea îmi era uscată, aveam impresia că mă sufoc, mă durea tot gâtul pe interior, parcă nu puteam să înghit. Cu câteva luni înainte, când stările mele au debutat printr-o pierdere de echilibru şi nişte ameţeli, îmi făcusem un RMN la care îmi ieşiseră nişte microchisturi situate în nazo-faringe. Nu le-am luat în seamă pe atunci, însă, odată cu senzațiile din gât, am crezut din nou că sunt bolnavă și că voi muri de aceeași boală ca bunicul din partea tatălui și simțeam totul atât de real, încât mi-am zis că nu mai scap. Ajungeam la urgențe din două în două zile, îi rugam disperată pe doctori să mi se uite în gât bine, pentru că eu simțeam că e ceva acolo, dar ei mă trimiteau de fiecare dată acasă, asigurându-mă că totul este bine. În final, mi-am făcut curaj și am mers la un doctor care mi s-a uitat cu camera în nas și în gât și mi-a arătat pe monitor, că nu e nimic care să mă îngrijoreze. La nici o săptămână după, senzațiile aproape că dispăruseră.

Simt compasiune față de mine acum, amintindu-mi ce stări incredibile am avut la Revelionul ăla când am mers la munte în gașcă, când toți ceilalți în jur se distrau, iar eu eram prezentă fizic, dar mental trăiam într-o altă lume, dominată de boală. Îmi amintesc cum băteam noaptea la ușă la frate-miu să stau cu el în caz că mor să știu că măcar e cineva acolo, lângă mine. Pe soțul meu nu mă puteam baza, era prea ocupat cu băutura. Numai cine trece prin anxietatea morții poate înțelege cum este să îți fie atât de rău și atât de frică, încât să încerci să păcălești până și somnul, ca nu cumva să închizi ochii și să rămâi definitiv acolo. Și cât de îngrozitor este să îți dai seama că, deși ai fizic o persoană lângă tine, ești, de fapt, sfâșietor de singur.

Am divorțat în vara următoare, la 10 luni de la căsătorie. Am mare noroc cu corpul meu care-mi vorbește atunci când mă îndepărtez de mine. Nu îmi amintesc pe unde am fost eu în viața mea în cei 4 ani petrecuți cu fostul soț; parcă realitatea mea nici nu a fost despre mine, a fost despre a-i face lui pe plac ca să fie mulțumit, să îmi ofere atenție pozitivă. Este exact pattern-ul meu de iubire.

Un episod recent de anxietate şi atacuri de panică a debutat în toamna anului trecut, când viaţa mea devenise, din nou, mai mult despre altcineva decât despre mine. M-am trezit în acelaşi pattern de neiubire. Am trăit o experienţă atât de dureroasă, încât am pus-o la inimă până când a respira, pentru mine, a devenit o mare durere. Mă apăsa neiubirea în piept atât de tare, încât a ajuns să iradieze în spate, în cutia toracică, şi am început să cred din nou că sufăr de un alt diagnostic tragic şi că boala, de data asta, este localizată la plămâni. Am citit eu pe internet că aşa te doare când eşti în fază terminală. De două ori am ajuns la urgenţe cu dureri îngrozitoare, o dată la Floreasca, unde aveam un istoric de raze din anii precedenţi (am un astm şi o mare frică de vreo boală la plămâni, aşa că mă verific), iar ultimele sunt chiar de anul trecut. Mi-au făcut din nou şi mi-au spus că totul este bine, că nici nu era timp să se dezvolte ceva de la ultimele raze până în acel moment. Dar eu tot nu am crezut, auzisem de cazuri când au trimis pacienţii acasă pe motiv că nu au nimic, dar ei aveau şi, evident că mă îndoiam de ceea ce ajungea la mine. Apoi, de 1 Decembrie am plecat la Timişoara, simţeam nevoia să fug departe de Bucureşti, să schimb aerul. Însă în loc de relaxare, am trăit apogeul durerii mele. Simţeam o presiune atât de mare în piept, la fiecare respiraţie, încât aveam senzaţia că sunt prinsă între nişte pereţi care se tot îngustează până când voi sfârşi strivită. Am ajuns şi acolo la urgenţe, unde mi s-a spus acelaşi lucru: că sunt sănătoasă clinic. M-am convins de abia atunci când pneumologul mi-a garantat că sunt în regulă după ce s-a uitat peste raze şi mi-a făcut spirometrie. Toate întâmplările astea au avut şi o parte bună: de frică, am devenit nefumătoare. Poate, chiar sunt fata lui tata, aşa cum spune mama, pentru că şi el tot în anxietate a renunţat la fumat, după 20 de ani de când a pus prima ţigară în gură.

Am crezut că debutul anxietății mele și al atacurilor de panică a fost după căsătorie, însă, în terapie, am descoperit că rădăcina e tot în copilărie. Mă întorc în trecut și mă văd pe mine, la țară, în camera bunicilor, acolo unde iarna ne petrecem cu toții ziua. Bunicul stă într-un pat și se uită la televizor, eu sunt în patul celălalt, iar bunica face mâncare, la bucătărie. Eu sunt speriată, știu ce e cu sângele ăsta, dar parcă e prea abundent, mă doare burta foarte tare și nu îmi dau seama dacă e normal ca din 10 în 10 minute să mă dau jos din pat ca să îmi schimb tamponul. Dacă e totuși ceva în neregulă cu mine? Mă cuprinde frica, simt cum îmi invadează celulele și îmi îngheață sângele în vene. Mă ia amețeala, respir tot mai repede, am un nod în gât, inima îmi bate tare și încep să plâng. Dacă sunt bolnavă? Dacă am ceva mai grav și am să mor din cauza asta? Toată lumea vede că plâng, dar nimeni nu îmi zice nimic, ca și cum toți știu că o să mor, dar nu-mi confirmă nimeni. Bunicul e stană de piatră, stă în continuare în pat cu ochii în televizor, bunica mă strigă din când în când să-mi zică de apă că s-a încălzit și să ies să mă spăl că mi-a pregătit ligheanul, dar eu sunt sigură că bunica e așa lipsită de expresie pentru că știe că am ceva grav și nu vrea să mă sperie. Tocmai lispa ei de reacție mă înspăimântă mai tare și plâng și mai mult de parcă aș vrea să îmi spună ceva: că e în regulă, că e normal, că așa se întâmplă, că o să treacă, dar nu zice nimic, e clar: sigur, am să mor, mi-e frică și o vreau pe mama lângă mine, dar oare ea știe ce mi se întâmplă?

Mă întorc în trecut și mă așez pe pat, lângă adolescenta speriată. O mângâi pe braț, mă aplec deasupra ei, o privesc în ochii speriați și îi spun: *Ceea ce se întâmplă cu tine e normal, ai devenit femeie și e firesc ca la început să fie astfel. Vreau să știi că nu ești bolnavă, nu e ceva ieșit din comun ceea ce ți se întâmplă. Va trece, iar tu vei fi bine. Înțeleg că ești speriată și e ok să te simți așa, eu sunt aici, lângă tine. Atacuri de panică şi anexietate vei mai trăi şi pe viitor, odată ce apar, lucrurile astea rămân cu tine, dar tu vei găsi resursele necesare pentru a-ţi depăşi de fiecare dată stările.*

Vreau să ştii că eu sunt tu din trecut, iar tu eşti eu din viitor, m-am întors să-ţi spun că eu te accept şi te iubesc aşa cum eşti.

Eu mă accept şi mă iubesc aşa cum sunt.

Sigur că e greu să te concentrezi pe pozitiv atunci când lucrurile nu sunt roz, dar întotdeauna ai de ales ce lentile vrei să porți și ce gânduri inviți în mintea ta.

PSIHOLOGII SUNT PERFECȚI

Am observat că oamenii au tendința de a se transforma după ce aud că meseria mea e cea de psiholog: își îndreaptă postura, își reglează tonalitatea vocii, își schimbă mimica, intră în defesivă. Văd multe mecanisme, multe frici. Unii se tem de etichete și încearcă să camufleze ceea ce nu le place la ei, alții, din nesiguranță, vor să afle ce cred despre ei sau dacă le citesc gândurile atunci când îi privesc. Nu-mi fac păreri despre oamenii pe care doar ce îi cunosc, încerc, pe cât posibil, să evit judecăți și etichetări. Plus că în timpul liber, vreau să îmi ies din rol, să mă deconectez.

Să fii psiholog vine la pachet cu o multitudine de așteptări și o mare presiune din exterior. Pentru mulți, psihologul este întruchiparea lui a fi perfect, unii cred că, dacă ești psiholog, ești un fel de robot fără emoții, cum să te simți tu trist? Cum adică ești nervos? Păi cum de ridici tonul, dar de ce te cerți? Cum adică ești gelos? Vai, ai fost în depresie? Nu se poate să faci atacuri de panică, cum să gândești tu că o să mori? Păi și de ce nu te scoți singur din asta cu toate lucrurile pe care le-ai învățat? Și cum, divorțezi? Păi eu credeam că psihologii sunt perfecți. Până și noi, psihologii, avem mari așteptări unii de la ceilalți. Noi așteptăm să ne înțelegem reciproc, pentru că doar de aia suntem psihologi și am făcut atâtea cursuri, formări, dezvoltări, supervizări, terapie individuală și terapie de grup, așa-i? Așteptăm să ne citim gândurile unii altora, să înțelegem de ce ne comportăm într-un anume fel, să ne purtăm unii cu alții delicat și le cerem celorlalți să renunțe la a mai avea așteptări, pentru că suntem și noi oameni și greșim.

Mă gândeam cum ar fi lumea dacă am renunța la așteptările pe care inevitabil ni le facem, ghidându-ne după sistemul nostru de valori. Cum ar fi dacă am încerca să privim dincolo de aparențe, dincolo de măștile pe care, de cele mai multe ori, le afișăm ca să ne protejăm, ca să nu fim răniți? Cum ar fi dacă am exersa mai mult acceptarea decât critica, dacă am vedea mai mult frumosul din om decât urâtul? Există o lege în univers care zice că primești mai mult din ceea ce ești, din ceea ce gândești, din ceea ce dăruiești. De asta, când ești agitat în trafic, atragi situații care te agită și mai mult, de asta când te gândești că nu ai bani, banii continuă să-ți lipsească, de asta când vezi frumosul din oameni atragi în viața ta oameni tot mai frumoși. Sigur că e greu să te concentrezi pe pozitiv atunci când viața doare, dar întotdeauna ai de ales ce lentile vrei să porți și ce gânduri inviți în mintea ta în fiecare moment. Nu poartă nimeni responsabilitatea altei vieți.

Cred că lumea ar fi un loc mai bun dacă am încerca să vedem omul de dincolo de statut și am înțelege că, dacă un psiholog a trecut printr-o depresie, dacă a trecut printr-un divorț, dacă s-a luptat cu anxietatea, nu e ceva rău, ba chiar e minunat, pentru că el poate empatiza cu omul din fața lui, poate înțelege mai bine vibrația persoanei care-i ajunge în cabinet, poate fi un ghid mai bun pentru client.

Stau în bucătăria noastră de la B36, apartamentul cu 3 camere în care ne-am mutat când am trecut la liceu. Îl văd pe taică-miu așezat pe scaun, frate-miu e la masă și el, iar eu sunt în picioare, mă agit. Încerc să mă apăr, sunt pusă la colț. Nu-mi dau seama de ce ne certăm, de la ce a pornit, știu doar că mă simt extrem de furioasă și plâng revoltată pentru că tata vorbește peste mine, fără să mă asculte și îl aud spunând: „Degeaba ai făcut psihologia, ar trebui să fii calmă nu să reacționezi așa!". Simt un bulgăre de furie cum mă pleznește direct în plex, mi se pare nedrept să aud asta din gura lui și mă doare că nici măcar el nu mă înțelege și nu acceptă faptul că sunt și eu om și am aceleași reacții ca și ceilalți, mă întristează că nu vede și nu aude și o ține pe a lui. Îi întorc spatele și plec. Ajung în dormitor, mă așez pe pat și plâng. Atât de furioasă sunt... Dacă și tata îmi spune asta, dacă nici ai mei nu mă înțeleg, cum să aștept să mă înțeleagă cineva străin? Mă doare să văd că tata nu e mai flexibil, mai înțelegător.

Mă întorc în trecut la mine, tânăra de 26 de ani, mă așez pe pat, îi dau părul după ureche, o mângâi pe frunte, o îmbrățișez și îi spun: *Știu că te simți neînțeleasă și ți se pare nedrept, știu că ești furioasă acum, e firesc să fie așa, tata nu pare să înțeleagă că ești plămădită din același aluat ca orice alt om, iar tu porți pe umerii tăi presiunea așteptărilor și e firesc să te doară și să vrei să te revolți. Îmbrățișează tot ceea ce trăiești acum, dă frâu liber emoțiilor, e ok că simți, e ok să simți! Știu că ai senzația de singurătate pentru că pare că cei din jur nu te înțeleg, dar nu ești singură, sunt eu lângă tine aici.*

Vreau să știi că eu sunt tu din trecut, iar tu ești eu din viitor, m-am întors să-ți spun că eu te accept și te iubesc așa cum ești.

Eu mă accept și mă iubesc așa cum sunt.

*Astăzi încă mai aştept. Aştept ca el
să dea un semn, aştept să mă caute.
Îl aştept să vrea o relaţie asumată,
îl aştept să fie disponibil.*

ÎNCĂ MAI AŞTEPT

Mă gândesc uneori cum ne plângem că timpul trece cu viteză, dar, atunci când aşteptăm, acelaşi timp trece al naibii de greu şi pare că încetineşte intenţionat. Timpul se dilată când îi scrii persoanei pe care o iubeşti şi stai cu ochii în telefon, aşteptând răspuns. Timpul stă pe loc când ţi se pare că nu primeşti răspunsul ăla odată şi mori de nerăbdare să vezi că sus apare „typing", când ai impresia că a trecut un veac de când ai scris ultimul mesaj, dar te uiţi la ceas şi realizezi că nu a trecut mai mult de un minut. Timpul trece greu atunci când aştepţi, căci aşteptarea se poate transforma într-un adevărat infern.

Astăzi mi-am recunoscut eu mie că încă mai aştept. Aştept ca el să dea un semn, aştept să mă caute. Şi nu am avut trezirea asta de conştiinţă pentru că nu mi-a scris, ci din contră, pentru că mi-a scris. M-a întrebat dacă mai vreau să mă ducă la aeroport, aşa cum am vorbit cu câteva zile în urmă, înainte să arunc cele mai aprige reproşuri asupra lui. Şi poate că nu lucrurile în sine au fost urâte, cât forma în care cuvintele au prins contur. Mi-am dat seama că aştept în continuare ca el să mă caute, să îmi spună că sunt importantă, să petrecem timp împreună, să mă sărute pe frunte, aştept să mă cuibăresc la pieptul lui, să îmi spijin capul pe umărul lui, să îi simt mirosul de natură, de iarbă fragedă, de libertate, de nebunie, de viaţă. Mirosul lui specific, de bărbat. Mi-e atât de familiar mirosul ăsta, cred că şi bunicul mirosea la fel. E miros de siguranţă, în toată nesiguranţa lui. Aştept. Îl aştept să vrea o relaţie asumată, îl aştept să fie disponibil, îl aştept să îşi dorească să trăim experienţe minunate împreună, să creştem, să ne distrăm, să ne vindecăm şi îmi imaginez că o va face în curând şi înţeleg că omul ăsta nu poate mai mult şi că sunt şanse să nu vrea vreodată altceva şi, cu toate că ştiu că îmi fac rău cu aşteptarea mea, eu îi găsesc milioane de scuze şi aştept. Îl aştept. A trecut aproape un an de când am realizat că sunt atrasă de bărbatul ăsta ca de un magnet şi, deşi ascultând povestea lui am înţeles că cel mai sănătos lucru pe care pot să-l fac e să îmi spun eu mie „fugi", m-am oprit. Pentru că nu ştiu altă dragoste decât pe cea de a aştepta. Îl aştept aşa cum îl aşteptam pe tata să vină de muncă, pe vremea când eram un copil.

Mă văd pe mine mică, în sufrageria noastră de la B10. Îl aştept pe tata să vină să mă salveze de mama care mă ceartă, e iar nemulţumită de temele pe care le-am făcut şi mă obligă să stau la birou şi să scriu perfect. Ea e acasă, e în bucătărie, găteşte şi, deşi e o prezenţă umană în apartament, eu trăiesc un sentiment acut de singurătate, de abandon. Am o nelinişte în organism, o senzaţie de gol în stomac, iar în inimă, un vid. Timpul trece, mă tot uit la ceas şi îl aştept pe tata, dar el parcă nu mai vine. Aştept. Mă uit pe geam, soarele e la asfinţit. Încerc să mă concentrez să scriu, dar senzaţia asta de nelinişte mă ţine sclavă în propriul corp şi nu pot să ies din cuşca emoţiilor chinuitoare pe care le trăiesc. Timpul trece greu, atât de greu, încât simt fiecare minut ca pe un ac încins, împuns în pielea ce sfârâie sub fiebinţeala vârfului la contact. Mă uit iar pe geam. E întuneric acum, se vede luna. O privesc şi-i spun: „Lună, te rog, adu-l acasă pe tata, vreau să fie aici cu mine, să am un aliat!". Dar, parcă luna nu mă ascultă şi aud în continuare cum sfârâie minutele pe pielea mea, le simt ca pe un rău ireversibil şi ştiu că, acolo unde mă înţeapă, vor rămâne urme de interminabilă aşteptare emoţională. Cicatrici.

Îl aştept pe tata să se joace cu mine şi să îmi deseneze munţi şi văi, peisaje din natură şi să mă înveţe să mă lupt, dar pe măsură ce timpul trece, iar eu cresc, el este tot mai absent. Îl aştept şi pe C. să ne urcăm în maşină la opt seara, să nu ştiu unde mergem, să aflu pe autostradă că ne îndreptăm spre munte, să ne oprim la mănăstire, la Caraiman, ca să o privim cum domneşte mândră sub clar de lună, în aer curat, înconjurată de brazi şi să ne minunăm. Să mergem apoi mai la înălţime ca să ne uităm la stele în timp ce el pune pe mine geaca pe care a luat-o în plus, anticipând că o să-mi fie frig, să stăm pe scaunele pe care le-a adus special ca să privim stelele, să le contemplăm, să mâncăm dulceaţă făcută de el, să bem suc de lyche la al cărui gust mă strâmb, apoi să ne întoarcem spre Bucureşti, să oprească unde aterizează avioanele, în spate la aeroport, să stăm pe câmp, în întunericul profund, acolo unde iarba miroase a iarbă şi pământul a pământ, iar eu să mă cuibăresc în braţele lui, el să mă strângă la piept sub avioanele care alunecă uşor, spre sol, la o distanţă atât de mică de noi, încât aproape că putem să le atingem când ridicăm mâinile spre cer şi să simţim vântul de la aterizare, să auzim vuietul profund, să ne oprim pe drumul din pădure, să scoatem mâinile pe geam să simţim aerul în palme în timp ce mergem cu 10 km la oră, cu farurile stinse şi cu Coldplay pe fundal. „ And I will try to fix you" aud - şi nu mai există nici timp, nici spaţiu, nici corp, nici lume, nimic, doar vibraţie şi energie, şi frumuseţe, şi suflet la suflet, şi trăiri. Noi doi!

Îl aştept pe C. să stăm în maşină pe câmp şi să ne sărutăm ore în şir fără respiro, cât nu ne-am sărutat niciunul toată viaţa la un loc, să îmi dea încet părul după ureche în timp ce îmi pune mâna lui puternică pe gât, de parcă testează să vadă câtă putere pot să-i dau, iar eu îi dau şi vreau să văd unde se opreşte şi simt adrenalină, frică şi plăcere… se opreşte exact la timp, încât să rămân fascinată de sincronicitatea opririi lui cu gândul meu de stop. Îl aştept pe C. să vină cu motorul aşa cum a venit atunci când era teiul înflorit, când i-am cerut o îmbrăţişare şi trecea maşina aia şi noi stăteam în stradă unul lângă celălalt, iar eu trăiam bucuria cu fiecare moleculă a fiinţei mele, cu fiecare atom şi nu am auzit, însă el m-a tras mai aproape, de mijloc, până ne-am lipit de tot şi cum mirosea a benzină de la motorul ăla pe care am vrut doar să încerc să mă urc puţin şi pe care, până la urmă, ne-am plimbat ore bune pe lângă Bucureşti, prin pădurile de tei. Oare cum voi mai putea să suport teiul şi mirosul lui când tu nu mă mai plimbi? Te aştept ca pe tata, te aştept. Şi timpul trece, şi eu cresc, iar tu eşti tot mai absent.

Mă-ntorc către mine, fetiţa care îl aşteaptă pe tata la birou. Mă aşez pe scaun în faţa ei, îi iau mâinile în ale mele, o privesc în ochii deznădăjduiţi şi îi spun: *Ştiu că te simţi singură şi abandonată şi înăuntrul tău e un gol, e normal să simţi aşa, ai nevoie de tata, dar nu ştii când va veni. Eşti speriată şi ţi-e frică şi nu ştii ce să faci cu emoţiile tale acum. O să te mai simţi aşa de multe ori în viitor, durerera asta ţi se va activa, uneori în mod iraţional, când mintea ta va percepe un potenţial pericol de abandon. Dar vreau să ştii că niciodată nu vei fi abandonată, mă vei avea pe mine mereu. Eu sunt tu, fetiţa de ieri, iar tu eşti eu, femeia de azi, şi sunt aici cu tine să-ţi ofer iubire necondiţionată şi să îţi spun că nimeni niciodată nu te va părăsi.*

Vreau să ştii că eu sunt tu din trecut, iar tu eşti eu din viitor, m-am întors să-ţi spun că eu te accept şi te iubesc aşa cum eşti.

Eu mă accept şi mă iubesc aşa cum sunt.

*E sfâşietor sentimentul ăla când
ai lângă tine pe cineva, prezent
fizic, dar, emoțional, absent.*

ABANDON

Tata îmi tot repeta o vorbă, o vorbă pe care o urăsc și, coincidență semnificativă, cum ar spune Jung, o auzeam destul de des ieșind și din gura fostului meu soț. „Nu vorbi fără să gândești" spunea tata, deși, de multe ori, nici nu reușeam să articulez vreun cuvânt, de parcă mi-ar fi citit gândurile și ar fi dat verdictul: „gând greșit" înainte chiar să îl rostesc. Atât de tare m-au apăsat vorbele astea, încât au fost ani buni în care nu am comunicat cu el deloc. Cred că toată adolescența mea, toată perioada liceului, am stat unul lângă altul atunci când ne intersectam, amândoi eram muți. Erau momente când ne aflam la masă, față în față și, pur și simplu, nu ne spuneam nimic. Cred că vorbele îmi stăteau în gât, iar, uneori, mă răzvrăteam în niște somatizări de tipul amigdalite/ faringite / laringite, ca și cum "uite că avem și un motiv real să nu vorbim". Sau de parcă vorbele nespuse, rămase acolo, mă apasă și mă dor. E sfâșietor sentimentul ăla când ai lângă tine pe cineva, prezent fizic, dar emoțional absent. De multe ori, așa au fost ai mei, nu au știut prea bine ce nevoi emoționale am și ce e de făcut, mai ales că și ei erau mai mult copii decât adulți. Așa au fost și foștii mei iubiți, iar eu am purtat cu mine tăcerea în relații pentru că îmi era frică să nu spun ceva greșit și, decât să vorbesc fără să gândesc, mai bine tac și fac pe plac. Asta am înțeles eu că e iubirea: să taci, să aștepți, să faci pe plac.

Sunt în bucătăria noastră mică de la B10, stau la masă, așezată pe colțarul maro, lipit cu o parte de peretele dinspre scară și cu cealaltă, de peretele de sub geam. Mă uit pe fereastră şi îmi dau seama că e ora prânzului, copiii din curtea casei de copii se îndreaptă spre cantină, stând la rând. Le aud vocile amestecate şi disting glasul dur şi sec al unei îngrijitoare care ţipă la ei să aştepte cuminţi. Sunt obişnuită cu imaginea asta, mă uit în curtea casei de copii în fiecare zi, dar niciodată nu mi-am putut imagina cum e acolo, cum dorm ei, cum mănâncă, cum arată cantina, ce gust are mâncarea, cum vorbesc între ei şi cum îi doare absenţa părinţilor. N-am vrut să ştiu durerea aia, am refuzat să mă gândesc...

Eu sunt acasă cu tata şi am chef de joacă, mă tot foiesc de pe o parte pe cealaltă, pe colţar. Dar el pare că n-are dispoziţie şi eu insist până îşi pierde răbdarea cu mine şi în următoarea secundă îl aud spunând: „Dacă nu eşti cuminte, te dau la casa de copii!". Corpul mi se cutremură ca şi cum aş fi băgat degetele în priză şi mii de volţi mi-ar trecut prin ele, lăsând energia să se scurgă apoi în pământ cu inima mea cu tot. Am încremenit. Îmi simt privirea pierdută pe geam, fixând un punct oarecare din curtea casei de copii. Cum, cum să mă duci? Cum să mă duci şi să mă laşi? Tată, dar nu mă mai iubeşti? De ce nu mă mai vrei? De ce să mă părăseşti? Îmi vine să urlu, să-l întreb unde greşesc, dar îmi e frică să vorbesc, aşa că tac şi-i fac pe plac, păstrând în mine durerea că dacă greşesc, de azi înainte risc să rămân fără părinţi.

Mă întorc către mine, fetiţa de 5 anişori care stă înmărmurită în bucătărie, pe canapea. O apuc pe după umerii micuţi şi o strâng la piept. Mă uit la ea, o mângâi pe frunte, o prind de mânuţe şi îi zic: *Ştiu că eşti speriată şi tristă şi îţi vine să plângi, ştiu că îţi este extrem de frică să nu rămâi fără părinţi şi că ai vrea să fugi din tine acum, dar asta ar însemna să te abandonezi. E ok să simţi aşa, dă-ţi voie să trăieşti ceea ce simţi! Ştiu că doare, dar nu eşti singură, eu sunt cu tine aici şi vom crea împreună un univers din care nimeni nu te va putea vreodată părăsi. Eu voi fi toată viaţa cu tine aşa cum am fost până acum.*

Vreau să ştii că eu sunt tu din trecut, iar tu eşti eu din viitor, m-am întors să-ţi spun că eu te accept şi te iubesc aşa cum eşti.

Eu mă accept şi mă iubesc aşa cum sunt.

Putem avea orice, putem face orice, putem fi orice, dar, dacă nu ne simțim iubiți, nimic nu mai contează, suntem frustrați și nefericiți și alergăm bezmetici în întunericul acestei lumi, riscând la orice pas să alunecăm într-un abis din care nu ne mai poate scoate nimeni la suprafață.

TRAUME ŞI AGRESIUNI

Am simţit întotdeauna din partea mamei presiunea de a reuşi în viaţă, de a performa. Cred că şi-a transpus asupra mea toate visurile ei nerealizate şi şi-a dorit ca eu să ajung „cineva", să nu mă chinui cum s-a chinuit ea. Dar frica asta cum că nu va reuşi să mă educe, să scoată ceva din mine, să ies om, m-a adus la un moment dat în punctul de a mă răzvrăti. Părea că niciodată nu era mulţumită cu ceea ce făceam, nimic nu era suficient şi constant cerea de la mine mai mult. Şi ea a fost absentă, mai tot timpul a muncit: „muncesc ca să am bani să investesc în tine şi în educaţia ta" şi asta a făcut. Cu mintea mea de adult înţeleg şi justific tot ceea ce s-a întâmplat, însă, în copilărie şi în adolescenţă, mi-a fost greu. Câteodată, mama venea acasă de la serviciu în miez de noapte şi, cum camera mea era exact în faţa uşii de la intrare, primul lucru pe care îl făcea era să deschidă uşa pentru a mă verifica. De multe ori eram la birou, învăţând, deşi a doua zi aveam ore de la 8 şi urma să mă trezesc de dimineaţă, şi, totuşi, ea considera că nu învăţ suficient. În clasa a XII-a, presiunea pe care am simţit-o a fost copleşitoare, a apăsat prea greu pe umerii mei de viitor adult. Îmi imaginez că mama era atât de înspăimântată ca nu cumva să dau greş, încât nu ştia ce altceva să facă, cum să mă stimuleze, dar nici când să se oprească atunci când era prea mult.

Îmi amintesc că aveam bani puţini, iar noi eram 4 suflete de întreţinut. Frate-miu, cu 7 ani mai mic, avea şi el nevoile lui, iar eu eram în anul cu BAC-ul când meditaţiile erau ceva necesar. Făceam meditaţii la engleză, la română şi la psihologie şi nici acum nu îmi pot explica cum ai mei au reuşit să susţină toatea astea şi să trăim decent. Întotdeauna maică-mea mi-a căutat cei mai buni profesori ca să se asigure de calitatea procesului meu de învăţare, iar pentru psihologie, mi-a găsit meditator la Bucureşti, aşa că în fiecare week-end plecam cu trenul personal, care nu mergea niciodată direct, se oprea în gară la Ciulniţa, unde era mizerie tot timpul şi iarna frig, şi unde stăteam chircită aproape 2 ore până venea legătura care ne ducea în gară la Obor. La Bucureşti, mergeam o staţie pe jos din Dristor până la Grigorescu, la profesorul de psihologie, pentru că nu aveam niciodată bani de bilet de tramvai şi de abia dumnica, la întoarcere, îmi permiteam luxul de a veni acasă cu un autocar.

Văzând că ai mei s-au sacrificat, am simţit întotdeauna povara responsabilităţii de a livra înapoi ceva peste aşteptări, de a face lucrurile perfect, de a nu o da în bară, pentru ca ei să se mândrească cu mine şi să fie mulţumiţi. Cuvintele şi mesajele părinteşti au cea mai mare greutate, ele devin farul care luminează calea oricărui copil, de cele mai multe ori la nivel inconştient. Chiar şi atunci când credem că ne răzvrătim şi ne luăm viaţa în propriile mâini, tot ceea ce se ascunde în inconştient, dictează felul în care trăim. Pentru mine, acest lucru este vizibil acum în relaţiile mele de iubire din trecut.

Aveam prima mea relaţie serioasă, eram de vreo 10 luni cu un băiat din Călăraşi, „seminarist" - venise în oraş să studiezc la liceul teologic. După ce am trecut de perioada de cunoaştere, mi-am dat seama că valorile lui erau acelea de a se căsători, de a deveni preot şi de a-şi continua viaţa aşa, pe când eu nu eram preocupată de întemeierea unei familii; în clasa a XII-a, prioritar este să iei examenul şi să mergi la facultate - cel puţin pentru mine aşa era - şi simţeam presiunea venită din partea lui. Eu nu mă vedeam prezentă în tabloul de viaţă pictat de el, ştiam că, mai devreme sau mai târziu, fiecare va merge mai departe pe propriul drum.

Pe S. l-am auzit la un radio local, avea o emisiune pe atunci. Mi-a plăcut vocea lui, aşa că am sunat şi l-am felicitat. El m-a invitat în oraş. Nu m-a atras fizic, ca aspect, mi se părea urâţel, slăbănog, cu nasul mare şi pletos, dar era, oarecum, diferit faţă de băieţii de vârsta mea. Şi eu eram plinuţă şi lipsită de încredere, aşa că m-a flatat atenţia lui. Nu a fost nevoie de prea multe întâlniri ca să mă îndrăgostesc. Nu ştiu cât a contat bărbatul şi cât proiecţiile mele (produse ale imaginaţiei, dorinţe luate din mine şi plasate pe omul din faţa mea), ştiu doar că la 2 luni de când l-am cunoscut, într-o seară, mi-am luat bagajele şi am plecat de acasă, pe ascuns. M-am mutat la el, eram atât de fermecată încât am lăsat în urmă tot, speriindu-i groaznic pe ai mei. Nu îmi pot imagina cum e să vii acasă şi să nu îţi găseşti copilul, să nu ştii unde este şi dacă e bine, nici unde să îl cauţi ca să îl găseşti. Asta am ştiut eu să fac atunci.

S. era cu 5 ani mai mare, eu aveam 19, el, 24 de ani. Mi se părea că ştie multe şi că e deştept, iar mie îmi plac bărbaţii de la care am ce învăţa. Eu sunt energică, sunt agitată, sunt dornică de nou, aventuroasă, iar, dacă e monotonie, mă plictisesc rapid. Nu pot să fiu statică, iar el m-a provocat şi mi-a oferit mediul potrivit de a-mi explora latura sălbatică, nebunească. În plus, afecţiunea pe care mi-o oferea, hrana asta sufletească, nu se compara cu nimic din ceea ce eu primisem la nivel emoţional până atunci. Îmi amintesc că stăteam împreună în pat, îmbrăţişaţi şi parcă simţeam că despre asta este viaţa. Despre noi doi, unul în braţele celuilalt, ziua în amiaza mare, cu draperiile trase, uitându-ne la filme de dragoste, despre sentimentul de siguranţă, despre iubire şi acceptare, căldură, calm, despre „nimic pe lumea asta nu este mai preţios decât faptul că mă iubeşti şi eu te iubesc şi suntem împreună în momentul ăsta, acum". A fost singura relaţie în care nu mi-a fost atât de frică să fiu eu şi, totuşi, am simţit că sunt dorită, în ciuda comportamentului meu. Relaţia cu S. a fost relaţia în care am fost autentică, pentru că, deşi aveam parte de critică, m-am simţit şi securizată, deşi aveam parte de reproşuri, m-am simţit şi acceptată, deşi aveam parte de respingere, m-am simţit şi validată (validarea e aprecierea cuiva).

Am plecat de acasă pentru că m-am îndrăgostit, iar pe fondul presiunii care venea cu „învaţă mai mult, fă mai mult, fă mai bine, depune mai multe eforturi", m-am lăsat amăgită de promisiunea unei poveşti care credeam că o să dureze toată viaţa, pe atunci. Ce uşor ne este să ne gândim la toată viaţa când avem 19 ani şi nu realizăm ce înseamnă cu adevărat o viaţă de om. E simplu să credem că ne vom înţelege, cu aceeaşi persoană la fel de bine ca în perioada de îndrăgosteală, zeci de ani, până la sfârşit.

Am plecat la S. pentru că simţeam că am nevoie de mai multă căldură şi compasiune, de empatie şi înţelegere, acceptare şi iubire şi mi-era poftă de cocktailul ăsta pe care mi se părea că nu îl găsesc altundeva. S. a apărut şi mi-a întins paharul şi mi-a arătat că dincolo de bar, acolo unde se află el, sunt toate sticlele cu licorile acelea magice din care poate prepara orice cocktail pe care-l vrea sufletul meu. M-a făcut să cred că e loc pentru mine acolo, pentru totdeauna. Iar eu aveam nevoie să fiu personajul principal într-o astfel de poveste ce promitea un final fericit.

Am ajuns să cred că aproape orice acţiune omenească are în spate căutarea iubirii, care a fost simţită altfel decât pe nevoi sau care a lipsit sau care nu există, dar pe care ne încăpăţânăm să credem că o vom trăi măcar o dată, până la sfârşitul călătoriei noastre pe acest pământ. Că, dacă oamenii vorbesc despre ea în poveşti şi îi dau viaţă în filme, cu siguranţă, e reală şi trebuie ca iubirea să existe cu adevărat.

Stau şi mă întreb, oare chiar există dragoste sau e un ideal? Poate că e doar o himeră, poate că e doar un produs imaginativ, poate, nu e nimic, iar noi, biete făpturi credule, o aşteptam, o căutam, îi facem altar în inimă şi, din când în când, sfinţim locul ca să o atragem în interior. Cred că facem tot ceea ce facem, dominaţi de dorinţa de a găsi iubirea după care tânjim şi care nu ni s-a dat cum am avut nevoie atunci când eram mici, când depindeam emoţional şi fizic de cei din jur. Nu pentru că părinţii nu au vrut, ci pentru că altfel n-au ştiut. Atât au putut, atât au făcut, aşa a fost timpul. Cred că noi, oamenii, putem avea orice, putem face orice, putem fi oricine, dar, dacă nu ne simţim iubiţi, nimic nu mai contează; suntem frustraţi şi nefericiţi şi alergăm bezmetici în întunericul acestei lumi, riscând la orice pas să alunecăm într-un abis din care nu ne mai poate scoate nimeni şi nimic. Poate doar noi înşine, învăţând să ne iubim singuri aşa cum nimeni niciodată nu ne-a mai iubit.

Eu l-am iubit pe S. după limbajul iubirii mele de atunci, care e acelaşi şi acum, după atâta studiu, după analiză personală, după conectarea cu sine, după insight-uri şi conştientizări. Cu toată psihologia mea, cu tot lucrul meu interior, cu toată reconstruirea de sine, stilul meu de a iubi şi de a mă lăsa iubită a rămas acelaşi. E la fel. Poate că acum sunt doar puţin mai conştientă de ceea ce fac şi de cum sunt. Mult timp după ce ne-am despărţit am simţit furie faţă de S., am trăit cu resentimente şi, ori de câte ori îi auzeam numele, simţeam repulsie, dezgust. Dar cred că în ultima vreme m-am schimbat. De când cu C., încercând să înţeleg de unde atracţia asta nebună faţă de el, m-am tot uitat în spate să îmi identific pattern-urile din relaţii şi am privit în urmă cu mai multă deschidere către acceptare, către vindecare, cu o reală dorinţă de a mă lepăda de iubiri disfuncţionale, toxice şi de a da viaţă unui nou tipar, sănătos, armonios, funcţional. Şi, întorcându-mă pe firul relațiilor mele, am găsit mulți numitori comuni, însă am fost capabilă să identific în amintire și câteva trăiri frumoase, ce s-au ridicat mai întâi sfios la suprafața conștiinței mele, ca mai apoi să iasă afară puternic și dominator.

În mine a existat întotdeauna o ambivalență, am avut mereu o oarecare bipolaritate emoțională în interior, iar jonglarea asta cu emoțiile dintr-o extremă în alta, cel mai probabil observată tot la mama - de la ea preluată -, e ca un laitmotiv al vieții mele, apare în orice situație în care ajung. Pentru mine, spre exemplu, bărbatul azi e bun, mâine e rău. Mă pot uita acum la el să îi văd toate calitățile, pentru ca mâine să îi evidențiez defectele. Iar cu S., ambivalența mea nu a avut limite. Momentele noastre de vârf erau sublime, magnifice, de vis, Exista magie acolo între noi, energia care ne cuprindea când stăteam unul în brațele celuilalt era ca un dar de la divinitate, de la Dumnezeu. Era de parcă am fi fost amândoi conectați la o sursă supremă de iubire, neînțeleasă de umanitate, invidiată de pământeni. În acele momente nu mai exista nimic altceva în jurul nostru, lumea se disipa în fracțiune de secundă, lăsând în urmă doar o contopire spirituală profundă. A noastră. Dar în momentele de prăbușire erau teroarea, reproșurile, manipularea, șantajul, sadismul și manifestările de furie. Când eram jos, ne puteam strivi unul pe altul foarte ușor. Jos trăiam umilința, acolo erau amenințările, reproșurile, respingerea, trădarea, abandonul. Dar apoi venea vremea iubirii, iar și iar.

Chiar dacă aceasta a fost relația în care eu am arătat cea mai autentică variantă a mea, tot am simțit să fac pe plac, să mă deconectez de mine, puțin câte puțin, ca să fiu acceptată de el. Ca să fiu iubită, m-am abandonat. Am făcut-o până în punctul în care am început să mă sufoc cu fumul toxic eliberat de focul dintre noi. Am simțit de multe ori că vreau să fug din relație, că trebuie să evadez ca să văd și altă parte din lume. Simțeam că e ceva mai mult în afară decât ceea ce trăim eu în interior. Deşi am crezut că m-am conectat profund cu S., am impresia că de fapt nu am fost niciodată acolo cu adevărat. Au rămas părţi din mine nedescoperite, nedezvăluite, adânc îngropate în sufletul meu. Părţi nici măcar de mine cunoscute pe atunci.

Înainte de a veni la facultate, S. se setase pe faptul că voi pleca de lângă el şi că în Bucureşti îmi voi găsi un alt bărbat mai bun şi îl voi părăsi. Era atât de sigur de asta, încât a reuşit să creeze realitatea de care se ferea. Vorbele lui mi-au intrat în cap, iar după primul an de relaţie, am început să simt nevoia de a cunoaşte, nevoia de aventură, de nou. Simţeam că nu e tocmai în regulă ceea ce se întâmplă între noi în unele momente, mă apăsa toxicitatea relaţiei în care doi oameni se contopesc pentru că nu se cunosc pe ei înşişi suficient, dar, pe de altă parte, momentele acelea de „iubire" extremă, mă ţineau agăţată, cu ele mă hrăneam.

De abia astăzi, înţeleg că ceea ce am trăit atunci e boală, nu-i iubire, nu a fost nimic normal. De abia astăzi, înţeleg că nu am ştiut niciodată să iubesc şi să fiu iubită sănătos. În momentul ăsta al vieţii mele, aleg să fiu sinceră faţă de mine şi îmi recunosc eu mie incapacitatea de a iubi şi indisponibilitatea emoţională de până acum. Sunt deficitară la capitolul dragoste, iar lucrul ăsta îmi este întărit de tipul de bărbaţi cu care mă intersectez. Mă uit la C., este oglinda mea, el îmi spune unde mă aflu în punctul ăsta al vieţii mele, mi-a apărut în cale ca să mă ajute să înţeleg cât de puţină atenţie îmi dau, cât de puţină importanţă îmi ofer, cât de puţin e despre a mă iubi pe mine şi cât de mult e despre a aştepta iubire din exterior.

Mă întorc la mine, fata de 19 ani, intrată de câteva luni în ceea ce avea să fie cea mai lungă relaţie de până la 33 de ani. Sunt în sufrageria lui S., unde locuim de câteva luni. El doarme pe canapea, dar eu sunt încă

trează, sunt „fugită" de la facultate, iar viața mi se
pare prea frumoasă ca să dorm atât. Îmi place să mă
joc "trivia" și asta fac în fiecare noapte. Este un joc de
cultură generală, în care se pune o întrebare, iar cel care
răspunde primul ia cele mai multe puncte și urcă în
clasament. Îmi place jocul, sunt competitivă, dar, mai
mult decât jocul, îmi place un băiat, personalitatea lui
m-a acaparat. Am început să vorbim pe messenger, simt
nevoia să îl cunosc. Băiatul ăsta m-a făcut curioasă, aș
merge să mă văd cu el, să ne cunoaștem și în realitate,
stă în Regie, în căminele de la Medicină, acolo unde e
student. Sunt prinsă într-o convorbire cu el și stau în
alertă, de fiecare dată când aud mișcare în pat, închid
repede conversația, să nu cumva să se trezească S. și
să vadă ce fac. Nu se aude nimic acum, mă relaxez,
dar dintr-o dată, din liniștea apăsătoare ce înconjoară
sunetul de taste, aud mișcare în pat, iar într-o fracțiune
de secundă îl simt pe S. bruscându-mă și îl aud urlând:
„Știam eu că tu pleci la facultate și că o să mă înșeli,
ia să văd ce vorbești cu ăsta aici? Vezi că am instalat
un program de urmărire în calculator, știam că ai pe
cineva, credeai că n-o să aflu? M-ai înșelat, așa-i?"
întreabă el, cu ochii aproape ieșindu-i din orbite, ca
unui animal sălbatic ce simte mirosul prăzii la câțiva
centimetri de el. Eu neg cu vehemență, la urma urmei
chiar nu am făcut nimic, dar discuțiile din chat trădează
intenția mea. S. mă împinge de pe scaun ca să citească
mai bine, însă eu mă împotrivesc și îl lovesc, încerc să îl
împiedic, el, totuși e mai puternic, citește și se enervează
rău, devine și mai agresiv, cu îl ameninț că plec, că îmi
iau bagajul; mă duc în dormitor și deschid dulapul ca
să împachetez, vine după mine, nu vrea să mă lase, mă
lipește de perete, eu închid ochii, nu vreau să-l privesc,
dar el îmi pune degetele pe pleoape și apasă, încercând
cu disperare să mi le ridice de parcă ar vrea să se uite
în ochii mei și să vadă în adâncul minții, să citească
ceea ce am în cap și cum planificam să îl înșel. Pe mine

mă doare şi îl rog să înceteze, dar el nu o face şi încep să plâng şi îi spun că îl urăsc, mă simt agresată, nu-mi vine să cred că el e bărbatul de care m-am îndrăgostit. „De ce mă răneşti dacă mă iubeşti?" Într-un final, mă lasă, se opreşte, eu mă prăbuşesc pe pat, epuizată. Plâng. Bag capul în pernă şi îmi înghit sughiţurile. Mă simt în milioane de feluri acum - sunt dezamăgită, sunt furioasă, sunt revoltată, sunt tristă. „Dacă mă iubeşti, de ce mă pedepseşti?", întreb în gândul meu.

Mă întorc înapoi în trecut, la mine, fata de 20 de ani, speriată de reacţia lui S. Mă uit la ea, o iau în braţe, o mângâi pe spate, îi dau părul blonduţ după ureche, îmi pun capul pe umărul ei şi îi spun: *Ştiu că te simţi tristă acum, că eşti dezamăgită, că pentru tine ceea ce s-a întâmplat este ca un vis urât, ştiu că refuzi să crezi că e real. Nu poţi accepta faptul că o persoană care spune că te iubeşte îţi poate face aşa ceva. Pare că e un alt om, iar tu eşti confuză şi derutată acum. E normal să fii aşa, e normal să simţi furie, durere, revoltă, dezamăgire, tristeţe, tocmai ai trecut printr-un eveniment traumatizant. Dă-ţi voie să simţi ceea ce simţi! Chiar dacă stai aici în dormitor, crezându-te singură în faţa unei astfel de agresiuni, eu sunt lângă tine ca să te consolez şi îţi stau alături în experienţa ta. Aş vrea să îţi spun că va fi mai bine, că el se va schimba şi episoadele de agresiune se vor încheia, că va rămâne doar iubire între voi, dar nu pot să o fac. Şi mult timp de acum, nici tu nu vei putea pleca.*

Vreau să ştii că eu sunt tu din trecut, iar tu eşti eu din viitor, m-am întors să-ţi spun că eu te accept şi te iubesc aşa cum eşti.

Eu mă accept şi mă iubesc aşa cum sunt.

*Mă uit la mâinile mele de adult
şi ştiu că dincolo de carcasa asta
numită corp matur se ascunde acelaşi
copil fragil, care se simte respins,
trădat şi abandonat.*

VISUL REALITĂȚII

Ieşim pe uşile de la sosiri unde este îmbulzeală de oameni care-şi aşteaptă cinevaul iubit să vină în vizită sau să revină acasă, de sărbători. Nu-mi ridic ochii din telefon, sunt obişnuită ca ăla să fie locul unde nu mă aşteaptă nimeni; pentru mine oamenii stau de regulă în afara aeroportului, nici eu nu ştiu de ce. În timp ce merg purtând ca bagaj propria mea singurătate, ruminând, realizez că eu nu am cerut nimănui niciodată să vină înăuntru la sosiri, ba chiar cred că le transmit că vreau să stea afară, că nu merit altfel şi nu sunt atât de valoroasă şi nici atât de importantă şi de iubită într-atât. Deodată tristeţea gândului că eu cred atât de puţin despre mine mă copleşeşte, simt compasiune pentru mine acum...

Ridic ochii din telefon şi îl observ pe tata la sosiri. Îl îmbrăţişează pe frate-miu, mă îmbrăţişează pe mine, zâmbeşte cu toţi dinţii, îi văd ochii sclipind. Citesc pe faţa lui bucurie şi emoţie că ne vede după atâtea luni şi pare entuziasmat că după ani petrecuţi departe, în sfârşit, suntem împreună de sărbători. Îmi pare mai îmbătrânit tata acum. S-a conservat bine, e încă tânăr, e solid, vioi, activ, dar azi văd detalii la care nu am fost atentă niciodată până acum. Pielea lui e puţin mai lăsată, ochii sunt o idee mai ridaţi, barba, mai albă şi depigmentată şi este tot mai chelios. Simt, totuşi, la el aceeaşi vioiciune şi aceeaşi energie şi aceeaşi imposibilitate de a sta prea mult timp în acelaşi loc. Parcă are ADHD tata uneori. Mă uit la el cum conduce mândru maşina lui cea nouă şi îmi pare bine că după ani de muncă se bucură şi are ceea ce şi-a dorit. Mă gândesc cât e de bine că îi am şi, dându-mi seama că tata a mai îmbătrânit, îmi promit eu mie în gând că am să mă bucur de părinții mei cât mai mult timp și că am să folosesc timpul ce ne-a rămas pentru iubit și construit, pentru conectat și vindecat.

Sunt obosită, așa că imediat cum ajungem, mă culc puțin, însă nu mă pot odihni cu adevărat, somnul meu e agitat și deloc profund, e somnul ăla chinuitor în care aud tot ceea ce se întâmplă în jur și tresar ca și cum ceva rău s-ar fi întâmplat, e somnul ăla în alertă când amigdala creierului e activă, iar emoțiile sunt atât de intense încât le simt în corp. Adorm. Deschid ochii într-un vis în care sunt eu cu un bărbat. E un bărbat frumos, cald, cu ochii verzi. Stă în ușa casei lui, ținând în mână o carte. Vorbește frumos, pare că încearcă să mă seducă și să mă ademenească într-un joc atât de cunoscut, tentant, plăcut, dar din care știu că nu ies niciodată învingătoare. E un joc familiar, dar dureros, pe care mi-am jurat că nu-l mai joc. Se uită la mine și îmi spune: „Intră, promit că asta este ultima poveste pe care ți-o voi citi și că niciodată nu ne vom mai vedea. Știu că asta vrei și îți voi respecta dorința, dar uite, povestea e scurtă, imediat ți-o citesc. Și mai e una, la fel de scurtă, pe care aș vrea să ți-o spun. Hai în casă! Îți voi citi poveștile astea două și gata, s-a terminat. Eu mă las ademenită și intru până la urmă și urc scările către dormitor. Dar când să înceapă să spună poveștile, se aude o voce de undeva de jos. Bărbatul lasă cartea pe pat, îmi spune că e ceva important și că se duce să rezolve și revine, să stau și să-l aștept că se întoarce negreșit. Iar eu aștept. Așa cum m-am obișnuit să fac, atunci când pentru cei din jur e altceva prioritar. Îl aștept pe bărbatul ăsta cu ochii verzi la fel cum îl așteptam pe tata să se întoarcă acasă și să mă salveze de singurătate sau să ne jucăm. Și tata are ochii verzi. Îl aștept pe bărbatul ăsta cu ochii verzi la fel cum îl aștept pe C. să vină să creăm noi experiențe, să ne conectăm. Și C. are ochii verzi. Îi aștept pe toți trei şi niciunul nu mai vine, iar eu simt cum mă sting şi cum devine tot mai mare golul meu interior.

Mă trezesc ca dintr-un coşmar, complet panicată, cu inima galopând ca un cal sălbatic pe câmp, cu senzaţia aia de aşteptare impregnată în corp. Aştept. Aştept cum îl aşteptam pe tata să vină şi nu venea, aştept cum îl aşteptam pe S. să mă prioritizeze şi nu mă prioritiza, aştept cum îl aşteptam pe T. să mă considere mai importantă decât berea şi nu mă considera. Aştept cu ochii fixaţi în whatsapp ca C. să îmi scrie că îi e dor de mine, că simte ceva. Aştept să-mi spună că sunt importantă pentru el aşa cum am aşteptat să o facă fiecare bărbat din viaţa mea.

Las aşteptarea deoparte şi rămân aici, cu mine, acum. Mă uit la mâinile mele de adult şi ştiu că dincolo de carcasa asta numită corp matur se ascunde acelaşi copil fragil care se simte respins, trădat şi abandonat. Simt că e cel mai potrivit moment de a deschide seiful sufletului meu şi de a manevra cu delicateţe diamantul din interior. Îmi pun braţele unul peste altul, le încrucişez şi mă îmbrăţişez. Mă strâng tare, aşa cum n-am avut curajul niciodată să o fac până acum. Îmi şterg lacrimile de pe obraz şi simt compasiune pentru mine, fetiţa de ieri şi femeia de azi. Mă mângâi cu blândeţe şi îmi spun: *E în regulă să fii tristă, dezamăgită şi golită, secată de atâta aşteptare, pe interior. Ştiu că te simţi neimportantă şi lipsită de valoare, neiubită chiar, e ok să simţi aşa. Vreau să ştii că nu eşti singură, mă ai pe mine lângă tine oricând, sunt aici să-ţi dau voie să suferi, să plângi, să te încurajez. Durerea ta doare tare, o simt, dar ea te vindecă în acelaşi timp. Eu sunt aici lângă tine să te iubesc, să te accept, să te ghidez, niciodată nu te voi abandona.*

Vreau să ştii că eu sunt tu din trecut, iar tu eşti eu din viitor, m-am întors să-ţi spun că eu te accept şi te iubesc aşa cum eşti.

Eu mă accept şi mă iubesc aşa cum sunt.

Divorțul a fost cea mai bună decizie pe care am luat-o vreodată. A reprezentat punctul în care mi-am asumat propria viață și am ales să șterg tot ceea ce știam și eram ca să mă reconstruiesc de la esență.

CONECTARE EMOȚIONALĂ

Ajung la concluzia că pe cât de mult caut apropierea, pe atât de mult îmi displace să mă conectez. Fac acum din nou o anamneză a relațiilor și realizez că am căutat, în mod inconștient, bărbați indisponibili emoțional, pentru că nu știu să mă conectez cu alții. Același lucru e valabil și când îmi găsesc prieteni. Îmi amintesc că, atunci când m-am sărutat prima dată, la 14 ani, am ales un băiat cu care să fac doar asta, ne-am înțeles la un sărut, fără complicații emoționale, fără să vrem mai mult unul de la altul. A fost într-adevăr cel mai frumos sărut din viața mea, cu fluturași în stomac, cu amețeala aia plăcută, cu senzația de cap în nori, cu lăsat fruntea pe umărul lui. Apoi am avut perioada adolescentină, în care m-am pupat cu diverși băieți de care mă plictiseam repede, exceptându-i pe cei care prezentau o vizibilă indisponibilitate, unde era incitant și unde zăboveam mai mult, în încercarea de a-mi demonstra că sunt specială și deosebită și că pot să le câștig atenția.

Primul meu iubit, cel cu care mi-am pierdut virginitatea, era atașat emoțional de altcineva și cred că asta m-a atras la el, de fapt. Am avut apoi prima mea relație mai serioasă, asumată, cu D. Pe el, l-am prezentat părinților, el m-a prezentat alor săi, am mers împreună în vacanță, venea la mine, eu mergeam la el, dar relația era monotonă, nu prea îmi plăcea, așa că mi-am pierdut repede interesul. Apoi l-am cunoscut pe S., cel pe care l-am crezut dragostea vieții mele. S. a apărut în viața mea de parcă Universul mi-ar fi pus în față un răspuns la disperarea extremă pe care o trăiam în interiorul meu, când mă simțeam complet analizată, disecată, pusă sub lupă, criticată, neînțeleasă, neacceptată, presată, singură și neiubită de către cei din jurul meu. El s-a îndreptat către mine cu iubire, cu căldură, cu acceptare, cu prezență, cu tot ceea ce simțeam că am nevoie și nu primeam. De abia în al 8-lea an petrecut lângă el, am înțeles că am ales să stau captivă într-o relație toxică și că acolo unde este ură, unde e frică, durere extremă sau șantaj, nu mai e loc pentru iubire. A fost complet disfuncțională relația asta, ambivalență, respingere, abandon, însingurare, șantaj emoțional, manipulare, bifa toate criteriile de toxicitate, dar, în același timp, pentru mine era normalitate. După 8 ani, am devenit sinceră față de mine și am ieșit din asta.

De atunci abandonez, ca să nu mă abandoneze alții. Intru în relații cu bărbați indisponibili ca să îmi demonstrez că nu sunt valoroasă, că ăștia nu mă vor, că există o altă femeie care e mai importantă sau altă activitate și îmi retrăiesc scenariul în felul ăsta. Când frate-miu a apărut în viața noastră, m-a invadat un real sentiment de frică la gândul că, poate, el e mai bun, că îi va face mai fericiți pe ai mei, iar ei nu vor mai avea nevoie de mine și mă vor duce la casa de copii din spatele blocului. Frica asta a rămas în mine și mi se activează în orice relație.

După ce am încheiat legătura cu S., am decis să fiu singură o perioadă ca să mă ocup de propria persoană. Dar în timpul alocat mie, în loc să mă descopăr, frecam cu periuța de dinți printre gresie, ștergeam la faianță, făceam curat aproape non-stop, fără să îmi mai rămână timp pentru mine, ajunsesem chiar să ies din casă cu unghiile ciobite, cu părul slinos, cu hainele uzate, cu kilograme în plus, nemachiată, mirosind a clor și cu o dorință aprigă de a mă întoarce mai repede, la lustruit mobila, la spălat pe jos și la călcat haine. Timpul luat pentru mine a fost, de fapt, o fugă nebună de emoții, nu m-am putut conecta cu mine însămi de teama de a nu vedea că sunt minusculă, odioasă, insuficientă, neimportantă. Cine ar iubi un așa om?

Apoi l-am cunoscut pe T. și din prima clipă m-a atras misterul lui. Mister, așa aș traduce acea indisponibilitate care mi-a stârnit, evident, interesul. Nu mai e niciun secret faptul că mă simt atrasă de bărbați imaturi, indisponibili emoțional, absenți, iar ei apar în viața mea ca o oglindă care îmi reflectează propria imagine. Nu realizam asta la vremea respectivă, însă azi știu că nici eu nu sunt disponibilă, nici măcar pentru mine însămi, cu atât mai puțin, pentru alții. Pe T. l-am cunoscut la 28 de ani, vârstă la care societatea începe să pună presiune pe tine ca să intri în rândul lumii, să te aliniezi. După norme, pe la vârsta asta ar trebui să te gândești deja la căsătorie, la o familie, la casă, la copii. Oamenii, în jurul meu, se aliniau și părea că în aceeași direcție se îndreaptă și relația noastră. Intrată în lumea asta a lui cum trebuie să fii, am crezut că nu mai e nicio altă cale de urmat și am decis că așa am să fac și eu dacă așa se face. Mi-am dat seama apoi, în cele 10 luni, cât a durat căsătoria mea, că mie mi-ar aduce bucurie altceva decât un soț, copii, un job, o casă și-o vacanță. Divorțul a fost cea mai bună decizie pe care am luat-o vreodată. Și cea mai grea, de altfel. A marcat o nouă etapă, a reprezentat punctul în care mi-am asumat propria viață și am ales să șterg tot ceea ce știam și eram ca să mă reconstruiesc de la esență. De abia după divorț, am înțeles că trebuie să mă fac eu pe mine importantă.

Mă uit în urmă și mă văd la 18 ani, stând în dormitorul de la B36, plânsă. Sunt singură în cameră și mă simt tristă pentru că i-am spus vecinei mele pe care o credeam prietenă, că mi-am pierdut virginitatea, iar aseară la petrecerea la care am fost împreună, a râs de mine și m-a umilit cu ceilalți de față. Apoi a intrat peste mine în baie și a stat lipită de ușă, blocându-ne pe amândouă pe dinăuntru. Nu ştiu ce are şi nu ştiu ce vrea, am încercat să aflu, dar nu-mi spune. Am crezut că pot avea încredere, că îmi e prietenă, însă ea m-a trădat şi mă doare că a făcut asta. Plâng cu capul în pernă, pentru că mă simt umilită, furioasă, sunt confuză şi revoltată, mă întristează ceea ce s-a întâmplat. Mă simt singură pe lume... Oare pot să mai am încredere în cineva vreodată? Stau cu capul în pernă, înnăbuşindu-mi plânsul pentru ca ai mei să nu mă audă, ei au o părere proastă despre plâns, când simt că se deschide uşa. E mătuşă-mea, se aşază lângă mine pe pat şi începe să îmi vorbească despre cum, în viaţă, uneori le dăm putere unor oameni care ajung să ne rănească. Eu ştiu că aici e o conspiraţie, că ai mei m-au auzit plângând, dar habar nu au ce să îmi facă şi mama a trimis-o pe mătuşa să-mi vorbească, pentru că îi e frică să nu intru în depresie.

Mă-ntorc către mine, fata de 18 ani care plânge la ea în cameră, întinsă pe pat. Mă aşez lângă ea, o mângâi pe frunte, o mângâi pe păr, pe spate, o privesc cum stă cu obrazul în pernă, cu lacrimile curgând şi îi spun: *Ştiu că te simţi tristă şi dezamăgită, neînţeleasă, e firesc să simţi aşa, ai fost trădată şi doare. Înţeleg că e greu să treci prin lucrurile astea, dar vreau să ştii că nu eşti singură, sunt eu lângă tine aici, să te ghidez în viaţă. În curând, durerea asta va trece şi vei înţelege că nu ai cum să controlezi ceea ce fac şi spun ceilalţi şi că acţiunile lor nu au legătură cu tine, ci îi reprezintă. Vei avea mai multe relaţii cu persoane indisponibile emoţional, de-a lungul vieţii, atât relaţii de prietenie, cum a fost cu fata asta, cât şi de dragoste. Te va durea, dar cred că vindecarea ta va veni din experienţele astea.*

Vreau să ştii că eu sunt tu din trecut, iar tu eşti eu din viitor, m-am întors să-ţi spun că eu te accept şi te iubesc aşa cum eşti.

Eu mă accept şi mă iubesc aşa cum sunt.

A trăi înseamnă a fi capabil să plângi de bucurie când vezi un nor ce seamănă cu un leu.

LUCRURILE SIMPLE

Am trăit şi multe momente frumoase în copilăria mea, am amintiri preţioase din perioada anilor '90, anii de glorie ai generaţiei cu cheia la gât. Noi, copiii de la scară, ne creasem un obicei din a trece podul de tren de peste Ialomiţa ca să ajungem pe dealuri, la Ciulniţa, să stăm acolo la picnic şi să ne relaxăm. Era un adevărat proces acela de pregătire a picnicului, înainte de a pleca trebuia să ne organizăm şi împărţeam sarcinile între noi. Tata lucra la complexul de porci din Căzăneşti, aveam mai mereu salam şi cârnaţi în figider, aşa că eu asta aduceam. Alt copil venea cu pâine, un altul umplea sifoane, cineva aducea o pătură, altcineva un casetofon şi apoi plecam spre dig într-o veselie specifică celor fără responsabilităţi. Iubeam momentele petrecute pe drumul până acolo şi adrenalina dată de nebunia de a trece podul de tren, iubeam ideea de a fi cu toţii în gaşcă, picnicul în sine şi iarba, pădurea, glumele şi râsetele noastre nebune, lipsa de griji şi privilegiul de a fi liberi, cu cheia de gât... Pentru noi, asta însemna viaţă atunci.

Poate că despre asta este şi acum, despre lucrurile simple de care noi ne desprindem pe parcurs. Parcă, pe măsură ce creştem, ne deconectăm tot mai mult de la sursa bucuriei noastre, de la esenţă. Nu ştiu dacă scapă cineva vreodată din acest proces de rupere de sine, eu aşa am făcut pe măsură ce timpul a trecut, mai ales în relaţii. Am regăsit bucuria asta a copilăriei alături de C., când ne-am plimbat cu motorul pe lângă Bucureşti. Eram destul de rigidă şi prinsă în concret după căsnicia în care m-am concetrat pe a-i face pe plac soţului şi în care mă simțeam incapabilă să văd mai departe, nu puteam observa puritatea, naturalețea și ușurința de a fi. Dar în timp ce m-a plimbat, C. m-a readus în contact cu lumea, m-a ajutat să deschid ochii. „Ce frumos miroase teiul, simți? Uite, aici suntem la aeroport, în spatele pistelor. Ăsta este lacul Căldărușani. Urmează să intrăm în pădure, e mai frig, simți cum s-a schimbat temperatura?" C. m-a ajutat să mă deschid către natură, către frumusețe, către viață. L-am observat contemplând fiecare fir de iarbă și fiecare ciripit, fiecare rază de soare și fiecare sunet al naturii, în mod autentic, cu bucurie și candoare, cu neastâmpăr de copil. De la el am înțeles că, dacă nu avem asta, nu avem nimic, că, dacă nu ne dezvoltăm capacitatea de a fi în contact cu ceea ce este aici și acum, trăim anost. Azi mă bucur. Mă bucur de orice, chiar și atunci când plâng, mă bucur și tot de la el am învățat. Acum știu că, orice mi-e dat să trăiesc, este lucrul cel mai bun pentru mine în acel moment.

Mi-a fost greu să fiu atentă și prezentă la început. E la fel de greu ca atunci când mergi pentru prima oară la yoga și instructorul îți spune să nu te gândești la nimic, să fii aici și acum, iar mintea ta e turată și gândurile îți gonesc în cap cu o viteză peste limita admisă, într-un mod pe care nu poți să îl controlezi. Dar, pe măsură ce am învățat să nu mă mai judec atât și să mă accept, am început să mă conectez tot mai mult cu mine, apoi cu lumea din jur și am înțeles că a trăi înseamnă a fi capabil să stai cu gâtul întors, să te uiți 3 ore și jumătate pe geamul autocarului, mirându-te de verdele crud al ierbii, de formele perfecte ale pomilor, de alicele unei eoliene rătăcite pe un deal, de nori și de formele lor. A trăi înseamnă a fi capabil să plângi de bucurie când vezi un nor ce seamănă cu un leu... ce minunată e lumea în care trăim! Și ce bine că sunt! Și ce bine că simt! Și ce bine că mi-am regăsit bucuria pe care o pierdusem, aceea pe care o simțeam atunci când eram mică și treceam calea ferată ca să facem picnic peste dig.

Mi-e dor de C., îmi lipseşte mult. Îmi lipsesc discuţiile noastre, îmi este dor să mă asculte şi să îl ascult. Îmi lipsesc nopţile de la mare, din Vamă, şi nopţile de la avioane, tandreţea, apropierea şi momentele de dragoste, tot. Şi mi-e greu, iar câteodată dorul ăsta doare în moduri pentru care nu există cuvinte de descris. E o durere vie, ce se simte şi atât. Sunt tristă şi plâng. Aş fi vrut să ne conectăm mai mult. Aş fi vrut să ne bucurăm mai mult. Dar atât a fost. E dureros că nu mai e şi mă simt singură, tristă şi plâng. Îmi reamintesc că, totuşi nu sunt singură, mă am pe mine alături mereu. Îmi încrucişez braţele peste piept şi mă strâng tare ca să mă simt. *Sunt aici cu tine*, îmi spun. *Ştiu că te-a cuprins nostalgia şi că suferinţa te apasă acum, dă-ţi voie să simţi! Bucură-te, aşa cum ai învăţat de la el, păstrează cu tine ceea ce ai trăit! Alege să rămâi cu ce a fost frumos. Ia lecţiile şi mulţumeşte-i lui şi mulţumeşte-ţi şi ţie pentru tot. Poate că aşa îl vei simţi prezent şi dorul va fi mai puţin usturător.*

Vreau să ştii că eu sunt tu din trecut, iar tu eşti eu din viitor, m-am întors să-ţi spun că eu te accept şi te iubesc aşa cum eşti.

Eu mă accept şi mă iubesc aşa cum sunt.

Ai dreptul să-ți dorești să fii important, să fii în centrul atenției.

PRIMUL LOC

Aş vrea să fiu cineva-ul tuturor, acel cel mai important om al fiecărei persoane în parte. Cap de listă. Prima care apare în minte. Cea fără de care nu se poate. Miezul, cum ar zice unii. E o nevoie de-ale mele, e asumată, trăsătură de personalitate. Narcisism. Recunosc acum partea asta din mine, o accept, chiar dacă unii spun că este ego şi că e rău. Mai rău este să nu îţi fii fidel ţie şi să nu îţi asumi că ai dreptul să-ţi doreşti să fii important. Mult timp am gândit că nu e bine să vrei să fii centrul atenţiei, că, uneori, trebuie să accepţi că eşti pe loc secund. Dar m-am identificat atât de tare cu locul doi, încât nici n-am mai pretins să fiu vreodată pe primul, nici măcar pentru mine, făcându-i pe ceilalţi centrul universului meu. Aproape toată viaţa am simţit că sunt varianta a doua pentru oamenii din jur. Ceea ce am înţeles eu de la cei apropiaţi a fost că pe mine nu mă preferă nimeni, că în majoritatea timpului e altcineva sau altceva mai important şi că eu trebuie să înţeleg şi să accept că aşa e.

Aveam 7 ani când s-a născut fratele meu. Mi-o amintesc perfect pe maică-mea însărcinată, îmbrăcată într-o rochie maro, făcută pe comandă şi cu geaca ei galbenă, de fâş, pe care o purta în fiecare zi peste cele 2-3 rochii de gravidă pe care le avea. Nu mai ştiu exact dacă mi-a explicat ce schimbări urmează să aibă loc, cred că mi-a spus povestea cu barza, cum că o să îmi aducă o surioară sau un frăţior, aşa cum în multe rânduri am cerut. Şi am cerut destul de mult, când stăteam la Mămica la țară, îmi punea în brațe un prosop, mă ducea la poartă şi mă învăța să îi spun berzei de pe stâlp: „Barză, barză, adu-mi şi mie un frățior sau o surioară să am cu cine mă juca!". Nu prea m-au băgat berzele în seamă cât am fost mică, cred că la ele a ajuns mesajul mai târziu când mă împăcasem deja cu ideea că voi rămâne singurul copil la părinți.

În vara lui 1993, mama se pregătea pentru două schimbări majore: să îşi ducă fata la şcoală şi să nască al doilea copil. Ca să îmi facă procesul mai uşor şi să fiu cot la cot cu ea, mi-a luat şi mie un bebeluş, iar bebeluşii, pe vremea aceea, erau scumpi şi rari aşa că m-am bucurat foarte tare atunci când l-am primit. A încercat să mă pregătească, dar nimic nu cred că mă putea pregăti pentru ce avea să vină cu adevărat. Probabil că orice mi-ar fi spus mama, orice ar fi făcut, chiar dacă ar fi aplicat toate tehnicile psihologice din lume şi mi-ar fi citit toate poveştile terapeutice legate de apariția unui alt copil, tot nu ar fi putut şterge întrebările care mi-au apărut în cap: „Oare eu nu v-am fost suficientă? Cu ce am greşit de ați mai vrut iar un copil? De ce nu mă mai băgați atât în seamă? De ce nu mai aveți timp de mine ca până acum? Oare nu mă mai iubiți? De ce nu mai sunt eu pe primul plan?"

E iulie 1993. Sunt cu tata în vizită la mama, la spital, urmează să nască în curând. Stăm pe holul maternității, la etajul 6, ei vorbesc nişte lucruri de oameni mari, iar eu simt că aş vrea să mă bage în seamă, să fie atenți la mine amândoi. Am stat până acum la țară şi-mi doresc să vorbim, să ne jucăm, să ne bucurăm. Dar ei sunt serioşi. Eu mă scarpin din când în când, nu pot să mă controlez, mă mănâncă pielea rău. Tata se întoarce subit către mine, mă priveşte şi îmi spune: opreşte-te, nu te mai scărpina că te umpli de bube, doar n-ai râie pe tine!?". Mă opresc instant, pentru mine *râie* e ceva dezgustător. De oamenii cu râie, toți ceilalți fug, e o boală urâtă, ruşinoasă, care se ia. Mă cuprinde frica, dacă am râie, mă vor izola, ca atunci când am avut hepatită şi am stat în spital două săptămâni? Mă mănâncă tare pielea, dar mă abţin, nu mă mai scarpin, mă prefac că sunt bine ca să nu mai zică tata ceva.

Nu înţelegeam atunci că bubele mele nu au cauză concretă, că ele sunt somatizări. Pielea, cel mai mare organ uman, e bariera noastră de protecţie, ţine piept pericolelor din exterior. Atunci, la şapte ani, pielea mea se ferea de o nouă prezenţă care urma să îmi schimbe viaţa într-un mod neaşteptat. Bubele mele erau de fapt fricile pe care le aveam în inconştient şi care îmi vorbeau, neştiind vreun alt limbaj funcţional.

Trec câteva zile şi ajung din nou cu tata pe hol, la spital. Azi se aud ţipete din toate părţile şi nu înţeleg de ce femeile astea se chinuie atât, să dai viaţa nu se presupune a fi un lucru frumos? De ce doare atât de tare să naşti? Ce se întâmplă dincolo de uşi? Şi de ce bebeluşii plâng şi ei atunci când se nasc? Nu e oare o bucurie şi un motiv de sărbătoare o nouă viaţă pe pământ? De ce lucrurile care ar trebui să fie frumoase dor? În mintea mea e haos, sunt puţin confuză, dar, deşi am atâtea curiozităţi, rămân mută, nu întreb nimic. Privesc spre uşa ce dă în coridorul de unde se aud femeile ţipând, văd asistentele cum ies şi strigă diverse nume şi spun fiecărei familii ce sex are copilul pe care l-au aşteptat. „Săvulescu, aveţi băiat!" – strigă o asistentă către noi.

Tata începe să ţipe, e foarte agitat, niciodată nu l-am văzut aşa, nu-mi dau seama dacă e de bine sau de rău felul în care reacţionează şi nici n-am timp să mă mai gândesc, căci mă apucă de braţe, mă ridică în sus, mă învârte în toate părţile şi o ia la fugă cu mine pe sus, către balconul de la etajul 6 unde ne aflăm. Eu sunt speriată, îmi vine să plâng, privesc în jos şi văd hăul ăla ce se lasă de sub balcon şi mi-e frică, simt că înţepenesc, mă gândesc: dacă mă aruncă, dacă nu mai are nevoie de mine, acum că are băiat, cum şi-a dorit, dar eu nu vreau să mor așa că te rog, tată, lasă-mă jos, promit că o să fiu cuminte și n-o să mă mai scarpin, o fac ce-mi spuneți și o să vă ascult. Îmi simt corpul înghețat și închid ochii să nu mai văd în jos. Mă aștept ca, în orice secundă, tata să îmi dea drumul din brațe, iar gravitația să mă tragă în jos, către asfalt. Poate că pământul cere jertfă, copil pentru copil, îmi zic. Oare cât durează până mă voi izbi? Oare cum se va simți? Dar poate ar fi mai bine să îmi dea drumul să cad odată că mă dor brațele de cât de tare m-a strâns, iar golul din piept ustură atât de rău, încât ajung să vreau să mor ca să nu mai simt nimic. Deodată corpul meu îmi devine străin, parcă mă desprind și ies din el, sunt ca un observator, îl privesc cu milă din exterior. Nu vreau să mai fiu în carcasa asta de care nu mai are nimeni nevoie, vreau să mă eliberez, să fug de orice e lumesc și dureros pe acest pământ. Tata se întoarce pe holul maternității și mă pune jos, extrem de fericit. Eu nu pot să mă bucur, dar nici nu pot să plâng. Sunt parcă amorțită pe interior.

Mă întorc către mine, fetița care a înghețat de frică în mâinile tatălui, pe balconul de la etajul 6 al maternității spitalului județean. O iau în brațe și o duc departe de geam, o mângâi pe păr, o sărut pe frunte, o legăn ușor și îi șoptesc, așa cum face o mamă bună către pruncul ei: *Știu că te simți speriată, înspăimântată, că te-ai panicat și e normal să fie așa. E firesc și să simți că vrei să evadezi din propriul corp, să pleci de-acolo, să îl părăsești, se cheamă disociere și e un fenomen psihologic ce apare când trăiești un eveniment traumatizant. Tu ai crezut că o să mori, că tata te va arunca. Disocierea te împiedică să simți durerea, ca astfel să supraviețuiești. Știu că ai impresia că acum, că au băiat, ai tăi nu te mai vor, că nu te mai iubesc, să gândești astfel, e la fel de firesc. Știu că te doare în piept și brațele te dor și aș vrea să îți spun că sunt senzații pe care nu le vei mai avea vreodată de acum înainte, însă durerile astea le vei simți cu recurență, de fiecare dată când vei avea impresia că ceilalți nu te mai doresc. Senzațiile astea s-au imprimat în tine acum și cel mai tare le vei resimți în relațiile cu bărbații din viața ta. Știu că ai impresia că ești singură, dar eu sunt aici pentru tine să îți spun că poți să treci peste durerea asta și că de fiecare dată vei supraviețui. Chiar dacă acum te simți nevrută și neiubită, în realitate nu este chiar așa. Eu sunt aici să-ți spun că voi fi mereu cu tine și te voi prefera, îți voi fi fidelă, te voi proteja, te voi iubi, și niciodată nu te voi abandona.*

Vreau să știi că eu sunt tu din trecut, iar tu ești eu din viitor, m-am întors să-ți spun că eu te accept și te iubesc așa cum ești.

Eu mă accept și mă iubesc așa cum sunt.

*Doare al naibii de tare viața asta,
dar e atât de frumoasă când înveți
s-o trăieşti...*

DIMINEȚI CU SOARE

Întotdeauna mi-au plăcut diminețile. Ceea ce e ironic, dat fiind faptul că nu sunt o persoană matinală. Zilele mele încep rareori mai devreme de ora 8, iar nopțile se încheie la 1 - 2, uneori chiar 3. Sunt deficitară la capitolul somn, am frica asta cum că dormind îmi trece viața și nu m-am bucurat suficient. Iar noaptea... ador noaptea și ce sentiment sublim e acela în care știi că tu ești treaz când alte milioane de suflete visează în sincron. Îmi place să aud murmurul nopții și liniștea care se lasă sfioasă ca o fată care se uită cu jind în ochii bărbatului de care s-a îndrăgostit. Doare al naibii de tare viața asta uneori, dar e atât de frumoasă când înveți s-o trăiești...

Primele cele mai frumoase dimineți pe care mi le amintesc sunt cele de când eram micuță, când bunicii mă duceau cu căruța pe deal la străbunici. Îmi amintesc soarele cum se ridica semeț deasupra satului și își lăsa să curgă razele zglobii, una câte una, pe fruntea mea, pe ochii mei, pe gura mea, pe pielea mea ușor și căuduț ca degetele de mamă când vor să îți aline fruntea de copil. Câtă măreție există în soarele ăsta și cum poți trăi cele mai intense senzații dacă îi contemplezi splendoarea și îți ții inima deschisă ca să-i accepți căldura în piept! Cred că despre asta este copilăria, despre o inimă deschisă, gata să se conecteze, gata să primească entuziasmul de a trăi, gata să îi facă bucuriei culcuș. De ce oare ne pierdem și ne îndepărtăm atât de mult de noi și ne complicăm așa de tare existența, când viața este despre drumul până la bunici, despre floarea care miroase, despre iarba umedă sub tălpile goale, despre locul unde se împreună marea cu cerul în zare, despre momentul sublim în care soarele apune şi răsare luna la zenit şi despre plimbări nocturne pe motor, prin pădurile de tei?

Când mă gândesc la dimineţi cu soare, îmi vin în minte imagini în care razele sale mă mângâie ca mâinile calde ale iubitului, care îţi trec suav prin păr, cu tandreţe şi delicateţe, protector chiar. E ceva magic cu soarele ăsta, am o conexiune deosebită cu el, îmi amintesc când eram mică şi mergeam cu mama pe stradă, era început de vară, iar dimineaţa puţin frig, când ea îmi punea peste rochiţă un puloveraş alb ca să mă protejeze de adieri, dar soarele mă salva oricum de orice vânt şi de orice frig când îşi scotea razele pure, pe rând, şi îmi împletea cosiţe imaginare pe pielea de copil. Tot soarele ăsta mă mângâia şi când mergeam cu bunicul dimineaţa să ducem vaca la păscut. Cu acelaşi soare mă iubesc acum în aeroporturi sau direct în avion, cu el mă mângâi şi-n dimineţile de vară, pe plajă, când răsare mândru şi fuge peste valuri ca să ajungă la mine să-mi şoptească la ureche că mă iubeşte, că mă acceptă aşa imperfectă cum sunt şi că vrea ca razele sale să îmi aline orice cicatrice lăsată de iubirile mele ce m-au deschis şi ce m-au durut...

Acelaşi soare m-a iubit şi în puţinele rânduri în care, mică fiind, am mers cu tata la serviciu. Până la Căzăneşti, la complexul de porci unde lucra, era ceva distanţă şi se mergea cu un autobuz special pentru angajaţi, care îi lua de undeva de la ieşirea din oraş. Tata făcea naveta în fiecare zi, pleca la 6:00 de acasă, iar drumul până la complex dura 30 de minute, aproximativ. Îmi amintesc că în cele două sau trei dăţi când am mers cu el, m-am simţit ca Alice în Ţara Minunilor, atât de magnific, de fascinant mi s-a părut să stau cu el şi cu colegii lui pe câmp, să mă urc în camioane, să privesc cum îşi fac treaba şi cum soarele se ridică în zare tot mai mult.

E dimineață, iar azi merg cu tata la serviciu. Sunt atât de entuziasmată și nerăbdătoare să descopăr ce minuni mai ascunde lumea în care trăim, încât mănânc repede, stau cuminte să mă îmbrace mama și tot drumul până la stația de autobuz zburd și sar de pe un picior pe altul, ținându-mă cu o mână de tata și cu cealaltă de o rază călduță a soarelui de abia răsărit. Mă simt atât de veselă și de bucuroasă, gata de o nouă aventură... e atât de frumoasă viața, cât mă bucur că m-am născut!

Ajungem în stație, unde sunt oameni mulți așteptând autobuzul. Tata dă noroc cu colegii lui, toți mari, eu sunt mică printre ei, le ajung până la genunchi și, după câteva minute, îmi dau seama că nu mai văd cerul, e cam întunecat aici la mine, jos. E gălăgie multă și murmur intens și nu știu dacă oamenii ăștia sunt conștienți că sunt și eu pe aici și mi-e puțin cam frică să nu mă calce sau să mă pierd, să plece tata fără mine, să rămân singură. Se aude autobuzul oprind în stație, ușile se deschid, iar oamenii încep să urce, rând pe rând. Parcă se mai aerisește în jurul meu și simt că respir mai bine acum, tata mă ridică pe prima treaptă a autobuzului, iar pe celelalte le urc singură, până ajung în fața șoferului și zic „săr'mâna!", cum le spunem noi, copiii, adulților, atunci când îi vedem. Vorbesc cu o voce înceată și sufocată, sunt încă puțin amețită după învălmășeala de jos. Tata îmi arată locul unde stăm și zice râzând: „bună dimineața se spune, nu bună seara, că nu e seară acum!". Eu mă uit la el uimită și încerc să-i spun că am zis de fapt „săru'mâna!" nu „bună seara!", dar el nu mă ascultă, nu înțeleg de ce nu e atent la mine și o ține pe a lui. Stau pe scaunul de la geam și mă uit în gol. Mă simt neîndreptățită și umilită, chiar nu știu de ce nu crede că m-am exprimat corect. Mă întristez, îmi scapă o lacrimă în timp ce simt cum mi se stinge bucuria din interior.

Mă-ntorc către mine, fetița de câțiva ani de atunci, din autobuz. O prind de mijloc, o ridic, mă pun pe scaun în locul ei, o așez pe picioare, cu fața către mine, o îmbrățișez, îi șterg lacrimile și-i spun: *E în regulă să plângi, știu că te simți dezamăgită pentru că tata nu te-a înțeles, știu că te simți umilită pentru că a râs de tine de față cu ceilalți colegi ai lui, știu că te simți neîndreptățită pentru că nu te-a ascultat și e firesc să fie așa. Plângi cât simți tu că ai nevoie ca să te descarci, eu sunt aici cu tine și-am să te țin în brațe cât ai tu nevoie.*

Vreau să știi că eu sunt tu din trecut, iar tu ești eu din viitor, m-am întors să-ți spun că eu te accept și te iubesc așa cum ești.

Eu mă accept și mă iubesc așa cum sunt.

Rana de respingere ia naştere în raport cu părintele de acelaşi sex, pe când abandonul se creează în raport cu părintele de sex opus, ca şi trădarea.

RĂNILE MELE

În cartea sa, „Cele 5 răni care ne împiedică să fim noi înșine", Lise Bourbeau vorbește despre cele mai importante traume care se formează în copilăria timpurie, în relația cu oamenii semnificativi și ne ajută să ni le identificăm. Citind cartea ei, am înțeles că rănile mele profunde sunt cele de respingere, trădare și abandon. În principiu, purtăm în noi o combinație din toate, doar că unele sunt dominante, pe când altele ne influențează mai puțin. Ea explică și cum se formează aceste răni, astfel am putut să înțeleg că rana de respingere ia naștere în raport cu părintele de același sex, lucru ce pentru mine are sens, pentru că respingere am simțit și eu, de-a lungul timpului, față de mama mea, cel mai pregnant atunci când îmi repeta că sunt din neamul lui taică-miu și prin urmare nu semăn cu ea. Abandonul pare-se că se resimte în raport cu părintele de sex opus, ca și trădarea. De tata, m-am simțit abandonată de fiecare dată când l-am așteptat să vină acasă și să ne jucăm, dar și atunci când mi-a spus că dacă nu sunt cuminte, mă dă la casa de copii, iar trădarea am simțit-o la maternitate, atunci când s-a născut fratele meu și m-a dus la balconul de unde am crezut că o să mă arunce și că a ales să păstreze un copil pe care nici măcar nu l-a văzut, în locul celui cu care a creat o conexiune timp de 7 ani, doar pentru că cel nou este băiatul pe care mereu și l-a dorit.

Și m-am simțit trădată și neîndreptățită în fiecare zi a vieții mele în care, deși făceam tot ce îmi stătea în putință ca să demonstrez că sunt bună, deși eram cuminte şi le făceam pe plac, mi se părea că ei îl aleg constant pe frate-miu, fără ca el să facă ceva deosebit. Primul copil, întotdeauna, poartă în suflet nişte resentimente faţă de cei care vin după, pentru că simte că ei îi fură atenţia exclusivă pe care o primea de la părinţi. Mie mi s-a părut că, spre deosebire de mine, frate-miu a fost privilegiat, a avut mai multă libertate, presiunea asupra lui nu a fost la fel de mare, iar aşteptările legate de a învăţa bine au fost mai mici.

Sunt în dormitorul nostru mic de la B10, mă joc cu vară-mea. Frate-miu are doar câteva zile, e înfăşurat într-un pled şi legat cu faşă, pus între perne, pe pat. Mama e la bucătărie, face mâncare, nu are treabă cu noi. Frate-miu începe să plângă subit, habar nu am ce are, mă uit la el, dar nu ştiu ce să-i fac, aud uşa de la sufragerie deschizându-se, apoi paşi şi îmi zic hai că vine mama să îl liniştească, iar eu pot în continuare să mă joc. Dar mama e nervoasă şi ţipă la noi ca să ne oprim odată, nu vedem că plânge ăsta mic, ce i-am făcut, gata cu jocul că l-am agitat. Îl ia în braţe, îl linişteşte, îl pune la loc şi pleacă înapoi la treaba ei. Eu sunt surpinsă, chiar nu înţeleg de ce ne-a certat. Ce am făcut greşit şi de ce e vina mea că plânge ăsta mic? De ce mă ceartă pe mine din cauza lui? Încep să mă simt furioasă şi în mintea mea mă întreb cine oare este urâtul ăsta negricios, cu gura mare, de plânge mult, şi de când e el atât de important încât să umblu eu pe vârfuri ca să nu îl deranjez?

Mă întorc către mine, fetiţa de 7 ani certată de mamă, care stă confuză, uimită, tristă şi dezamăgită lângă pat, mă pun în genunchi în faţa ei, o privesc în ochii mari, căprui, rotunzi, îi dau bretonul într-o parte, îi prind mânuţele în mâinile mele de adult şi-i spun: *E ok să fii confuză şi speriată, tristă şi dezamăgită, furioasă chiar, nu înţelegi ce ai făcut atât de rău încât mama te-a certat. N-ai făcut nimic, dar ea e obosită şi prea cufundată în gândurile ei încât nu mai are atâta răbdare acum. Tu dă-ţi voie să simţi, nu eşti singură, sunt eu lângă tine aici!*

Vreau să ştii că eu sunt tu din trecut, iar tu eşti eu din viitor, m-am întors să-ţi spun că eu te accept şi te iubesc aşa cum eşti.

Eu mă accept şi mă iubesc aşa cum sunt.

*Ceea ce contează este felul în care
eu mă simt, ceilalți nu sunt atât de
importanți, părerea mea despre mine
e cea care contează cu adevărat.*

PROTECTORI ŞI AGRESORI

Sentimentul de trădare l-am purtat cu mine ani la rând, îl trăiesc şi acum, adult fiind. Cumva, situaţiile în care ajung şi oamenii de care mă simt atrasă, sunt de aşa natură încât să îmi repete scenariul ăsta atât de cunoscut. M-am simţit trădată în relaţiile amoroase, în cele de prietenie, m-am simţit trădată de către colegi şi aproape de către toţi oamenii pe care i-am atras în jurul meu.

Privind în urmă, îmi vine în minte cel mai dureros episod de trădare pe care l-am trăit, elefantul meu roz din cameră, cel care este acolo, dar despre care nu vorbeşte nimeni autentic şi deschis, din frica de a nu fi arătată cu degetul, o frică ce nici măcar nu e a mea. E frica mamei, care după întâmplarea asta mi-a repetat constant că nu trebuie să vorbesc cu nimeni despre ceea ce s-a întâmplat ca să nu râdă oamenii de mine şi să mă doară şi mai mult. Mama mi-a vrut binele, ea a încercat să mă înveţe cum să mă protejez de o suferinţă în plus, dar pentru mine, să ţin ascuns acel lucru, a fost şi mai epuizant. Poate, dacă mama mi-ar fi spus că ceea ce contează este felul în care eu mă simt, că ceilalţi nu sunt atât de importanţi, că părerea mea despre mine e ceea ce contează cu adevărat, că oricât de mult m-aş strădui, cei setaţi pe negativ vor găsi până şi cel mai mic lucru de comentat şi, că, orice ar zice oamenii din jur, eu sunt ok aşa cum sunt, poate că atunci nu aş mai fi dat atâta putere cuvintelor celorlalţi, acţiunilor celorlalţi, părerilor lor despre mine şi poate că aş fi privit altfel experienţele prin care am trecut. Dar mama a făcut şi ea ce a știut mai bine și ce a învățat, mi-a transmis lucrurile care la ea au funcționat. Dar trăindu-mi și eu propriile experiențe, am înțeles că, pentru mine, e mai ușor să spun cine sunt, să vorbesc despre mine, să mă expun și să îmi asum riscurile care vin la pachet. Pentru mine, e mai ușor să îmi asum critica, judecata, respingerea, umilința, abandonul și, expusă fiind, să aleg să le dau mai puțină putere celorlalți și să mă bucur de mine așa cum sunt.

După capacitate, am intrat la colegiu, la cel mai bun liceu din oraș. Dată fiind înclinația mea către partea de psihologie, evident că am ales profilul uman. Nu am avut o medie suficient de mare pentru a intra la prima clasă, cea de filologie, însă mi-am găsit locul la științe sociale, pe profil. Era o clasă mediocră, dar cum eu îmi doream să urmez psihologia, iar acolo pe asta se punea accent, am considerat că era ceea ce aveam nevoie atunci. Lucrurile au fost frumoase în primul an, din al doilea an însă, au început transferuri de pe la alte licee și fiind o clasă accesibilă, au venit mulți colegi noi și nu a durat mult până s-a format un „clan" de băieți, copii de bani gata, fără limite și cu mult tupeu, care găseau o plăcere în a-i umili pe ceilalți. Câteodată, umilința venea din a scrie pe tablă numele fetelor pe care le încadrau la munți, podișuri sau câmpii, în funcție de sâni, alteori, din invitații la orgii, altă dată făcând mișto de colega cu ochelari sau de colegul care stătea retras și, în pauze, citea sau de mine și de ceilalți grași care mai erau. Nu scăpa nimeni de episoadele de agresiune, de bullying - așa cum le numim acum.

Înțelegând că sunt mai în siguranță dacă se aliază cu ei decât dacă nu, unele colege s-au integrat în gașca lor. Noi, restul, trebuia să fim supuși, orice dezacord din partea noastră avea drept consecințe conflicte și umilințe grele: „Da' taci din gură, cine ți-a dat ție dreptul să vorbești? Tu știi cine sunt eu? Tata e polițist, unchiul e polițist, soră-mea e la Academie, înțelegi cu cine vorbești tu acum?" Nu mulți dintre noi îi înfruntau, eu, însă, îndrăzneam să mă revolt și reușeam să și rezist consecințelor acestui fapt. Dar încercam să îmi câștig aliați, de regulă pe drumul spre casă, când eram doar noi, cei supuși bullyingului și contestam deseori acțiunile celor ce ne agresau. Eram cu toții de acord că ceea ce se întâmplă nu este în regulă, iar în acele momente în care discutam, când ajungeam la aceeași concluzie, păream uniți. Iar mie asta îmi dădea putere să-i înfrunt pe agresori.

Fiind o adolescentă grăsuță, deveneam foarte ușor ținta atacurilor colegilor. Deși la școală păream tare și îi confruntam, trăind în același timp teroarea unor posibile consecințe mai grave, căci amenințările erau de multe feluri, cu deschidere către orice, când ajungeam acasă, plângeam până la epuizare, atât de tare încât, uneori, mama rămânea înmărmurită în fața mea. Mă simțeam respinsă, exclusă, criticată, neacceptată de către colegii mei. Mă simțeam umilită. Când mama venea de la muncă, seara târziu, mă găsea întodeauna plânsă, iar eu îi povesteam ce formă au îmbrăcat agresiunile colegilor mei în acea zi. Cred că mama se temea pentru mine și s-a simțit neputincioasă, nu știa cum să mă ajute și nici ce să facă cu emoțiile mele, așa cum nici eu nu știam cum să mi le gestionez. Ca să nu mă mai vadă chinuită, mama a luat atunci o decizie, care avea să îmi schimbe viața într-un mod cum nu mi-aș fi imaginat. Pentru că nu știa ce să mai facă, cum să pună punct suferinței mele care cred că o paraliza, a mers la director să îi „demaște" pe agresori, cerându-i să ia atitudine și să echilibreze lucrurile în interiorul clasei în care învățam. Directorul, profesor de filosofie, era genul de om care în timpul orei se uita pe geam și, din senin, fără legătură cu altceva, afirma: „Porumbeii zboară", după care făcea o altă remarcă despre altceva și tot așa, o înşiruire de constatări ce nu aveau sens şi care pe noi ne derutau şi ne oboseau.

Ajung la şcoală, este o nouă zi. Mă aşez în bancă, lângă colegul meu care citeşte, din nou, o carte de istorie, este pasiunea lui. Îmi place de colegul meu de bancă, e un băiat liniştit, îşi vede de treabă, e introvert, foarte deştept, olimpic la istorie, chiar îl admir, pare că nu depune niciun efort să reţină, absoarbe ca un burete toate informaţiile din cărţi. Mă simt bine lângă el, mă motivează şi pe mine să citesc, aşa că azi îmi voi petrece pauzele făcând la fel, cu căştile în urechi, astfel încât să nu mai aud jungla din jur. Se sună de intrare şi îl văd pe director intrând în clasă. Îl salutăm, ne aşezăm la loc în bănci şi aşteptăm. El începe să vorbească şi primul cuvânt care iese din gura lui este un nume: „Săvulescu", numele meu. „Cine este Săvulescu?" întreabă el. „Există vreun Săvulescu aici?" Eu sunt confuză, nu înţeleg de ce mă strigă omul ăsta, căruia nu îi stă în fire să reţină numele de fel, el nu ştie pe nimeni fără catalog. Oare ce o vrea? Ridic mâna sfioasă şi zic că Săvulescu sunt eu... „În picioare!" îmi spune el. Mă ridic. Mai zice vreo trei nume, numele colegilor noştri agresori, se ridică şi ei, apoi mă întreabă „Săvulescu, ce se întâmplă aici?" „Păi domn' director, la ce vă referiţi?" A venit maică-ta la şcoală să se plângă că sunt probleme cu aceşti colegi. Eu atunci mă liniştesc şi în gândul meu îmi zic „în sfârşit, se pare că o să se facă dreptate, directorul îi va pune la punct pe agresori". Prind curaj şi încep să zic „păi să vedeţi, ştiţi, nu sunt doar eu şi ceilalţi colegi sunt agresaţi". „Taci din gură!" îmi spune el răstit. „Ce, crezi cumva că tu eşti Dumnezeu?" Sunt înmărmurită, ce întrebare e asta şi de ce mi-o adresează mie, ce am făcut eu? Omul ăsta din faţa mea e o autoritate, ar trebui să facă dreptate, să mă protejeze, să pună punct agresiunilor, ar trebui să mă simt în siguranţă cu el şi, totuşi, de ce nu mă simt deloc? Sunt în şoc, sunt

bulversată, sunt confuză, nu înțeleg nimic. „Te-am
întrebat ceva, zi, te crezi Dumnezeu? Răspunde, nu
auzi? Cine ești tu de trebuie să se învârtă toată clasa în
jurul tău?" Deodată, mă simt ca la judecată. Mă simt
expusă, dezgolită, umilită. Toți ochii sunt ațintiți asupra
mea, ca și cum aș fi comis o crimă și sunt un om oribil,
rău, și nu merit să fiu în libertate, ba chiar nu merit să
trăiesc. Sunt stană de piatră, complet confuză, parcă
lumea se disipă în jurul meu, văd în ceață, observ doar
conturul colegilor și culorile blurate ale hainelor lor. Se
învârte clasa cu mine într-un ritm alert, nebun, urechile
îmi țiuie și nu vreau să mai aud, nu pot să deschid gura,
nu pot să îmi mișc buzele, nu pot să vorbesc, nu pot nici
măcar să respir și mă chinui să trag aer în piept, dar
parcă corpul meu nu mai e al meu și nu mai simt nimic,
decât lacrimile care îmi curg călduțe pe obraji, mai mult,
tot mai mult, aproape potop.

Sunt doar eu și lacrimile mele acum, stau printre
oameni, dar atât de singură mă simt... și aș vrea să
dispar, să mă evapor, să mă teleportez, atât de tare doare
umilința asta pe care o trăiesc. „Săvuleasca ne strică
clasa", zice o colegă din gașca mea de aliați. „Mai are
cineva aceeași problemă ca Săvulescu? Să zică acum!"
spune directorul. Și iar simt în mine cum înflorește
speranța, mai sunt și alții care simt la fel și mă bucur că
au ocazia acum să se ridice în picioare, să întărească ceea
ce spun eu și aștept, dar toată lumea tace și nu se ridică
nimeni, dar de ce, de ce se întâmplă asta? mă întreb.
Doamne, câtă umilință și ce trădare! Nu mă susține
nimeni. Ce oameni lași există pe pământ! „Săvulescu, te
mai întreb o dată, te crezi Dumnezeu?" „Nu!" răspund
eu. „Ba da!" zice el. Spune: „Mă cred Dumnezeu!". Nu
zic nimic, cum să zic așa ceva? Nu are logică, nu are
sens. Dar el continuă: „Repetă, zi după mine, mă cred
Dumnezeu!" iar eu cedez, cu lacrimile șiroaie pe obraz,
simțindu-mă neputincioasă, ca într-un coșmar din care

nu mă pot trezi, „Da, mă cred Dumnezeu!" şi îmi vine
să mor de câtă umilinţă simt. Cum voi mai putea exista
după asta? Voi mai putea oare trăi?

Mă întorc către mine, adolescenta de atunci, cea
care credea că lumea e dreaptă, că oamenii sunt corecţi,
că adulţii trebuie să te protejeze, nu să te umilească şi
o văd înlemnită, în picioare, în banca ei. O iau în braţe
şi îi simt durerea, zbuciumul, tresăririle şi sughiţurile
de plâns. Înţeleg că e epuizată şi că lumea pentru ea,
în momentul ăsta, nu mai are sens. Îmi lipesc obrazul
de obrazul ei şi las lacrimile, pe care i le simt, să îmi
treacă prin piele şi să se scurgă la mine în interior, astfel
încât să nu uit niciodată că suntem aceeaşi fiinţă şi că ne
doare la fel. Îi şterg lacrimile rămase, de parcă aş elibera
obrajii pentru altele noi. Mă uit în ochii ei mari, căprui
şi îi spun: *Lasă lacrimile să curgă, lasă durerea să iasă, ştiu
că te doare incredibil de tare acum, că te simţi neîndreptăţită,
umilită, trădată, respinsă, abandonată chiar, ştiu că îţi doreşti
să ieşi din propriul corp, să fugi de acolo, să te disociezi,
pentru că durerea e de nesuportat şi e firesc să nu mai vrei
să fii în tine acum. Dar nu fugi, dă-ţi voie să simţi, dă-ţi voie
să plângi, te ţin eu în braţe, sunt aici ca să te mângâi şi să te
ascult, aşa cum am făcut-o şi o voi face mereu.*

*Vreau să ştii că eu sunt tu din trecut, iar tu eşti eu
din viitor, m-am întors să-ţi spun că eu te accept şi te iubesc
aşa cum eşti.*

Eu mă accept şi mă iubesc aşa cum sunt.

Niciodată nu le oferim altora dezinteresat nici pe plan emoțional, nici material, nici în vreun alt fel. Totul este troc.

TRANZACȚII ȘI AȘTEPTĂRI

Noi, oamenii, trăim cu impresia că pentru a fi fericiți, avem nevoie de anumite lucruri de la ceilalți, însă în ultima vreme eu am realizat că deținem tot ceea ce ne trebuie, în interior. Încep să cred că tranzacțiile acestea pe care le facem, cele mai multe în mod inconștient, „îți dau ca să-mi dai la schimb", sunt o risipă de energie pe care am putea-o folosi ca să ne îngrijim de noi înșine, în mod direct. Dacă analizăm puțin și suntem sinceri față de noi, recunoaștem faptul că niciodată nu le oferim altora dezinteresat nici pe plan emoțional, nici material, nici în vreun alt fel. Totul este troc. De multe ori dăm chiar fără să ni se ceară, oferim ajutor pentru ca, în mod inconștient, să îi îndatorăm pe ceilalți. Eu m-am suprins oferind și mai apoi cerând la schimb și am fost dezamăgită atunci când oamenii nu mi s-au ridicat la așteptări, așa că m-a ajutat să recunosc, dar mai ales să *îmi* recunosc că majoritatea acțiunilor mele îndreptate către ei au tot nevoile mele nesatisfăcute în prim plan. Nu am dat pentru cei de lângă mine, am dat pentru mine, folosind acești oameni ca intermediari. Dar așteptările, deși aduc dezamăgiri, sunt umane, iar, dacă ele sunt în noi și nu dispar complet, poate ceea ce ne ajută este să acceptăm că, dacă oferim, trebuie să ne asumăm și riscul de a nu primi nimic la schimb. Eu, astăzi, după multe așteptări și dezamăgiri, mă aflu într-un proces în care învăț să nu-i mai folosesc pe ceilalți pentru a-mi satisface propriile nevoi, în schimb, mă concentrez pe a-mi oferi mie ceea ce cred că-mi trebuie. Nu e nimeni responsabil să îndeplinească nevoile nimănui din exterior.

C. nu-şi doreşte cadouri, cel puţin nu materiale, asta am înţeles eu de la el. Dar mi-a venit în minte, în mod natural, că ar fi frumos să-i pregătesc ceva deosebit înainte de ziua în care urma să împlinească 37 de ani. Am simţit tot timpul că C. este mai mult decât un om oarecare şi am vrut să ştie asta, să se simtă special. Pentru mine, el este important, este persoana care m-a ajutat să mă îndrept către sinele meu, care m-a stimulat să mă regăsesc şi să mă reconectez cu esenţa mea. M-am gândit ce aş putea face pentru el şi mi-au venit în minte traumele lui, cea existenţială, de umilinţă, de respingere, de abandon, cam aceleaşi traume pe care le am şi eu că nu degeaba ne atragem unii pe alţii - pe noi, cei asemănători, Universul ne aduce împreună cu un scop, ca să creştem, ca să vindecăm, să dăm mai departe ceea ce învăţăm. Mi-am rezervat 10 seri în care să îi scriu lui C. câte un motiv pentru care merită să trăiască, m-am gândit că ăsta ar fi cel mai potrivit cadou. Mi-am dorit ca prin asta să prindă mai mult curaj şi să îşi asume existenţa mai mult decât a făcut-o până acum.

Am petrecut, în fiecare dintre cele 10 seri, câte o jumătate de oră ca să îi scriu. I-a plăcut ceea ce am făcut, s-a bucurat enorm să citească, aşa cum m-am bucurat şi eu să îi scriu. Şi am crezut că despre asta este vorba, despre bucuria de a-i spune omului cât este de frumos, ca să vadă, să integreze şi să-şi asume frumuseţea lui. Am făcut-o cu plăcere şi chiar m-am convins pe mine că nu-mi doresc nimic la schimb, că mă împlineşte treaba în sine şi cu gândul ăsta am plecat mai departe la drum. Dar, la o lună distanţă, când a venit ziua mea, m-am surprins aşteptând să facă ceva asemănător. Eram în Spania, în vacanţă, ultima dată când vorbiserăm ieşisere scântei în urma unei colaborări în care n-ar fi trebuit să ne băgăm, pentru că ne-am contrazis, am amestecat personalul cu planul profesional, ceea ce a îngreunat lucrurile, eu am trăit un moment de asumare a non-relaţiei noastre în faţa cuiva din exterior, iar asta l-a înfuriat, a dus la amenințări, la șantaj emoțional și la o pauză unul de la celălalt, cerută tot de el. Mă așteptam la o astfel de reacție, am ajuns să înțeleg cum funcționează C., știu când i se pare prea mult, știu să prevăd o dispariție, înțeleg când va urma o perioadă de revanșă inconștientă sau conștientă chiar, simt când sunt aproape de a cădea, din nou, în groapa cu respingere și abandon. M-am obișnuit ca, atunci când nu poate să îmi conțină emoțiile, să ia pauză mereu. De data asta, măcar și-a asumat verbal. Eu nu prea inițiez contactul, eu aștept, cum am învățat că se așteaptă atenția, acceptarea și iubirea. Așadar, aștept un nou semn de la el. Semnul lui C., sub formă de mesaj, de cele mai multe ori, este un indicator al importanței mele pentru el, îl traduc prin „da, contezi pentru mine și simt nevoia să mă asigur că și eu mai contez pentru tine".

Atunci, în Spania, mi-a scris tot el. Eu mă bucur că mă caută, dar mă doare în același timp, uneori, mă gândesc că ar fi mai bine să nu o mai facă, să nu mă mai agăț de asta și să îmi doresc mai mult cu el. Deși nu sunt în punctul acela al vieții în care să mă pot conecta la un nivel profund cu niciun om și nici o relație nu îmi doresc pentru că nu pot să-mi asum, faptul că mă vrea, dar mă respinge în același timp, mă face să nu pot renunța la el.

Înainte de ziua mea mă simțeam nerăbdătoare, m-am suprins așteptând ca C. să facă pentru mine ceva asemănător cu ceea ce am făcut eu pentru el, poate să îmi spună, la rândul lui, cât sunt de minunată și de importantă, poate să îmi spună că-i sunt dragă. Aveam nevoie de validarea lui atât de mult, încât numărăm serile până la ziua cea mare. Mai sunt 10 zile, mai sunt 7, n-a scris până acum, sigur o va face mâine. Mai sunt 4 zile, azi sigur se va întâmpla, va scrie. De ziua mea, m-a sunat la miezul nopții să-mi spună clasicele urări și atât, nimic mai mult. A vrut doar să fie primul. Dar eu am refuzat să cred că doar asta este și am așteptat în continuare, îmi doream ca, măcar pe parcursul zilei, să îmi spună ceva deosebit ca să mă simt specială, dar am așteptat degeaba; așteptarea asta zădarnică, mi-a intrat în sânge, e amprentată în mine. Am fost foarte tristă când am realizat că, deși am crezut că am scris pentru el, detașată de așteptări, în realitate, am făcut-o sperând, inconștient, că va face și el același lucru la rândul său. I-am oferit lui C. ceea ce aveam nevoie să îmi ofere el mie. Oferim oamenilor ceea ce ne-am dori să ne ofere ei nouă. În psihologie, ăsta este un mare adevăr.

Într-o familie în care părinții sunt dizabilitați emoțional sau indisponibili ori bolnavi, absenți din orice motiv, copilul nu mai e copil, el se maturizează devreme, se responsabilizează, uneori, ca să îi salveze, face schimb de roluri cu ei. Copilul ajunge să le speculeze părinților nevoile, să-și dorească să le îndeplinească pentru ca aceștia să fie în echilibru, să se facă bine, să fie apți să îi dea ceea ce emoțional, uneori chiar material, îi lipsește. Mă uimește încă fidelitatea pe care copiii o au față de părinți, indiferent de vârstă. Ar prelua pe umerii lor, mici sau mari, oricând, orice sarcină, doar ca să îi salveze pe cei care i-au adus pe lume, pentru ca aceștia să îi îngrijească așa cum au nevoie. Și, pentru că asta cunosc ca normalitate, rămân blocați în același pattern, până când îi doare atât de tare încât sufletul și corpul strigă la unison că au nevoie de schimbare, de un aer nou. De abia atunci, oamenii învață să își dea singuri ceea ce au nevoie și devin independenți emoțional, chiar dacă trezirea asta se face, să spunem, la patruzeci de ani.

Sunt în Spania, e o seară ploioasă de început de aprilie. Stau întinsă în pat, în tăcere. Se aud doar stropii izbindu-se de gresia de pe terasă, rapid și cu forță, de parcă ar vrea să stingă durerea ce arde în sufletul meu. Sunt recunoscătoare pentru că azi, de ziua mea, a fost așa frumos... a fost soare. Ar trebui să mă bucur că am văzut niște peisaje uimitoare, dar sunt tristă și în piept simt din nou presiunea aia de neiubire, cea de care am devenit atât de conştientă în ultimul timp.

Mă uit în dreapta mea şi îmi văd imaginea reflectată în oglinda şifonierului masiv, din lemn. Dacă mi s-ar vedea aura, cred că ar avea o nuanţă pământie, apăsătoare, gravă chiar. Îmi văd ochii goliţi şi încep să plâng. Mă plâng pe mine. Nu ştiu cine sunt eu, de abia acum începe procesul meu de descoperire de sine. Cine este Andreea? Habar nu am... Ceea ce ştiu e că l-am aşteptat pe el, iar acum simt dezamăgire şi tristeţe înăuntrul meu. Îmi pun braţele în jurul corpului şi mă îmbrăţişez pe mine. E o tehnică pe care am învăţat-o dintr-o carte scrisă de Louise Hay, în iarnă, când mă durea corpul atât de tare încât am crezut că am să mor şi am zis că poate, dacă mă iau în braţe şi îmi simt prezenţa umană, îmi păcălesc creierul că e cineva acolo şi am senzaţia că nu mor singură, iar astfel îmi este mai uşor, pentru că nu mă mai împotrivesc. Stau aşa, cuprinsă de propriile braţe, uitându-mă în oglindă la femeia asta care emoţional este doar o copilă. *Ştiu că doare*, îmi spun eu mie. *E firesc, te scalzi în dezamăgire. Dă-ţi voie să simţi! Ai făcut ceva pentru un om drag ţie şi ţi-ai fi dorit să-i fii şi tu atât de dragă încât să facă la fel. Doare şi e ok că doare, tot durerea asta te va şi vindeca. În curând vei înţelege că important e să te faci tu specială şi importantă pentru tine.*

Vreau să ştii că nu eşti singură, mă ai pe mine aici. Eu te accept şi te iubesc aşa cum eşti.

Eu mă accept şi mă iubesc aşa cum sunt.

Neputința mă face să vreau să fug
din mine, să mă desprind.

DURERI ŞI DISOCIERI

Sunt situații pe care creierul le percepe atât de amenințătoare încât te temi pentru viața ta sau a celorlalți. Sunt momente când integritatea îți este amenințată, când ți se activează instinctele de „luptă, fugi sau fă pe mortul!", evenimente traumatizante, pe care creierul încercă să le ascundă în inconștient, prin diferite mecanisme de supraviețuire, cum ar fi disocierea. Disocierea apare atunci când ai senzația aia că nu mai vrei să fii în propriul corp, că vrei să fugi de acolo, să te anesteziezi, să te amorțești emoțional, să nu mai simți, că vrei să dispari, pentru că nu știi ce să faci cu ceea ce e în tine și cu ceea ce trăiești. Disocierea, decompensarea, splitarea, clivajul sunt toate mecanisme care au rolul de a te ajuta să faci față evenimentului traumatic, astfel încât să supraviețuiești. De regulă, mecanismele astea îți blochează amintirile. Nu poate fi dureros ceva ce nu îți amintești. Așa mi s-a întâmplat și mie, am făcut ani de zile psihoterapie, însă nu reușeam să îmi amintesc. Nu am traume, mi-am zis, pentru ca apoi, înțelegând că nesatisfacerea nevoilor emoționale din copilărie este percepută de creier ca fiind o traumă la fel de mare ca agresiunea, ca violul, ca abuzul emoțional. Încep să-mi amintesc.

În majoritatea amintirilor mele mă văd singură, singurătatea apare în viața mea ca un laitmotiv. În imaginile care îmi vin în minte, din trecut, sunt doar eu, în dormitorul nostru mic și întunecos de la B10, în patul de mijloc în care am impregnat atât de multe emoții, sentimente, în care am lăsat atât de multe energii și am creat atât de multe amintiri, atâtea câte pot să încapă într-un suflet de om. Patul ăla a fost refugiul meu, a fost confidentul meu, a fost psihologul meu. Saltelele sale poartă amprenta durerilor mele, a disperării mele, a singurătății mele, poartă lacrimile, iubirile, dezamăgirile pe care le-am trăit, poartă frumusețea după-amiezelor în care îmi dădeam voie să mă relaxez, uitându-mă la telenovelele pentru adolescenți, ca recompensă pentru faptul că am terminat de învățat, și ronțăind fulgi de porumb. Patul ăla poartă aventurile mele în lumea cărților și în propria mea imaginație bogată, trăirile pe care cărțile mi le-au dat, începând cu entuziasmul din „Istoria românilor ilustrată", continuând cu tristețea din „Fram, ursul polar", apoi cu durerea din „Cuore inimă de copil" și din „Singur pe lume", mergând mai departe cu „Robinson Crusoe" în aventura vieții sale, ascultând „Glasul pământului" din „Ion", trăind o dragoste ca cea din „Pe aripile vântului", tăvălindu-mă în „Patul lui Procust" și simțind durerea cruntă a Annei Karenina și golul ei interior. Patul ăla poartă milioane de trăiri. Mă poartă pe mine în el. E la bunica la țară acum, iar câteodată, când simt că suferința e multă și lovește în mine fără control, merg la țară și mă întind în el. Patul ăla e magic, mă conține, mă susține, îmi absoarbe din dureri. Patul meu e prietenul meu, în patul ăla am visat, mi-am creat așteptări, m-am proiectat în viitor. În apartamentul ală mic, de la B10, am trăit momente pe care mi le amintesc cu drag, dar și clipe de spaimă, de groază, în care mi-aș fi dorit să fug, să mă desprind.

E noapte afară, e întuneric. Mă rog să nu fie iar una din nopțile alea pline de monștri... de multe ori, seara, monștrii durerii poposesc la noi în casă, provocându-mi o reală teroare sufletească, o adevărată groază în interior. Sunt reci și nemiloase nopțile de acest fel, mă marchează profund. Aș vrea ca asta să fie lină, să nu mai stau în alertă atât. Sunt atentă și îl urmăresc pe tata, a venit acasă de curând. Suntem în sufrageria mică, e întuneric, doar lumina televizorului se mai vede. Mă uit la umbra lui și stau cu sufletul la gură, oare o să ia forma aia ridicolă și azi? Mă paralizează atât fizic cât și sufletește când îl văd așa, făcut covrig. Am grijă până și la propriile-mi respirații, încerc să încetinesc ritmul și să scot aerul afară cât mai tăcut, ca să aud mai bine respirațiile lui, să anticipez cumva, dacă urmează un nou episod. De parcă zici că, dacă aș ști, aș avea vreo putere în plus ca să dobor balaurul suferinței și să îl salvez pe tata de el. Îl privesc și pare că începe chinul, îl văd cum se încruntă, se apleacă încet, încet, se lasă de torace, alunecă cu capul pe genunchi și geme încet. Gata, iar se întâmplă, se dezlănțuie durerea de acum. Tata se ghemuiește și începe să se legene, în față și în spate, cu mâinile îmbrățișate, de parcă asta i-ar alina tortura puțin. Aș vrea să am o super putere, să iau durerea lui asupra mea, mă sperie când îl văd neputincios, dacă el nu e bine, pe mine cine m-ar putea salva? Îi aud gemetele din ce în ce mai puternice, vine și mama pe lângă el, dar pare neputincioasă și ea. Are ulcer gastric, iar asta îl chinuie aproape în fiecare noapte, împarte cu boala intimitatea lui, durerea e ca o nevastă toxică, de care, orice-ar face, nu se poate despărți. Deși vreau să îi fiu acolo, mă dau parcă tot mai departe, înapoi. Mi-aș dori să îl ajut, dar privesc înspăimântată și încremenită, nu știu ce să fac mai mult. Mi-e tare frică de ceea ce ar putea să pățească și nu înțeleg de ce nu îl vindecă niciun doctor, să-l facă să fie iar vesel, să râdă și să se joace cu mine, să ne și odihnim. Sunt tristă și mi-e groază de ceea ce văd în fața mea, mă simt singură, deși stau în aceeași cameră cu ei, și nu înțeleg dacă mai e mult până când nopțile astea tulburi se vor sfârși. Mă doare și pe mine corpul când mă uit la tata, nu știu ce să fac să îl alin, iar neputința asta mă face să vreau să fug din mine, să mă desprind.

Mă întorc către mine, fetița de 10 ani care se uită încremenită la tata. E drăguță, încă pură, încă inocentă, e o copilă tristă şi speriată care vrea să fugă din propriul ei corp ca să nu o mai doară lucrurile astea pe care le trăieşte atât de intens. Mă aşez în faţa ei, îi mângâi părul, o privesc, o strâng în braţe, mă conectez cu ea suflet la suflet, corp la corp şi îi spun: *Ştiu că eşti înspăimântată, ştiu că eşti speriată şi tristă, neputincioasă chiar, e firesc să fie aşa, dă-ţi voie să simţi! Ştiu că ţi-ai dori să ai superputeri şi să îl salvezi pe tata, ca el să fie bine, dar nu ai, şi pentru asta, nu eşti vinovată tu. Nu poţi să îl salvezi, dar el va fi bine oricum. Ştiu că nu ai idee ce să faci cu tine acum, că te simţi singură şi ai nevoie de cuvinte de încurajare, de vorbe plăcute, de o certitudine că îşi va reveni, dar nu ştie nimeni ce să îţi spună ca să te linişteşti. M-am întors la tine ca să îţi spun că sunt lângă tine aici, să te protejez, să îţi explic ce se întâmplă, să te conţin. Sunt aici ca să te îmbrăţişez, să te mângâi, să te ţin în braţe şi să te asigur că este o etapă care va trece, se va sfârşi, tata va fi bine până la urmă, se va însănătoşi.*

Vreau să ştii că eu sunt tu din trecut, iar tu eşti eu din viitor, m-am întors să-ţi spun că eu te accept şi te iubesc aşa cum eşti.

Eu mă accept şi mă iubesc aşa cum sunt.

Doar cei mai puternici dintre noi, cei care reuşesc să bată propria rezistenţă, au o şansă de a restructura şi de a vedea viaţa, de a se redefini pe ei înşişi prin noi filtre.

ADEVĂRURI ŞI MINCIUNI

În primii şapte ani de viaţă, mintea umană este ca un burete, funcţionează ca o sugativă ce absoarbe cerneala şi se înnegreşte până la ultima bucată. Cerneala aia înglobează toate informaţiile despre viaţă, despre lume, despre ceilalţi şi despre noi înşine. Conţine gânduri, emoţii, senzaţii, comportamente, care se amprentează în noi încă din copilărie, prin experimentarea directă, în raport cu cei dragi sau prin imitaţie, preluate de la oamenii care ne sunt repere, oamenii de referinţă. În primii trei ani de viaţă, trăim prin emoţii, iar orice senzaţie, mai ales la nivelul furie-frică, se imprimă direct în corpul nostru. În primii şapte ani de viaţă, învăţăm concepte de referinţă, ca dreptate-nedreptate, adevăr-minciună, frumos-urât, bun-rău, deştept-prost, fericit-nefericit şi ne formăm imaginea globală despre noi înşine şi despre viaţă. Apoi simţim, gândim, acţionăm, funcţionăm pe baza acestor noţiuni. De cele mai multe ori, definiţiile astea ajung la noi alterate şi ne produc suferinţă, mai ales dacă rămânem fideli acestor concepte şi refuzăm să acceptăm faptul că moneda mai are şi o altă faţetă. Nevoia inconştientă de a face pe plac şi de a le rămâne fideli părinţilor noştri ne împiedică să gândim cu propria minte, să avem momente de luciditate, să ne creăm propriile definiţii, propria imagine despre sine, să ieşim din etichete şi să evoluăm, să creştem, să ne vindecăm. Doar cei mai puternici dintre noi, cei care reuşesc să bată propria rezistenţă, au o şansă de a restructura şi de a se redefini pe ei înşisi.

Ca psihoterapeut, ajut oamenii care îmi vin în cabinet să restructureze, să recreeze definiţii, să resemnifice, să dea un nou sens noţiunilor şi o altă importanţă evenimentelor ca să îi doară mai puţin şi să ajungă să trăiască, nu doar să supravieţuiască. Dar şi eu, ca toţi oamenii, am trăit experienţele mele, în urma cărora am preluat unele concepte, care, uneori, mi-au făcut bine, alteori, mi-au făcut rău, provocându-mi adânci leziuni în spaţiul meu interior. Şi eu, când am părăsit cuibul părintesc, am plecat cu tolba plină de idei şi cu o imagine de sine creată pe baza interacţiunii cu ai mei şi mult timp, în mod inconştient, am rămas loială lor, considerând că nu există un alt fel mai bun de a trăi şi, că, dacă părinţii mei s-au sacrificat, trebuie să mă sacrific şi eu, că dacă ei au suferit, trebuie să sufăr şi eu, dacă ei au fost nemulţumiţi, trebuie să fiu şi eu. De abia după ani de psihologie şi experienţe noi, am înţeles că unele convingeri mă blochează, că altele mă sabotează, că imaginea mea de sine poate fi reconstruită, îmbunătăţită şi că a alege să fac asta nu este o dovadă de lipsă de iubire sau de lipsă de apreciere faţă de ai mei, ci o dovadă de fidelitate faţă de mine însămi.

Mă întorc în trecut, la mine, feţiţa de 5 ani care se pregăteşte de grădiniţă. E devreme, mă trezesc şi împreună cu mama, urmăm acelaşi ritual ca în fiecare dimineaţă. Mă spăl, mănânc, mă îmbrac în uniformă, apoi ieşim în fuga, pe uşă. Merg cu mama de mânuţă şi încerc să îmi reglez paşii la ritmul ei. Mi-e greu, ea merge repede, eu mă mai împiedic, dar are grijă de mine, mă susţine, mă ridică. Eu mă gândesc că aş vrea să petrec mai mult timp cu ea şi o rog să vină să mă ia la prânz, aşa cum fac, cu alţi câţiva colegi de-ai mei, părinţii. Mama zice că da şi îmi promite că la 12 fix va fi acolo, să o aştept pe banca din faţa clasei. Eu o ascult şi sunt extrem de fericită, debordez de entuziasm, de abia aştept să vină prânzul, simt cum o mare bucurie mă cuprinde... Trec câteva ore, se pune masa, mâncăm, se face ora 12. Eu dau să mă pregătesc, sunt nerăbdătoare să o văd pe mama la uşă, însă îngrijitoarea se uită la mine de sus, interogativ, cu sprânceana dreaptă ridicată iar eu îi spun că trebuie să mă pregătesc, pentru că vine mama, ea râde isteric şi zice: „Auzi la Săvuleasca, zice că vine mă-sa să o ia la prânz, e chiar amuzantă. Treci şi schimbă-te că nu vine nimeni după tine acum!" Eu sunt revoltată, femeia asta nu înţelege ce-i spun, încerc din nou să-i explic că „mama mi-a promis că vine şi mi-a zis să ies pe bancă, să o aştept, deci, daţi-mi, vă rog, ghiozdănelul!". „Măi fetiţă, tu n-auzi că nu vine mă-ta să te ia acum, când te-a luat ea, la prânz, vreodată? Schimbă-te şi pune-te în pat, să dormi!" Femeia asta mare şi odioasă, ţipă la mine, mă înspăimântă, e aşa vocală, e aşa înaltă... Mi-e frică şi încremenesc, mă simt umilită şi sunt dezamăgită că mama nu s-a ţinut de promisiune... Nu pot să accept că nu mă ia la prânz, mă doare, într-un fel mă simt abandonată. Şi cât de tare mi-am dorit să vină şi cât eram de bucuroasă... Oare ajută să mă rog? Am auzit că, uneori, rugăciunile fac minuni, deci, poate că se întâmplă o minune şi apare mama în uşă.

Sunt în mijlocul clasei, pătuţurile sunt întinse, copiii apoape îmbrăcaţi, aud zogomot, dar parcă nu e zgomot de realitate şi stau dreaptă, dar nu ştiu de ce, nu vreau să mai aud nimic, să văd şi nici să simt, atât de tare mă doare că mama nu s-a ţinut de promisiunea pe care mi-a făcut-o. Simt mâna grea şi furioasă a îngrijitoarei, trage uniforma de pe mine, îmi ordonă să mă schimb în pijamale; am impresia că şi-a pierdut răbdarea, este extrem de agresivă atât în gesturi cât şi în tonalitate. Mă schimb, greoi, căci mă înec în lacrimi şi mă zgudui de suspine, simt că mă doare corpul, mă doare inima, şi mă doare viaţa... Pun capul pe pernă şi mă gândesc la mama, aş vrea să fie acum lângă mine, să mă ia în braţe, să mă ia acasă.

Mă trezesc, puţin mai liniştită, mănânc gustarea şi particip la ultima activitate. Doamna vrea să coasem nişte gentuţe din carton. Ne dă câte două cartoane şi ne arată cum să băgăm acul prin găurile ce formează fundul genţii ca să o unim şi să facem astfel un întreg. Un coleg greşeşte gentuţa, iar doamna îi dă să încerce o alta, o ia pe cea stricată, merge la catedră şi o pune în coşul de gunoi de dedesubt. Ochii îmi sunt la gentuţa stricată, o urmăresc, la fel cum urmăresc pacienţii, în filmele americane, pendula care îi hipnotizează. Privirea îmi rămâne fixată pe coşul în care doamna educatoare a aruncat-o. Nu ştiu ce din mine s-a identificat cu gentuţa aia, dar ceva s-a activat în interiorul meu de copil. Poate că ideea de a fi defectă, greşită, imperfectă, stricată. Poate că stricată sunt şi eu şi de asta mama nu m-a luat la prânz, aşa cum mi-a promis de dimineaţă... Poate că gentuţa aceea sunt chiar eu... poate, o doare şi pe ea, la fel ca pe mine, sufletul, poate că mă îngrozeşte gândul de a fi defectă şi că aş putea fi şi eu aruncată, poate că salvând gentuţa, mă salvez pe mine în mintea mea inconştientă. Nu ştiu ce mă leagă de ea, dar mă ridic, mă duc la doamna la catedră şi o întreb dacă îmi dă mie gentuţa stricată, dacă pot să o iau acasă. Eu ştiu că sunt un copil introvert, nu iniţiez conversaţii, nu ies în evidenţă, nu am iniţiativă şi nu cer lucruri, dar simt atât de multă putere în mine acum, încât aş cere de o mie de ori gentuţa asta... Doamna educatoare mă priveşte cu căldură, ceea ce mă face să mă simt în siguranţă, îmi zâmbeşte, se apleacă sub catedră, bagă mâna în coş, o scoate şi mi-o întinde „ia-o, este a ta acum!". O iau, cu zâmbetul pe buze din mâinile sale, sunt atât de bucuroasă, o strâng la piept ca şi cum nu vreau să îi mai dau drumul niciodată. Oare tu, gentuţă, când ai fost aruncată, te-ai simţit la fel ca mine, abandonată?

Sunt mai liniştită acum, parcă bucuria de a avea gentuţa de carton şterge puţin din durerea umilinţei şi a trădării pe care le-am simţit înainte de somn. O aştept pe mama, e după-amiază şi ştiu că acum va veni, cu siguranţă. Mă strigă îngrijitoarea, iar asta înseamnă că a ajuns, că e pe hol, aşa că ies repede din clasă, mă duc şi mă aşez pe bancă, aşteptând să mă încalţe. Aş vrea să îi spun mamei că m-a dururt că n-a venit la prânz, dar simt că sunt prea mici cuvintele pentru o dezamăgire atât de mare. Aşa că tac şi mă bucur că măcar acum e aici, şi oricum sunt încântată de gentuţă şi de abia aştept să ieşim din grădiniţă ca să i-o arăt şi mamei, să se bucure. Pe drum, mama mă întreabă, ca de fiecare dată, cum a fost la grădiniţă, ce-am făcut, cum am dormit, eu îi spun ce am mâncat, cu cine m-am jucat, ce poveste ni s-a citit, îi vorbesc de îngrijitoare, mama se înfurie, spune că va merge mâine la ea să o tragă la răspundere (ceea ce iar în felul ăsta mă securizează şi îşi recâştigă o parte din încrederea pe care o pierduse), apoi îi spun că am avut activităţi plastice şi că am făcut gentuţe. Scot din ghiozdănel gentuţa imperfectă şi i-o arăt entuziasmată, aşteptând să se bucure. Ea, în schimb, e rezervată, începe să pună întrebări, să mă descoasă: „de unde o ai, cine ţi-a dat-o, eşti sigură că de la doamna, dar nu mă minţi, mâine o să o întreb pe doamna să ştii... mami, sper că n-ai furat-o, eşti sigură că ea ţi-a dat-o? Tu să nu furi, niciodată!" Nu înţeleg de ce mama se gândeşte că am furat şi ce înseamnă a fura până la urmă, de ce aş face asta, dar de ce mama are nevoie de atât de multe asigurări, de ce trebuie s-o conving de ceea ce s-a întâmplat? Mă doare că nu mă crede şi mă simt dezamăgită, sunt lipsită de putere, mă simt epuizată şi vreau să vină noaptea mai repede, să adorm şi să uit de toate.

Mă întorc în trecut, la fetiţa de 5 ani, care merge cu mama de mână, pe drumul de la grădiniţă spre casă, care se simte epuizată, confuză, şi vrea să ajungă cât mai repede în locul ei de siguranţă. O iau de mânuţa rămasă liberă, o strâng cât să mă simtă, mă aplec la nivelul ei, şi o văd sfârşită, îi simt singurătatea, îi simt zbuciumul şi mă identific cu toată avalanşa ei de emoţii. E greu ce poartă-n suflet şi pare că nu ştie ce să facă cu tot zbuciumul ăsta. O mângâi pe obraz, mă uit în ochii ei pierduţi, o sărut pe frunte, o îmbrăţişez şi îi spun: *Ştiu că acum te afli într-un carusel de emoţii şi că eşti atât de ameţită, încât ai vrea să se oprească, să îţi revii, să te simţi mai puţin singură şi neînţeleasă. E firesc să te simţi aşa, date fiind toate cele întâmplate, dar vreau să ştii că nu eşti singură, sunt eu aici cu tine pentru a te ajuta să înţelegi această etapă. Am venit înapoi către tine ca să te asigur că te voi proteja, te voi asculta şi mă voi ţine de promisiunea asta, chiar dacă mama nu a putut să o facă. Vreau să ştii că nu eşti defectă şi, că indiferent de ceea ce se întâmplă, tu nu vei fi singură niciodată, eu te voi însoţi mereu.*

Pentru că tu eşti eu din viitor, iar eu sunt tu din trecut. Eu te accept şi te iubesc aşa cum eşti.

Eu mă accept şi mă iubesc aşa cum sunt.

Sunt momente în care chiar şi noi ne trădăm, alegând să fim fideli tuturor, mai puţin nouă înşine.

TRĂDAREA, BAT-O VINA!

Pe lângă traumele de abandon, respingere şi umilinţă, trădarea face şi ea parte din mine, nu e nevoie să mă gândesc mult ca să îmi reprezint în minte situaţii în care oamenii m-au trădat. Acum, privindu-mi viaţa prin lentile mai curate, realizez că au fost momente în care chiar şi eu m-am trădat, alegând să fiu fidelă tuturor, mai puţin mie însămi. Şi cum atragem aceleaşi tipologii de oameni şi aceleaşi situaţii care să ne recreeze scenariul de viaţă pe care ni l-am însuşit ca fiind normal, evident că am ajuns de nenumărate ori în etape în care am simţit trădarea din plin. Nu sunt încă vindecată, trauma mea e în continuare activă, o simt, însă mă aflu în procesul meu de restructurare interioară, iar într-o zi am să sparg toate tiparele disfuncţionale, am să închid bucla şi normalitatea mea va arăta altfel.

Sunt clasa a IX-a, anul şcolar a început de câteva luni şi încă încerc să mă adaptez vieţii de liceu. Dat fiind că oraşul e mic, îi cunoşteam dinainte pe câţiva dintre cei care îmi sunt acum colegi, cu unii am fost în aceeaşi clasă în şcoala primară, cu alţii în gimnaziu, aşa că mă simt mai confortabil decât dacă mi-ar fi fost cu toţii străini. Băncile astea de liceu sunt incomode, stăm în ele câte trei, sunt vechi, au luciul sărit, sunt desenate cu pixul, au gumă de mestecat lipită dedesubt, dar ne adaptăm, alte condiţii nu sunt. Ne-am aşezat în bancă după cum ne-am cunoscut, ca să ne fie mai uşor până când ne împrietenim cu ceilalţi. Au trecut câteva luni şi au început să se lege conexiuni, să se creeze grupuleţe, să se manifeste simpatii şi antipatii. Eu încă sunt confuză, nu ştiu în ce tabără mă aflu, ca de obicei, şi nici dacă fac parte din vreun grup. Cred că sunt pe dinafară, pentru că abilităţile mele de socializare nu sunt atât de strălucite şi nu mă pricep să comunic, nu ştiu cum să mă fac plăcută, nu reuşesc să mă integrez. Cred că sunt şi puţin cam paranoică acum, am impresia că cei din jur mă evită, că, uneori, vorbesc despre mine pe la spatele meu, văd bileţele zburând de la unii la alţii, îi observ pe unii colegi în pauză şuşotind, încerc să interacţionez, dar parcă nu sunt cu nimeni, nu m-am apropiat, nu e niciun grup căruia să îi corespund. Uneori, mă simt exclusă, dar poate că doar îmi imaginez. Una dintre colegele mele de bancă este E., ne cunoaştem din clasele primare, aşa că să ne aşezăm una lângă cealaltă a fost ceva firesc, însă, în ultima vreme, o percep mai rece, am impresia că mă evită, parcă se ascunde de mine uneori. Trebuie să investighez.

E pauză, iar eu stau singură în banca mea, privind când pe fereastră la cei din curtea şcolii, care vorbesc, aleargă, râd, când în clasă, la colegii mei care interacţionează. Aş vrea să citesc, aşa că bag mâna în bancă, scot ghiozdanul, iau cartea, pun ghiozdanul la loc, îl împing puţin mai spre stânga, unde stă E., şi văd un bileţel căzând. Îl iau, îl desfac - o fi al meu, îmi zic. Mă uit, nu e al meu, e scrisul ei, pare un schimb de replici între ea şi M. Nu mă pot abţine, sunt curioasă, citesc puţin, înţeleg ca M. este entuziasmată, vor să se mute împreună în bancă, s-au împrietenit, „de abia aştept să ne mutăm şi să scap de vaca de Săvuleasca", îi scrie E. Îmi înţepenesc ochii pe acel cuvânt, vaca... vaca de Săvuleasca le stă în drum... Sunt şocată, chiar nu ştiu cu ce-am greşit. Îmi vine să plâng, mi se zdruncină corpul pe interior şi cred că e inundaţie de lacrimi înăuntrul meu. Nu vreau să le las să iasă, ca să nu fiu luată şi mai rău la ochi. Aşa că le dau voie să îmi şiroiască în inimă şi mă rog să dispară durerea cruntă pe care o simt. Mă simt trădată, credeam că Elena e prietena mea, mă simt neîndreptățită, revoltată sunt...

Mă-ntorc către mine, adolescenta plinuță de liceu, mă așez în bancă lângă ea, îi mângâi obrajii rotunzi, o privesc cu căldură și-i spun: *Știu că ești șocată de ceea ce ai citit, știu că te doare, că ești dezamăgită, furioasă chiar, știu că te simți trădată și nu înțelegi de ce toți oamenii ăștia te resping, e ok să simți așa. Aș vrea să îți promit că nu vei mai trece prin trădare, prin nedreptate, respingere sau abandon, dar nu pot să o fac, pentru că vor mai fi. Nu știu dacă durerea va fi mai puțin intensă, dar indiferent de intensitatea ei, eu voi fi lângă tine ca să te ajut să treci prin ea.*

Vreau să știi că eu sunt tu din trecut, iar tu ești eu din viitor, m-am întors să-ți spun că eu te accept și te iubesc așa cum ești.

Eu mă accept și mă iubesc așa cum sunt.

*Mâncarea alină, linişteşte, nu
judecă, acceptă, oferă ceea ce orice
om are nevoie să primească, confort
emoţional. Însă, pe cât de liniştitoare
e senzaţia de a mânca, pe atât
de cruntă esenzaţia de vinovăţie
de după.*

POFTE, LIPSĂ DE CONTROL

Inconştientul este foarte puternic, ceea ce nu e scos la suprafaţă în conştient, poate duce la durere, boală, disconfort, comportamente de autosabotare, cum ar fi, spre exemplu, mâncatul compulsiv care poate apărea atunci când un copil simte că are nevoie de mai multă atenţie, când vrea să fie important, văzut, apreciat şi alege, în mod inconştient, să se extindă, să ia în greutate, încercând să spună astfel „hei, sunt şi eu pe aici, mă vedeţi acum?". Mâncarea are rolul ei, alină, linişteşte, mâncarea nu judecă, acceptă, oferă ceea ce orice om are nevoie să simtă, confort emoţional. În mâncare, m-am afundat şi eu, mult timp ca să-mi înăbuş durerea din interior. Însă, pe cât de liniştitoare era senzaţia de a mânca, pe atât de cruntă era senzaţia de vinovăţie de după masă. Ajunsesem să mă urăsc pe mine, atât de odioasă mă simţeam, atât de scârbită de propriul meu corp, încât, după ce îmi linişteam emoţiile cu mâncare, cuprinsă de panică şi de nemulţumire de sine, mergeam la baie, unde îmi băgam degetele pe gât, ca să dau afară ceea ce cu câteva minute în urmă, îmi provocase un real confort. O perioadă am fost bulimică, dar m-am oprit că m-am speriat, am crezut că o să mi se desprindă bucăţi din stomac şi am să mor.

Aproape toată viaţa, mi-am alinat durerea emoţională cu mâncare, aşa că am fost grăsuţă mai mereu, lucru care m-a ţinut în centrul atenţiei, chiar dacă atenţia venea sub formă de respingere şi umilinţă din partea celor din jur. De abia la 28 de ani, am reuşit să înving demonii poftei, să scap de mania dietelor, să depăşesc efectul yo-yo şi să-mi reglez comportamentul alimentar. Tendinţa de a mânca pe fond emoţional mai apare uneori, însă acum sunt mult mai prezentă în propria viaţă, mult mai în contact cu mine, astfel încât pot înţelege că, dacă mănânc fără să îmi fie foame, e nevoie să reglez ceva în interior.

Sunt cu frate-miu şi cu vară-mea în bucătărie la B10, afară s-a înnoptat, ne e foame, dar ai mei sunt la muncă, aşa că punem la prăjit cartofi şi nişte cârnaţi. Tata aduce mezeluri de la muncă, ceea ce pe mama o bucură, pentru că nu trebuie să ne mai facă mâncare în fiecare zi, uneori e foarte obosită şi, descurcându-ne singuri, o scutim de un efort. Eu cred că, totuşi, am început să exagerz cu mâncatul, simt uneori că nu mă pot controla, sunt pe la jumatea clasei a V-a şi deja blugii pe care i-am luat la începutul anului, nu mă mai încap. Nu mă simt chiar confortabil în pielea mea, sunt greoaie, parcă mă frec între picioare atunci când merg, dar frate-miu şi vară-mea mănâncă prea cu poftă, aşa că am să mănânc şi eu cu ei.

Patru ani mai târziu, e vacanţă de vară, frate-miu e la ţară, ai mei muncesc, eu sunt în bucătăria de la B36, vreau să mănânc. Nu mă simt bine cu mine, am 67 de kg, sunt plinuţă şi nu-mi place cum arăt. Sunt obsedată de faptul că sunt grasă, numai la asta mă gândesc, mă duc la pescărie în piaţă, la Tanti M., în fiecare săptămână ca să mă cântăresc, dar cântarul ăla arată mereu la fel, ignorând parcă zilele în care mă înfometez. În bucătărie miroase atât de tare a ostropel... mă uit în oalele de pe aragaz, văd piureul galben, păstos, pe care îl face mama şi care mi se pare cel mai bun, ridic celălalt capac, mă uit în cratiţă, văd ostropelul roşu, ciocănelele de pui şi rondelele de usturoi plutind, e încă destul de cald, curg stropi de abur pe capac, mi-e poftă, n-aş mânca, dar nu pot să mă abţin. Hai să mănânc azi şi de mâine ţin dietă, îmi zic, având acelaşi dicurs pe care mi-l spun în fiecare săptămână, de când mă ştiu. Îmi torn sos în farfurie până când o umplu, pun peste el două ciocănele, rup o bucată zdravănă de pâine şi mănânc. Mănânc. Şi ce bine e să mănânc. Mă cuprinde o linişte cum numai în astfel de momente simt. Mâncarea mă alină, e cel mai bun prieten al meu. Mâncarea nu mă ceartă, nu mă judeca, nu mă critică, nu îmi spune că-i nemulţumită de mine, îmi e aliat. Mâncarea îmi dă confort. Mănânc. Dar parcă nu mă satur, mă ridic şi îmi mai pun, fac asta încă o dată, „de mâine intru la dietă" îmi repet ca să mă consolez şi mănânc în continuare, apoi mă uit în oală şi mă panichez, aproape că nu mai e nimic... când oare am mâncat atât de mult? Şi parcă tot nu sunt sătulă, dar dacă nu mă opresc, nu le mai rămâne celorlalţi. Simt că mă urăsc pe mine pentru că am mâncat atât, mă simt vinovată... De ce fac asta, de ce nu am limită, de ce nu mă controlez? Cum fac alţi oameni de se satură cu mai puţin? Mă simt grasă şi urâtă şi dezgustătoare, iar oglinda asta din faţa uşii de la bucătărie mă sfidează, mă văd în ea de fiecare dată când ies şi pare că rânjeşte la mine dinadins, pare că îi place să îmi arate cât sunt de mare şi de grasă, cum mă frec între picioare şi ce nasoală sunt şi îmi spune: „vezi, de aia nu te iubeşte nimeni, dacă mai mănânci în ritmul ăsta, nu o să ai niciodată iubit! Oare cum e să fii slabă şi de ce eu nu sunt?" Fug la baie, mă aplec deasupra căzii şi îmi bag degetele pe gât. O dată, de două ori, de trei, până simt că dau afară tot şi stomacul mi s-a golit. Câtă risipă de mâncare, îmi spun. Dar ce oribil mă simt... parcă acum mă roade stomacul, aproape că îmi vine iară să mănânc şi simt că mă urăsc dar ce să fac ca să mă iubesc?

Mă întorc către mine, adolescenta grăsuţă care e disperată că nu se poate opri din mâncat. Mă uit la ea, tremură toată. O apuc de mână, o mângâi pe păr, o strâng în braţe şi îi spun: *Ştiu că te simţi speriată acum şi că te înspăimântă lipsa ta de control, ştiu că te îngrozeşte faptul că mănânci atât şi apoi vomiţi, ştiu că eşti dezamăgită de tine, că nu te placi deloc în propriul corp şi că ai vrea să fii slabă, să nu fie nevoie să ţii diete, să te chinui atât. Ştiu că te doare că eşti grăsuţă şi că din cauza asta oamenii te umilesc şi te resping, e firesc să fie aşa, trăieşte-ţi emoţiile, dă-ţi voie să simţi! Aş vrea să-ţi spun că va fi mai bine pe viitor, dar perioade ca aceasta vei mai trăi, te vei simţi mult timp de acum înainte neputincioasă în faţa poftelor tale, dar vreau să ştii că nu eşti singură în lupta ta, eu sunt aici să ajut să treci prin asta, eu nu te voi trăda.*

Vreau să ştii că eu sunt tu din trecut, iar tu eşti eu din viitor, m-am întors să-ţi spun că eu te accept şi te iubesc aşa cum eşti.

Eu mă accept şi mă iubesc aşa cum sunt.

„Nu pot să mă lupt cu uşa respingerii,
mamă, e mai mare şi mă învinge,
iartă-mă că nu pot să te ajut
mai mult!"

PANICĂ ŞI IMPORTANŢĂ

Ceea ce îmi amintesc despre ai mei şi despre vacanţe este că nu prea aveam parte de aşa ceva, pentru că ei munceau excesiv şi nu îşi permiteau să îşi ia concedii, ca nu cumva să îşi nemulţumească şefii şi să rişte să rămână fără serviciu. Pentru ei, concediul era un risc, dacă ar fi plecat, creşteau şansele să poată fi înlocuiţi, iar asta ar fi însemnat să ajungem din nou săraci lipiţi pământului, cum am fost după ce frate-miu s-a născut, când mama stătea acasă cu noi şi nu primea ajutor financiar pentru cel mic. Mi-o amintesc pe mama transformată, nu mai era acelaşi om pe care îl ştiam pe vremea când eram singurul copil, era mereu pierdută în gândurile ei. Cred că rumina mult. Cred că îi era greu. Cred că gândea orice zi în avans, pentru că nu aveam bani de pâine, de nimic. Îmi amintesc că de câteva ori m-a trimis la sora tatălui ca să îi cer mălai cu împrumut, dar mătuşi-mea nu ne avea la inimă şi, uneori, nu răspundea. Eu o auzeam prin uşă, ştiam că e acolo, că se uită la mine pe vizor, dar ea nu deschidea, iar eu mă simţeam mică şi uşa mi se părea atât de mare, urâcioasă şi respingătoare, mă durea că nu deschide, că nu-mi dă mălai şi că nu pot să o ajut pe mama, să fac mai mult. Mă simţeam neputincioasă, nu ştiam cum să fac să îi fie mamei bine, să îşi pună gândurile pe stop, să fie prezentă, să zâmbească din nou. Mă întorceam tristă către casă, imaginându-mi cum îi spun: „nu pot să mă lupt cu uşa respingerii mamă, e mai mare şi mă învinge, iartă-mă că nu pot să te ajut mai mult!"

Cred că respingerea asta şi refuzurile în faţa cererilor noastre de suport au determinat-o pe mama să îşi dorească să nu mai ajungă vreodată în acel punct. Respingerea şi umilinţa pe care le-am îndurat pe vremea când eram săraci, au făcut-o să renască, s-a încăpăţânat să nu mai ceară nimic nimănui şi să demonstreze că poate, că avem de toate, însă munca asta în exces le-a răpit alor mei timpul pe care eu mi-aş fi dorit să îl petrec cu ei. În unele vacanţe, spre exemplu, ne duceau la ţară la bunici, ca să economisească bani şi să se mai relaxeze şi ei fără noi. Nu îmi amintesc decât vreo trei concedii în care am fost plecaţi. Primul, când eram foarte mică şi am mers la mare, în luna lor de miere, noi trei, al doilea, când eram prin clasa a VIII-a, când tot la mare am fost şi o excursie la munte, de pe vremea când aveam 20 de ani şi plecasem de acasă, eram deja adult. Luna lor de miere nu ştiu cât de dulce a fost pentru ei, dar pentru mine, deşi mi-a provocat vreo două traume, a fost cel mai frumos concediu din viaţa mea şi au trecut vreo 30 de ani de atunci. Să fii mic şi să vezi minunile lumii aşa, prin ochi puri de copil, nu cred că poate fi ceva mai frumos decât atât...

E primul nostru concediu, suntem eu cu mama şi cu tata, care se comportă ca doi adolescenţi îndrăgostiţi. Se ţin de mână, râd, se plimbă, se pupă, eu mă bucur pe lângă ei, ne dăm în leagăn, mergem la cinema-ul ăla uriaş din aer liber, ne uităm la film, apoi mergem la concert. Eu zbor pe lângă ei fericită şi cred, cu mintea mea inocentă, de copil, că despre asta este viaţa, despre bucuria de a descoperi lucruri uriaşe, cum e grădina de vară în care suntem şi ecranul ăsta imens pe care se văd oamenii atât de mari, făcând lucruri atât de mici, despre iubirea dintre părinţi, despre râsul lor, despre plimbările în aer liber, despre a fi cu toţii prezenţi, despre siguranţă şi confort interior. Mă bucur şi mă minunez, viaţa asta e un miracol, nu încape îndoială că îmi place să trăiesc, sunt recunoscătoare pentru că m-am născut şi ce aventură fantastică mă aşteaptă de acum înainte pe pământ! Mulţumesc, mama şi tata, pentru că m-aţi făcut!

E o nouă zi în care am ocazia să mă răsfăţ sub razele soarelui, care zâmbeşte şi azi, sfidător, de pe piedestalul lui, muritorilor de rând. Alerg pe nisipul cald, cu o viteză nebună, pe care doar un corp de fetiţă, mic, o poate atinge. Simt o plăcere nebună de a trăi, nimic pe lumea asta nu mi-ar putea fura acum bucuria că sunt. Mă opresc pentru o secundă, mă întorc către mare, şi mă întreb, oare marea are sfârşit? Şi dacă are, unde e el? Şi de ce albastrul mării se uneşte cu albastrul cerului în acel punct, în modul ăsta fascinant? În timp ce mă minunez de lumea în care trăim, îl aud pe tata râzând şi spunându-mi că îmi va face o piscină în nisip. Eu sar în sus de bucurie şi privesc cu nerăbdare cum începe să sape cu lopăţica mea de plastic, cum scoate bucăţi mari de nisip, cum groapa se extinde şi adânceşte tot mai mult. După ce termină, mă uit la tata ca la un erou de film, uite ce lucru minunat a creat, într-un timp atât de scurt! El ia găletuşa de plastic, o umple cu apă din mare, o varsă în groapă şi aduce apă iar şi iar, până când se umple şi pot să mă scald. Mă bag în apa călduţă, râzând, şi-mi vine să strig în gura mare: „ce piscină frumoasă am!", tata a avut grijă să fie perfectă ca să îmi arate, astfel, cât de importantă sunt. Mă joc câteva minute, apoi mergem spre apă, ajungem la mal unde mă opresc şi privesc valurile curgând. Tata îmi spune să nu mă sperii, să înaintez, dar nu ştiu cum se face că nisipul îmi intră între degetele de la picioare şi parcă trage de ele, ca şi cum ar vrea să le înghită, eu simt că nu mai pot păşi, încerc, dar cad şi văd un val imens venind, moment în care mă cuprinde o frică extremă, mă panichez, într-o fracţiune de secundă valul mă izbeşte şi mă trage sub el, mă văd captivă, incapabilă să fac vreo mişcare, pare că a trecut o veşnicie de când m-a acoperit, dar oare o să reuşesc să ies de aici? Oare îşi dă seama cineva că sunt sub val? Cum să fac să strig? Unde este tata, o mă salveze el? Simt cum o mână fermă şi aspră mă apucă de ceafă şi mă scoate din apă. E tata, se uită la mine să vadă cum sunt, eu mă simt puţin ameţită, tremur şi parcă îmi vine să plâng. Mi-a fost teamă şi nu de moarte m-am speriat, ci de faptul că poate nu îşi dă nimeni seama că nu mai sunt. M-am speriat de nepăsare, gândul ăsta m-a încremenit. Mă liniştesc, în final, însă doar fiziologic, psihicul meu e încă agitat, ca valurile care m-au acoperit.

Ca să uit de sperietură, mama mă ia de mână şi îmi promite că îmi va cumpăra o îngheţată de la chioşc. Mergem împreună, eu mică pe lângă ea, împidicându-mă în nisipul înfierbântat de soarele incandescent, până ajungem la căsuţa unde se vinde îngheţată şi ne aşezăm la rând. Sunt multe femei la coadă, toate îmbrăcate în rochii albe, la fel ca mama, de parcă, pe lângă faptul că e dulce, locul ăsta mai e şi inocent. Privesc în sus către ele şi sunt fascinată de atâta feminitate, parcă toate sunt aşezate într-o armonie deplină, pare că de o eternitate sunt aici şi că energia lor feminină s-a împământenit. Mă simt atât de în siguranţă, încât nici nu-mi mai ridic privirea către ele, fac câte un pas, instinctiv, când simt vibraţia mişcării lor. Ne vine rândul, cred că mama a luat îngheţata, nu mă mai uit în sus, îi văd picioarele plecând. Merg după ea voioasă şi de abia aştept să îmi dea îngheţata să o mănânc. Şi cum merg entuziasmată, o aud pe mama strigându-mă, nu înţeleg de ce se aude de departe, dacă e în faţa mea, aici? Îmi ridic privirea şi înţeleg că m-am ţinut după o doamnă care nu e mama mea. Mă panichez şi mă uit înapoi căutător, poate îi văd chipul cunoscut. Mama stă în spatele meu, relaxată şi se uită la mine, râzând. Eu îmi încrucişez mâinile în jurul piciorului ei drept, o strâng tare cât să îi simt sângele pulsând, dar nu înţeleg totuşi de ce râde, ce i se pare amuzant, nu vede prin ce chinuri am trecut?

Mă îndrept către mine, fetița de la mare, cea înspăimântată de ceea ce i s-a întâmplat în orele de până acum. E firavă, iar ochii ei plăpânzi. Îi dau pe spate șuvițele castanii, ude încă, o mângâi pe obraz și îi spun: *Știu că ești speriată și tristă acum, știu că nu te-ai simțit în siguranță mai devreme și e firesc, dă-ți voie să trăiești toate emoțiile și toate senzațiile pe care le simți. Ai tăi nu au vrut ca tu să pățești nimic, au acționat cât au putut de repede, iar ei nu înțeleg că tu ai crezut că viața ți-e pusă în pericol, pentru că tu așa ai perceput. Chiar dacă te simțit singură nu e așa, sunt eu cu tine aici, îți voi rămâne alături ca să te protejez și să te încurajez. Eu înțeleg prin ce-ai trecut.*

Vreau să știi că eu sunt tu din trecut, iar tu ești eu din viitor, m-am întors să-ți spun că eu te accept și te iubesc așa cum ești.

Eu mă accept și mă iubesc așa cum sunt.

E nasol să vezi lucruri acolo unde
nu sunt, doar pentru că vrei să crezi
că eşti iubit, şi e şi mai nasol când
vine palma peste faţă să te trezească
la realitate, şi îţi reflectează ce creier
încâlcit ai, şi cât de mult a denaturat
momentele, pentru că aveai nevoie
de poveşti.

PROIECȚII ȘI AȘTEPTĂRI

Ceea ce am simțit de data asta, cu abandonul lui C., a fost diferit față de ceea ce am trăit până acum în alte situații, cu alți bărbați. Privind în urmă, la relațiile mele de durată, am identificat abandonul în toate, oamenii pe care i-am ales să îmi fie parteneri, care și-au asumat o legătură de cuplu, nu au putut să îmi ofere pe nevoile mele, m-am simțit singură cu ei, deși fizic erau prezenți. Celelalte, mini-relații, au fost parcă intenționat alese, astfel încât să îmi întărească ideea de respingere și abandon. M-am simțit atrasă ori de bărbați despre care știam că nu se pot limita la o singură femeie, incapabili de a fi loiali, ori de bărbați care nu pot iubi, indisponibili emoțional, iar ultima dată m-am simțit atrasă, părticică cu părticică, atom cu atom, de C., care mi-a spus, încă dinainte de a începe, că el nu își dorește o relație. De fiecare dată, ca să îmi păstrez scenariul de viață intact, am ales bărbați indisponibili emoțional, pe care am visat că-i voi salva, pentru ca ei să se îndrepte către mine, să mă prioritizeze, lucru care mi-ar fi dat statutul de specială, pe care toată viața l-am vânat. În căsătoria mea, m-am simțit de multe ori singură, deși stăteam cu soțul meu în același pat. Am ales să spun „nu pentru totdeauna" unui om absent emoțional și incapabil să își asume responsabilități, dar priceput la a critica și la a fi nemulțumit, iar eu, pe măsură ce mă transformam ca să îl mulțumesc și să îi fac pe plac, tot mai defectă m-am simțit. Am abandonat corabia după 3 ani de relație și 10 luni de căsnicie, când am realizat că nu-mi amintesc de mine în propria mea viață, din anii ăstia pe care i-am împărțit cu el. Când fostul meu soț a plecat, am simțit că mi-am redobândit libertatea de a fi eu. De acolo a început cu adevărat călătoria mea de a mă construi pe mine, din acel punct.

În încercarea de a-mi identifica pattern-urile, am înțeles că, indiferent de bărbat și de context, toate interacțiunile mele, încă de la primul meu sărut, până la non relația cu C., au un numitor comun: focul care s-a aprins în mine puternic la început și stingerea lui bruscă, după episoade de abandon fizic și sufletesc, din partea lor. De relația mea de 8 ani, poate prima pe lista mea de relații și non-relații disfuncționale, am tras până când s-a rupt elastecul în două, iar fiecare bucată a zburat în direcții opuse, la mare depărtare una de cealaltă, atât de departe, încât, cu siguranță, niciodată nu se vor reuni. În relația aia, am trăit ca un adevărat borderline. Pasiune extremă, momente de uninune exagerată și sufocantă, gelozie, crize de nervi, furie exagerată, rănire, manipulare, seducție, șantaj emoțional, abuz, amenințări demonstrative de suicid, scenarii, disperare în fața posibilității de abandon, despărțiri, împăcări, ură, iubire. Toxicitate, într-un cuvânt.

Plâng. Plâng atât de tare încât îmi simt corpul aproape paralizat. Sunt în genunchi, cu palmele la ochi și fruntea lipită de pat. Din când în când mi se oprește respirația și corpul mi se zguduie de suspine până când maxilarul se descleștează și îmi dă voie să trag aer în piept. Hiperventilez atât cât pot, știu că în câteva clipe maxilarul se va încleșta la loc și nu voi mai respira secunde la rând. Îmi simt urechile înfundate, ca și cum refuz să las să-mi intre în timpane ceea ce am auzit de atâtea ori, dar niciodată nu am ascultat. Mă doare sufletul atât de tare, încât îmi vine să mă ciupesc, să mă mușc, să mă trag de păr, să îmi fac ceva care să mă doară mai tare decât mă doare durerea asta surdă din interior. Plâng atât de tare, încât alunec pe podea. Mă așez pe o parte, îmi aduc picioarele la piept și îmi pun palmele la ochi ca să nu mai văd. Nu vreau să văd realitatea, cea care mi s-a arătat, dar pe care am cosmetizat-o de atâtea ori, după bunul meu plac. Mă strâng în poziția fetusului, poate pentru că, inconştient, acum, în clipa asta, la cei 33 de ani ai mei, simt că acolo vreau să mă întorc. Poate că în pântec m-am simțit în siguranță, poate că acolo nu eram singură, eram una şi aceeaşi cu mama, iar corpul ei m-a protejat. Poate, de protecția aia am nevoie acum. De ce am eu nevoie, de fapt? Cred că atât de tare m-am negat eu pe mine, încât niciodată nu m-am întrebat ce nevoi am.

Plâng. Mă plâng pe mine acum. Nu mi-am dat voie să mă plâng eu pe mine prea mult. Am fost ocupată cu a-i plânge pe alții, cu a le face altora pe plac, cu a mă transforma ca să fiu iubită, dar tot neiubită, respinsă şi abandonată sunt. Şi mi se repetă scenariul, şi mi se tot arată realitatea, dar eu, tot în mintea mea şi în lumea mea imaginară, trăiesc. Astăzi, C. mi-a zis din nou că ceea ce a fost, nu este ceea ce eu am crezut. Mi-a zis că între noi a existat doar o prietenie cu sex. Că emoțiile alea, pe care eu le-am simțit când făceam dragoste, au fost în mintea mea, de fapt, că aşteptările mele nu au legătură cu realitatea şi că nu simte mai mult pentru mine decât simte pentru ceilalți. Pentru că el nu trăieşte iubirea de cuplu, pentru că aia vine cu ataşament, pentru că a fost şi el aşa, dar nu mai e acum, pentru că vrea să îmi fie bine, dar că nu îmi poate oferi mai mult, că îi pare rău că sufăr şi că a fost părtaş la ceea ce trăiesc acum. Nicio asumare. Zero barat. Nici nopțile la avioane, nici orele întregi de sărutat, nici dormitul dezbrăcați unul în brațele celuilalt, nici că mi-a venerat corpul şi mi l-a spălat, nici faptul că, de fiecare dată după ce l-am agresat prin cuvinte câte o noapte întreagă, în accese de furie şi cu sadism, în loc să fugă, a rămas. Nimic. Niciun moment n-a însemnat nimic. El mi-a spus de la început că nu vrea o relație, mintea mea a proiectat. Poate că ar fi timpul să accept că asta e realitatea. Poate, e momentul să ascult, să aud oamenii când spun ceva şi să renunţ la a mai trăi într-o lume paralelă cu cea în care sunt.

E nasol să vezi lucruri acolo unde nu există, doar pentru că vrei să crezi că eşti iubit, şi e şi mai nasol când vine palma peste faţă să te trezească la realitate şi îţi dai seama ce creier încâlcit ai, cât de mult a denaturat momentele, pentru că aveai nevoie de poveşti. Mă doare. Mă doare tare şi plâng. Sunt la fel de speriată de realitate, cum sunt speriată şi de ceea ce poate crea creierul meu. N-am oare niciun control? Îmi dau seama că undeva, în interiorul meu, zace tot fetiţa care stă izolată în dormitor, în lumina veiozei, speriată de ceea ce simte în piept, şi tot adolescenta care plânge până la epuizare, pentru că se simte singură şi neînţeleasă, şi tot femeia adultă care nu ştie cum să-şi manevreze propriile stări. Îmi dau voie să plâng, mă plâng pe mine, e timpul să simt compasiune pentru fetiţă, pentru adolescentă şi pentru femeie, aşa că mă îmbrăţişez şi-mi dau voie să mă simt aşa: căzută, cu moralul la pământ. Îmi vorbesc eu mie şi îmi spun: *E ok să simţi ceea ce simţi, te doare şi e firesc să fie aşa, ai nevoie de iubire şi nu ai ai fost prea iubită până acum. Nu-ţi fie frică, dă-ţi voie să simţi şi ai să te vindeci în curând!*

Noi două suntem una şi aceeaşi, aşa că eu te accept şi te iubesc aşa cum eşti.

Eu mă accept şi mă iubesc aşa cum sunt.

Poate că singurătatea va fi în mine pentru totdeauna, la fel ca în fiecare om de pe pământ. Poate că, dacă accept că e acolo, mă va ajuta.

TIMP DIVIN

În general, oamenii iubesc weekendurile, așteaptă sfârșitul de săptămână ca să se relaxeze, să se distreze, unii să bea o bere, să facă un grătar, alții, ca să ia masa în oraș, să-și ducă copiii la locul de joacă, să se plimbe la mare sau la munte, să meargă la cumpărături. Oamenii văd zilele de sfârșit de săptămână ca pe un timp în care se pot destinde, relaxa, în care pot ieși din rutină. Eu sunt atipică, mie îmi plac zilele din timpul săptămânii. Dar eu nu sunt nevoită să mă trezesc dimineața, să mă sufoc în aglomerație, să îmi întind nervii în trafic, să inhalez mirosuri care mai de care mai ciudate, să mă enervez. Asta pentru că eu nu am serviciu, eu am o pasiune și-mi stabilesc programul după bunul plac. Dar nu am făcut întotdeauna ceea ce mi-a plăcut, am încercat diverse joburi în trecutul meu - în vânzări, relații clienți, finanțe, am fost și corporatistă chiar, până când aproape că am ajuns la epuizare mentală din cauza lui TREBUIE să merg la muncă, să fac ceva ce nu are legătură cu ce mă pasionează și mă definește și la care mă pricep. Într-o zi, am simțit o nevoie nebună de a-mi revendica libertatea, așa că mi-am dat demisia și mi-am creat un blog, am scris o carte și m-am reîntors la ceea ce mă face fericită, la psihoterapie și la scris, la pasiunea mea.

Am făcut compromisuri, am făcut sacrificii și am fost pe punctul de a ceda și de a mă întoarce acasă (în orașul mic de provincie, în care nu m-am mai regăsit după ce m-am mutat în București). Atât de rău îmi era pe plan financiar, încât la un moment dat nici chiria nu o mai puteam acoperi. Lucram cu copii cu autism, eram plătită la oră, câştigam 30 de lei pe şedinţa de două ore, nu aveam un salariu stabil, dacă munceam aveam bani, dacă nu munceam, nu aveam, copiii se îmbolnăveau constant, câteodată mă îmbolnăveam şi eu, aşa că trăiam într-o totală incertitudine financiară, niciodată nu ştiam câţi bani o să fac în fiecare lună şi dacă or să îmi ajungă pentru chirie, mâncare şi alte cheltuieli. Mâncam din când în când la mătuşă-mea, ai mei mă ajutau cu toate cursurile profesionale, uneori şi cu chiria şi aveam o prietenă care venea cu pungile încărcate cu de toate când mă vizita. Privesc în urmă şi nu ştiu cum am reuşit să supravieţuiesc, uneori mă admir pentru cât de curajoasă am fost. Continui să cred că Universul mă protejează şi îmi dă ceea ce e mai potrivit pentru mine, în fiecare moment.

Ca psihoterapeut, încerc să-i ajut pe oameni să renunţe la a se compara cu alţii şi îi încurajez să se compare cu ei înşişi, în etape anterioare ale vieţii, pentru că este cel mai sănătos. Eu, când privesc la mine, cea din trecut, mă simt mândră de faptul că nu am cedat şi că, în ciuda adversităţilor, am continuat să îmi urmăresc farul interior. Pentru că mi-am ascultat vocea lăuntrică, azi fac ce-mi place, nu muncesc, azi mă conectez la oameni şi le reflectez frumosul din ei, îi ajut să-şi scoată resursele la suprafaţă, să treacă mai uşor peste obstacole, să îşi revendice puterea ce le-a fost dată la naştere, să o folosească în avantajul lor. Consider că e un privilegiu să port în mâini vieţile, sufletele, gândurile, emoţiile unor oameni care se deschid şi se vulnerabilizează în faţa mea.

Faptul că am propriul cabinet îmi permite să trăiesc libertatea weekendului în orice zi a săptămânii. De multe ori, pentru mine, weekendul a însemnat mai mult singurătate decât conexiune, m-am surprins adesea, în zilele de sfârşit de săptămână, cuprinsă de teamă, acaparată de nelinişte şi de anxietate, de panica lui sunt singură pe lume şi trebuie să găsesc un suflet la care să mă conectez ca să mă liniştesc. În ultima vreme, de când sunt mai mult în contact cu sinele meu interior, am înţeles despre mine că îmi este extrem de teamă de singurătate, că m-a durut îngrozitor de tare respingerea, că s-a impregnat bine de tot în mine teroarea abandonului, atât de puternic, încât mi-am făcut mie o promisiune inconştientă - aceea de a mă transforma într-o fiinţă atât de plăcută, atât de îndreptată către ceilalţi, încât să nu-şi dorească nimeni să mă abandoneze, nicicând. Inteligenţa socială a devenit punctul meu forte, este mecanismul care m-a ajutat să le intru oamenilor pe sub piele şi să le ofer apreciere, validare, ca să nu mă părăsească. Şi totuşi, chiar dacă am sute de oameni în lista telefonului, uneori, în weekenduri, devin tot sclava singurătăţii, ajung să mă simt de parcă aş fi sechestrată, undeva unde nu poate ajunge nimeni, în pustiu.

Am realizat despre mine că am capacitatea de a mă metamorfoza, iar că felul ăsta de a mă transpune mă face populară, oamenii mă văd valoroasă şi îşi doresc prezenţa mea. Mi-am imaginat că abilitatea asta mă va salva de la cruntele momente de singurătate, doar că mi-am găsit oameni care mă vor în preajma lor doar în anumite contexte, de multe ori pentru ceea ce au de învăţat de la mine, din rolul meu de psiholog. Degeaba am încercat să fiu cine şi-au dorit alţii să fiu, crezând că atunci când singurătatea mă va acapara, voi găsi prieteni în jur, pentru că nu m-a salvat nimeni niciodată, din exterior. Am înţeles acum, la 33 de ani, că ceilalţi îmi oglindesc, de fapt, comportamentul pe care îl am eu faţă de mine şi că, dacă nu devin disponibilă pentru persoana mea, ceilalţi se vor comporta mereu la fel.

Întotdeauna atragem în vieţile noastre oameni asemenea nouă, cei din faţă ne sunt oglinzi, aşa că dacă eu atrag persoane indisponibile înseamnă că sunt indisponibilă pentru mine însămi, dacă oamenii mă resping, înseamnă că asta îmi fac şi eu, dacă mă simt abandonată, este pentru că singură mă abandonez. Eu sunt profund recunoscătoare Universului pentru că am ajuns să știu atâtea lucruri, pentru lecțiile pe care mi le-a predat, pentru palmele pe care mi le-a dat, pentru piedicile pe care mi le-a pus, căci știu că toate au avut ca scop drumul către conectarea mea cu esența din interior. Îmi dau seama acum că, deși dureroasă, indisponibilitatea celorlalți a fost de fapt o binecuvântare, m-a provocat să rămân eu cu mine și să mă confrunt cu propria disperare, cu gândurile mele, cu uraganul meu emoțional. Așa am învățat să mă iubesc, să mă respect, să mă prețuiesc, să îmi accept singurătatea, să nu mă mai tem de ea. Poate că singurătatea va fi în mine pentru totdeauna, la fel ca în fiecare om de pe pământ. Poate că, să accept că e acolo, mă va ajuta.

E weekend și sunt din nou doar eu cu mine. Mă sperie singurătatea asta, îmi vine să sun toți oamenii din lista de contacte, poate că mă liniștesc, poate, înțeleg că e doar o iluzie senzația asta de singură pe lume, de neiubită și neimportantă, că iubită sunt. Dar, așa cum am făcut în ultimele luni, aleg să las telefonul deoparte și privesc în mine mai mult. Știu că sentimentul ăsta va trece până la urmă și că atunci când va dispărea, voi fi bine, așa cum de fiecare dată sunt. Îmi reamintesc că nu sunt singură, că mă am pe mine, iar momentele ca cel prezent au rolul de a mă ajuta să mă împrietenesc cu fetița din interior, așa că mă urc în mașină și mă duc să mă plimb. Nu știu unde am să ajung, o să mă iau după instinct. Mă opresc la o cafea, apoi plec spre Caraiman, ăsta este locul care mi-a venit în gând. E 3 după-amiază deja și e cam lung drumul până acolo, e obositor să îl fac dus-întors astăzi, îmi spun, mai bine mă plimb prin Herăstrău. Mă uit după un loc de parcare, dar nu reușesc să mă opresc, ceva mă duce mai departe. Dacă la Caraiman vrea inima mea să meargă azi, atunci acolo am să ajung.

Nu sunt habotnică, dar cred că există o forță superioară nouă, poate că e Universul, o sursă divină, Dumnezeu... Credința în ceva mai puternic decât umanitatea, în ceva nepalpabil care ne influențează realitatea, e utilă, ne dă sens. Dacă nu știm de unde venim, cine suntem și încotro ne îndreptăm, avem nevoie să credem că există cineva mai grozav decât noi, care face cărțile, pentru că fără astfel de repere, riscăm să înnebunim. Credința mea e puțin diferită de cea tradițională, eu cred, mai degrabă, în iubire decât în pedeapsă, cred, mai degrabă, în acceptare decât în respingere, cred că nu trebuie să dai bani pe acastit pentru ca mesajul tău să ajungă la divinitate și că nu e neapărată nevoie să stai într-o biserică pentru a iniția conexiunea cu cerul, dar că probabil, într-un astfel de loc, există într-adevăr o energie mai concentrată pe care o simțim. Am ajuns de curând într-o biserică în care am simțit vibrația iubirii mai puternic decât în orice loc de până acum. Acolo s-au rugat zeci, sute, poate chiar mii de oameni, de acolo și-au luat speranță, acolo și-au pus expectațiile pozitive, a fost ceva divin.

Sunt la Caraiman, doar ce am intrat înăuntru și m-am așezat pe un scaun din biserică. Simt că dispare orice dorință de a controla ceva și, deși îmi este puțin teamă, mă las în voia forței celeste. Mă simt ca o baterie reîncărcabilă care doar ce a fost conectată la priză, lăsând energia să curgă prin ea. Stau cu capul proptit pe mânerul scaunului, aproape paralizată, e o paralizie dulceagă, e ceva ce îmi dă putere, care mă hrănește, mă las așa... e tare bine... Privesc în sus, la razele de lumină ce intră prin geamurile boltei, care, în amestec cu nuanțele picturilor, se transformă în ceva mirific, pare că a luat naștere, acolo, în aer, o nouă creatură. Mă gândesc la mine și îmi vine să plâng. Realizez că în ultima vreme m-am chinuit mult, dar parcă în momentul ăsta, aici și acum, în mănăstirea asta, la Caraiman, încep să simt compasiune pentru ființa mea. Parcă mă simt mai îngăduitoare cu mine pentru faptul că uneori m-am respins eu însămi şi nu m-am putut accepta, pentru că m-am blamat şi m-am abandonat în unele momente în care aş fi avut nevoie să mă susţin. Îmi vin în minte toate situaţiile prin care am trecut în ultima vreme, toate durerile cauzate de rănile mele de neiubire. Rememorez totul şi parcă, pe măsură ce imaginile se derulează, ca un diapozitiv, retrăiesc fiecare secundă de suferinţă, iar lacrimile călduţe încep să curgă pe obraz. Mă doare, mă doare rău neiubirea şi îmi dau seama că nu prea m-am plâns eu pe mine, aşa că îmi dau voie acum. Am trecut prin multe turbulenţe emoţionale şi uite-mă, sunt într-un proces care, deşi mă vulnerabilizează, îmi dă şi-o incredibilă putere în acelaşi timp. Las plânsul să cureţe reziduurile interioare, poate că de data asta ia cu el toată durerea sau poate ia o parte, suficient încât să nu mă mai tortureze atât. Orice ar fi, ştiu că voi fi bine. Mereu am fost, mereu voi fi, pentru că mă am pe mine şi uite că acum sunt conectată la sursa asta supremă care ne ajută să supravieţuim pe acest pământ.

În timp ce plâng, trei bărbaţi intră, unul după altul, în biserică, într-o linişte profundă, cuvioasă chiar. După ce pupă icoanele, rând pe rând, se aşază în cerc, în mijloc, exact sub candelabrul ce atârnă măreţ de sus. Unul dintre ei le şopteşte celorlalţi că acustica e tare bună şi, apoi, subit, ca şi cum şi-ar fi vorbit, dar într-o limbă non-umană, inaccesibilă urechilor de muritor, încep să cânte în sincron un fragment bisericesc. Sunt fermecată de ceea ce aud şi de cât de dumnezeisc sună şi încep să mă întreb: oare nu cumva bărbaţii ăştia trei sunt coborâţi din cer, sunt îngeri pe pământ? Pentru că e sublim felul în care cântă şi modul în care glasurile lor se întrepătrund. Şi mă bucur. Mă bucur că sunt aici, acum, că exist. Îmi încrucişez mâinile în jurul corpului şi mă îmbrăţişez, cu compasiune şi iubire de sine. *Sunt aici, voi fi mereu cu tine*, îmi spun. *Nu eşti singură, nu ai fost nicicând.*

Vreau să ştii că eu sunt tu din trecut, iar tu eşti eu din viitor, m-am întors să-ţi spun că eu te accept şi te iubesc aşa cum eşti.

Eu mă accept şi mă iubesc aşa cum sunt.

Stau în fața oglinzii, eu, femeia de 33 de ani, ochi în ochi cu fetița de 7. „Ești atât de frumoasă!", îi spun.

VISE ŞI INTERPRETĂRI

Mă trezesc tremurând şi ridic instant capul de pe pernă. Îmi cuprind braţele în jurul pieptului, e ceva ce am învăţat să fac cu mine în ultima vreme, de când am realizat că în momentul ăsta al vieţii, propria îmbrăţişare este singurul meu contact uman autentic. Mă îmbrăţişez într-un fel de „nu eşti singură, eşti în siguranţă, sunt eu cu tine aici să te liniştesc, eu te iubesc, înţeleg prin ce treci şi e ok, te accept aşa cum eşti, cu trăirile pe care le ai". Dar visul ăsta mi se tot derulează în minte, îmi simt amigdala creierului activă, am pulsul la maximum, respiraţia accelerată, ştiu că funcţiile mele vitale sunt accelerate acum. Ceea ce trăiesc seamănă cu un cocktail de frică, mixată cu câteva grame de esenţă de furie, având gustul amar al trădării. L-am visat din nou pe C., se pare că iar îmi bântuie mintea, aşa cum un spirit neliniştit bântuie o casa pustie. Când oare C. şi-a făcut culcuş în capul meu şi de ce nu mai pleacă de acolo ca să-mi elibereze încăperile sufletului ca să pot aerisi şi să-i scot mirosul imprimat în pereţii inimii mele? Mă culcasem cu gândul că gata, s-a şters, e nul, nu mai există, că nu mai reprezintă nimic pentru mine, dar subconştientul îmi transmite semnale că rănile-mi sunt încă active, sunt vii.

În visul meu, am programare la Mădălina, psihologul nostru, unul dintre specialiştii care ne-au format, prin intermediul căreia ne-am şi cunoscut. În visul meu, şedinţele ei se desfăşoară într-un spaţiu deschis, diferit de o cameră clasică de psihoterapie. Văd o fată răvăşită, intrând în şedinţă înaintea mea. Eu am ajuns mai devreme, aşa că trebuie să o aştept pe ea să termine. Fata asta pare neîngrijită atât fizic, cât şi sufleteşte, e vizibil neglijată şi pe interior. E roşcăţică, cu părul des, zgrunţos, cu hainele aruncate pe ea în grabă, fără sens. E agitată, puţin pierdută şi, deşi doar intrată în cabinet, pare că deja este pe picior de plecare, se grăbeşte să ajungă la întâlnirea cu o persoană extrem de importantă din câte înţeleg. Cabinetul fiind spaţiu deschis, îmi permite să aud ceea ce se vorbeşte în terapie şi să le văd pe amândouă gesticulând. Eu sunt ca un observator: văd, aud, înţeleg, dar nu pot să intervin. Mădălina pune întrebări, fata răspunde într-un ritm alert, puţin neclar sau poate doar confuz pentru mine. Spune ceva de o carte, apoi zice că se întâlneşte cu C. ca să i-o dea când termină şedinţa, dar că altceva în afară de carte nu vrea să îi dea azi, adică nu vrea să facă dragoste cu el, ca să nu pară atât de disponibilă, îi clarifică ea Mădălinei, care, puţin stânjenită, dă din cap aprobator. Eu încerc să procesez ceea ce tocmai am auzit: cum adică se vede cu C., cum adică azi nu face dragoste? Adică el se culcă şi cu altcineva în afară de mine? Are acelaşi fel de prietenie şi cu această fată? Simt că mă invadează durerea, e ca şi cum s-a spart o ţeavă în inima mea şi din spărtura aia ţâşneşte suferinţa în toate direcţiile şi se prelinge, necontrolat, în mine, inundându-mă pe interior. Sunt furioasă. Mă simt trădată. Sunt revoltată.

Fata iese din cabinet şi pleacă alergând către una din parcările subterane ce ne înconjoară. În întunericul din jur, disting cu greu ceva, dar încerc să fiu atentă la silueta ei, să observ în ce direcţie fuge. Dispare, dar nu îmi dau seama unde şi nu mai pot s-o urmăresc, trebuie să intru şi eu în terapie. Mă simt distrusă pe interior, de parcă inima mi-a fost torturată zile în şir. Mă aşez pe scaunul clientului, mă uit la Mădălina şi îi spun: deci C. mai face dragoste cu altcineva... Ea mă priveşte, nu-mi dau seama dacă ceea ce are în ochi e milă sau compasiune – compasiune simţi atunci când priveşti persoana din faţa ta de pe picior de egalitate şi îi înţelegi durerea, milă e când consideri că acel om îţi este inferior şi nu ţi-ai dori să treci, vreodată, prin ceea ce trece el. Aha, deci ai auzit, îmi spune... şi lasă în urmă un moment gol de tăcere dureroasă... Tăcerea asta parcă urlă la mine şi-mi spune: Tu nu vezi cât ai fost de orbită? Ce creier poţi să ai? Dar poate că ai luat-o razna şi ai înnebunit, nu-ţi dai seama ce ai făcut tu cu tine şi câtă putere i-ai dat lui C. asupra ta? Când ai să înveţi să te protejezi? Mă ridic de pe fotoliu şi ies din cabinet, înainte să se fi terminat şedinţa. Fug, alerg bezmetică în jur, pe lângă guri de parcare, în semi-întunericul lumii din vis, iar în mintea mea e un mare haos, disperare şi mii de gânduri care dor. Oare unde îi găsesc? Să fie aici? Sau poate au mers într-o altă parcare? Dar dacă sunt aici, şi-i văd, cum am să reacţionez? Ce fac dacă mă doare şi mai tare? Ah, simt că mă sting, că nu mai am forţă, e îngrozitor, mă doare tot mai tare realizarea faptului că şansele de a-i găsi sunt din ce în ce mai mici. Ce e în neregulă cu mine? De ce mai vrea şi altceva?

Stau în pat, lipită cu spatele de perete, îmbrăţişându-mă cu putere. Visul ăsta mi se tot succede în minte, încerc să mă fac să înţeleg că e doar un vis, dar amigdala creierului meu e încă activă, e atât de reală durerea şi sunt atât de puternice senzaţiile... mă doare, sunt speriată, îmi este frică. Mă simt neadecvată, respinsă, abandonată, trădată, stau în beznă, singură, nu e nimeni aici să îmi spună că a fost doar un vis şi că totul va fi bine. Plâng, mă plâng pe mine, simt compasiune pentru că trăiesc asemenea durere de la un vis, dar îmi amintesc că am trăit-o şi în realitate, atunci când mi-a spus, fără ocolişuri, într-un mod care la mine a ajuns sadic şi crud, într-o banală zi de septembrie, pe banca din spate de la mine de la cabinet, că s-a culcat cu altcineva şi că nu-mi poate promite că nu o va mai face. Pun capul pe pernă, simt cum se scurg lacrimile pe obraz, le aud picurând, mă ustură ochii, îi închid, adorm.

Dorm un somn profund, cum rar mi se întâmplă şi mă trezesc iar de data asta cu o senzaţie ciudată, pe care nu ştiu s-o explic, dată de un al doilea vis, în care sunt deasupra unei ape, un râu de un verde murdar. Stau deasupra râului, pe jumătatea unui pod îngust, ce nu poate fi traversat decât de câte un singur om o dată. În visul ăsta, sunt terifiată, nu înţeleg cum am ajuns până în punctul ăla al podului, mă uit în jos, îmi vine să ţip şi mă simt complet paralizată, îmi e frică, sub tălpile mele văd râul, podul e aparent fragil, mă simt expusă, mă îngrozeşte apa atât de murdară, mlăştinoasă, dornică parcă să mă înghită... Îndrăznesc să îmi ridic privirea şi mă uit în faţă, poate că aşa îmi dau seama cât mai e până în capăt şi văd acolo un bărbat. „Hai că poţi, te aştept eu aici, nu păţeşti nimic, ai să reuşeşti, îţi garantez!", îmi strigă el de pe malul celălalt. Mă cuprinde teroarea, dar fac un pas mic, ţinându-mă, cu ambele mâini, de bara din dreapta. Pentru o clipă mă gândesc să închid ochii, să nu mai văd apa asta oribilă şi hăul din jur, dar, dacă pierd controlul şi mă dezechilibrez? Cumva ajung la capăt, aproape târându-mă. Dau mâna cu omul, el pleacă mai departe fără să zică vreo vorbă, eu mă întorc cu faţa către podul de pe care doar ce am coborât ca să îmi dau seama ce lucru incredibil am reuşit şi văd un alt bărbat, de vârstă mijlocie, îmbrăcat cu un tricou de culoarea apei, în aceeaşi situaţie cu cea din care eu doar ce am ieşit. Omul ăsta este tot la jumătatea podului, tot terifiat, tot pierdut, cum eram eu acum puţin timp. „Hai că poţi, te aştept eu aici, nu păţeşti nimic, ai să reuşeşti, îţi garantez!", îi strig eu de pe mal, apoi mă uit la el cum vine cu paşi mărunţi, înfricoşat, la fel ca mine, aproape târându-se, spre capăt. Ne dăm mâna, mă întorc să plec şi mă trezesc din vis cu senzaţia aia ciudată de nu ştiu ce s-a întâmplat şi nici ce înseamnă ceea ce tocmai am visat şi vreau pe cineva ca să îmi explice. Oare ce ar zice Freud? Poate că visul meu este despre mine la jumătatea drumului spre vindecare, cel pe care am pornit de ceva timp, poate că este despre mine, cea din trecut şi cea din prezent, poate că masculinul prezent în vis e puterea mea interioară, iar inconștientul îmi transmite că nu sunt singură, că mă am pe mine ca să mă aduc la mal, în orice situație aș fi. Mă plâng pe mine din nou... Oare când o să trec peste obsesia cu C., peste dorința asta bolnăvicioasă să îl am?

Mă duc la oglindă și-mi privesc chipul încă tânăr, încă inocent care se reflectă în ea palid. Sunt o persoană caldă, am o energie plăcută și o privire ce pare că poartă toate durerile strânse în sufletul meu. Deși sunt mare, este exact aceeași privire ca în poza aceea cu mine mică, din clasa I, cea cu prima mea învățătoare, poza care stă la ai mei în cameră, pe noptieră, lângă pat. Aceeași emoție o am și acum în ochi. Îmi privesc chipul în oglindă și parcă o văd pe fetița aceea inocentă, pierdută, oarecum fragilă, făptură tulburată de treaba asta cu a-i da propriei existențe un sens. E tunsă bob, are breton tăiat cât să-i acopere sprâncenele și să șteargă din expresia doborâtă de emoții, două șuvițe din părul castaniu îi sunt prinse la spate cu o clamă cu strugure galben, din plastic, e clama ei preferată, o poartă mereu. Sunt aceeași care eram acum 26 de ani, simt aceleași emoții, în același mod profund și, deși acum știu atâtea lucruri în plus, la fel rătăcesc. Stau în fața oglinzii, eu, femeia de 33 de ani, ochi în ochi cu fetița de 7. Ești atât de frumoasă, îi spun. *Știi, de-a lungul timpului te vei simți în multe feluri pe care nu ți le vei putea explica, vei avea vise ciudate, unele dintre ele nu se vor armoniza cu nimic din realitatea ta, te vei trezi, uneori, bulversată, neștiind ce se întâmplă, dar e ok să fie așa, dă-ți voie să trăiești ceea ce ți se întâmplă. În multe momente, te vei simți confuză, înfricoșată, îndurerată, dar vreau să știi că nu ești singură, întotdeauna voi fi lângă tine, eu nu te voi abandona!*

Vreau să știi că eu sunt tu din trecut, iar tu ești eu din viitor, m-am întors să-ți spun că eu te accept și te iubesc așa cum ești.

Eu mă accept și mă iubesc așa cum sunt.

Căutăm dragostea în cele mai proaste locuri, iar când bula se sparge, ne trezim străini în propriile vieți, străini de noi, străini de cel de lângă noi. Unde e omul ăla de care m-am îndrăgostit? Pe nicăieri, căci te-ai îndrăgostit de propriile proiecții, nu de omul în sine, nu de cum e el.

IUBIRE ŞI VULNERABILITATE

Sunt în Slobozia, oraşul meu natal. Am venit să-mi înscriu maşina. Sunt doar eu. Tot singură, ai mei sunt în Germania, frate-miu, la Bucureşti, nu e nimeni pentru mine aici, nu e nimeni care să mă aştepte acasă, cu entuziasm, cu mâncare caldă, cu îmbrăţişări. O am doar pe bunica, undeva la ţară, pe lângă oraş. E cald afară, e sfârşit de mai, soarele arde tot mai puternic, măreţ şi dezgolit, anunţând că vine vara, în curând. M-am dat jos să merg pe la instituţiile statului şi, cum e la noi la români, mă trimit de la una la alta, aşa că las maşina în parcare şi merg la pas, e mic oraşul, mă descurc. Îmi dau seama că sunt în apropierea unor locuri în care am trăit, poate, cele mai intense emoţii de copil, adolescent, dar şi ca adult la început de drum. Atâtea amintiri pe o singură potecă lungă cât să cuprindă două blocuri şi încă alte două clădiri... Parcă mă hipnotizează aleea şi simt să mă duc tot înainte, mi-e sete s-o străbat, dar am treabă la primărie, aşa că mai amân. De la primărie sunt trimisă la un birou de acte auto, tot în zonă, dar într-un alt loc, cu o mare încărcătură energetică şi cu potenţialul de a mă răscoli profund.

Mă cuprind emoţiile şi mă gândesc că aş putea să aleg varinata cea uşoară, poteca evitării, dar ceva din mine urlă să merg printre blocuri, să simt sub picioare pământul şi să văd dacă e tot acelaşi pământ de acum 14 ani sau dacă e altul, dacă e mai bătătorit... Dumnezeule mare, cât timp a trecut! Cât de mult m-am transformat pe exterior şi mai deloc pe dinăuntru... la fel de mică mă simt amintindu-mi trecutul... Carcasa mă face să par mai tare, dar miezul e în continuare fragil. Trec pe lângă blocul doamnei mele învățătoare, încerc să îmi dau seama câți ani avea când eram la școală, fac un calcul aproximativ la cât ar avea acum. Oare ce-o mai face? Am iubit-o mult pe doamna, ea mi-a insuflat pofta pentru partea asta umanistă și tot ea mi-a și încurajat pasiunea pentru litere, pentru scris și pentru citit. A fost un ghid bun, sunt unele lucruri pe care ni le-a spus atunci și pe care le aud și acum. Nu am simțit nici cu ea că m-ar fi preferat, dar nici respingere și nedreptate nu am sesizat decât o singură dată, la o serbare, când s-a supărat pe mine pentru că nu știam pașii de dans și m-a amenințat că mă scoate din spectacol.

Sub umbra copacilor de lângă blocul ei, e o masă de lemn, cu două bănci de o parte și de alta. Pe o bancă stau doi adolescenți: ea, cu capul pe umărul lui, amândoi îmbrățișați într-o contopire pură și încă lipsită de cotidian și de griji, total diferită de iubirea superficială, de adulți. Îi privesc și am senzația aia de libertate pe care o trăiești când ești la liceu și se termină orele, când ai tăi sunt la serviciu, iar tu poți să stai afară, pe bancă, cu iubitul, când parcă oricât de mult timp ai avea, tot nu-ți ajunge timpul de iubit. Mă uit la cei doi și, în momentul ăsta, simt că aș da orice să mai trăiesc inocența dragostei de adolescent! Parcă lucrurile nu erau atât de complicate pe atunci și parcă rănile noastre nu erau nici ele în halul ăsta de adânci. Mai ieri trăiam și eu nebunia asta de început de viață, de nerăbdare de a descifra misterele lui a trăi și de bucurie de a fi, de a iubi, de a avea toată viața înainte și totul de câștigat, nimic de pierdut. Mă trec fiori în timp ce merg pe poteca de lângă bloc, lacrimile încep să șiroiască, eu le las, chiar dacă îmi încețoșează ochii, știu că, dacă le țin în mine, se depun pe inimă așa cum calcarul se depune pe inox. Merg mai departe, cu sufletul tremurând, pentru că intuiesc că doi pași mai încolo, în stânga gardului din fața mea, o să-mi dea buzna în suflet o parte semnificativă a vieții mele de demult. Fac pașii, iar în față văd blocul, etalându-și cele 10 etaje, la fel de semeț, puțin mai învechit. Mă uit direct la acele geamuri și încerc să-mi imaginez cum arată înăuntru acum. Câtă emoție, câte trăiri, câtă iubire și câtă durere am pus aici. Mă uit în jur, în stânga e același bar, doar că e închis, în față, la garaj, același mini-magazin de cartier, la parterul blocului din stânga, același birou notarial. Nu știu oamenii dacă mai sunt la fel, dar eu parcă sunt tot aceeași, s-a schimbat doar ceea ce se vede în exterior, înăuntru sunt tot sufletul singuratic, sensibil, cald și blând, care se vinde ieftin, pentru o doză de iubire cu efecte adverse nebunești. Așa a fost și dragostea pe care am trăit-o acolo, în acel apartament. Ca un drog. Așa a fost și dragostea pe care am trăit-o cu C., tot ca un drog, cu cât era mai puțin prezent, cu atât îl doream mai mult. Cu fostul meu soț, deși tot disfuncțional a fost, nu am simțit același potențial de sălbăticie, și cruzime, și posesiune, și control, și agresivitate, nu am avut același sentiment bolnăvicios ca în relația cu S. sau ca în non-relația cu C. Dacă C. ar fi vrut o relație cu mine, cred că la fel de toxică ar fi fost și ne-ar fi distrus pe amândoi, ne-ar fi paralizat ca veninul unei vipere care, pe măsură ce timpul trece, se răspândește tot mai mult, provocând daune ireversibile în corp. Cred că, dacă nu ne-am fi oprit, s-ar fi petrecut adevărate calamități sufletești.

Merg pe lângă blocul atât de familiar și în minte mi se succed secvențe de iubire pătimașă, de agresiune și de plâns, dorințe, gânduri, planuri de viitor, un viitor ce nu mai seamănă cu ceea ce visam atunci. Atât timp cât am locuit acolo, nu mi-am imaginat cum ar arăta viața mea la peste 30 de ani, la 19, cred că cel mai mult poți să te imaginezi pe tine până în 30, cel puțin mie așa mi s-a întâmplat. La 19 ani, simțeam cel mai intens dorința nebună și necontrolată de a fi iubită, văzută, validată, acceptată. Mi-am dat seama că nu e pentru mine o viață simplă, o viață liniștită de abia atunci când, după un an de relație, am început să caut atenția asta și prin alte părți decât acasă, când ceea ce primeam de la S. nu mi-a mai fost suficient. Un an de izolare, în schimbul iubirii, nu m-a satisfăcut, voiam să simt că mă mai iubește și altcineva, că în lumea asta mare mai e cel puțin un suflet care să mă vrea, care să mă placă, care să se gândească la mine. Acum înțeleg că nu l-am vrut pe S. cum nu am vrut niciun bărbat pe care l-am avut în viața mea până acum, că ceea ce am căutat de fapt, cu oricare din ei, a fost sentimentul de siguranță, senzația de acasă, acceptare, înțelegere, căldură, conținere, conexiune, tot ceea ce am avut nevoie de mică și n-am primit așa cum am dorit. Dincolo de asta, nu cred că i-am iubit, am iubit sentimentul de iubire, am iubit un ideal, niște proiecții, dorințe, așteptări, am iubit niște creații ale minții mele, creaturi rebele și bolnave, pline de mister, nimic real. Nu știu ce e iubirea, nu știu să iubesc, nu știu ce înseamnă să fii iubită sănătos; pentru mine, dragostea e o necunoscută, un mister.

Dacă e să mă gândesc la dragoste, îmi dau seama că poate fi definită în aproximativ 7,7 miliarde de feluri, cam tot atâtea câți oameni sunt pe acest pământ. Pentru că, pe cât de simplu e cuvântul, pe atât de complexe sunt trăirile și laturile sale, și cred că fiecare dintre noi simte dragostea într-un mod unic, diferit. Preluăm din familie, adăugăm propriile experiențe și o definim cum credem, așa cum o simțim. La mine, dragostea s-a manifestat prin absența conținerii emoționale, prin lupta de a fi în centru, demonstrarea propriei valori, a importanței, prin nevoia de a fi suficientă, de a mă simți acceptată așa cum sunt. Amprenta emoțională lăsată de dragoste pe sufletul meu e definită prin lipsă, abandon. Nu știu câți oameni simt dragostea ca fiind o energie delicată și frumoasă, eu am trăit-o în alt fel. Am avut așteptarea să fie ceva magnific, am crezut că se va manifesta ca o forță măreață, mai presus de ceea ce e uman și că are puterea de a mă salva. Noi, oamenii, visăm că dragostea ni se va arăta așa cum se arată și în filme – frumoasă, pură, cu puterea de a ridica pe culmi, cu bucuria cufundării unul în celălalt, cu emoția contopirii, cu garanția lui *pentru totdeauna*, cu promisiunea lui *niciodată*, cu neconditionat. Și eu am visat și am căutat iubirea în exterior încă din liceu, când disperarea singurătății mele era atât de usturătoare, încât m-am decis că vreau să-mi găsesc un iubit, care să mă salveze de neiubire, să mă vindece de ea. Așa l-am cunoscut pe D., era la Seminarul Teologic, avea un plan de viață clar și dinainte stabilit, își dorea să termine liceul, să meargă la facultate tot la Teologie, să se căsătorească și să profeseze, să facă copii. Relația era ok, aveam parte de atenția și de afecțiunea pe care le căutam și am stat acolo până când a început să ne proiecteze pe amândoi în viitor. El ne vedea mutându-ne împreună, căsătorindu-ne, iar asta m-a înspăimântat, pentru că eram prea mică pentru niște planuri atât de mari și, așa cum am aflat de curând, eu nu mi-am dorit niciodată asumarea sau responsabilitatea unei relații, ci sentimentul de a fi dorită, acceptată și iubită, în rest m-am sufocat. Am renunțat ușor la D., după 10 luni de relație, atunci când l-am întâlnit pe S., asupra căruia am proiectat toată umplerea golului lăsat de neiubirea mea. L-am înzestrat pe omul ăla cu toate puterile date de dragostea, care am simțit că mi-a lipsit sau care nu mi-a fost dată pe limbajul meu. Cam asta facem cu toții, cred eu, de asta ne „combinăm", de asta intrăm în relații, de asta ne jurăm vorbe, ne căsătorim, ne înșelăm, de asta trăim vieți duble uneori. Căutăm dragostea în cele mai proaste locuri, iar când bula se sparge, ne trezim străini în propriile vieți, străini de noi, străini de cel de lângă noi. Unde e omul ăla de care m-am îndrăgostit? Pe nicăieri, căci te-ai îndrăgostit de propriile proiecții, nu de omul în sine, nu de cum e el. De curând, am înțeles eu asta, de aceea cred acum că niciuna din iubirile mele nu a fost reală, nu am iubit niciun bărbat cu adevărat, lucru care mă înspăimântă și mă face să mă întreb dacă voi putea oare iubi? Şi ce este iubirea, dacă ceea ce am trăit până acum au fost iluzii, fantasme ale minţii mele, lucruri ce mi-au lipsit, pe care le-am dorit şi pe care le-am atribuit, din imaginaţie, bărbaţilor care m-au atras?

Acum câteva zile am avut o discuţie aprinsă cu C. În nicio altă relaţie, nu m-am simţit mai respinsă ca în relaţia sau, mai degrabă, non-relaţia cu el. Totuşi, de ce n-am renunţat şi am stat în respingerea asta, aproape un an? Poate pentru că respingerea îmi e normalitate, cu aşteptarea ştiu bine ce să fac, la a încerca să-i conving pe alţii că sunt bună şi minunată, şi demnă, sunt foarte pricepută, dar, şi pentru că am ajuns la concluzia că, atunci când lucrurile se aşază şi am persoana pe care o doresc, când totul devine liniştit şi clar, mă apucă panica şi vreau să fug, s-o iau la goană, să dispar. Cu C., nu s-a instalat monotonia asta, ceea ce trăiesc, deşi doare, e în acelaşi timp şi palpitant. Alt tip de iubire în afară de iubirea tumultoasă nu mă atrage, atunci când lucrurile devin monotone, îmi pun aceleaşi întrebări: Atât? Despre asta este viaţa? Cine e omul de lângă mine, unde sunt toate lucrurile minunate pe care le-am văzut în el? Nu mă mai atrage relaţia, nu mă mai atrage persoana. De asta, după un an de relaţie cu S., am simţit nevoia de a cunoaşte şi alţi bărbaţi. De asta, după căsătoria cu T. viaţa mi s-a părut banală şi plictisitoare, m-a cuprins anxietatea morţii şi am ştiut că trebuie să ies cât mai repede din colivia în care singură m-am băgat. Poate că, dacă C. ar fi spus că mă vrea, tot acolo aş fi ajuns, la evadare, fugă, plictiseală şi abandon. Nu ştiu dacă voi putea vreodată iubi; iubirea adevărată înseamnă acceptare, iar, ca să accept pe cineva, e nevoie să mă accept pe mine ori în momentul ăsta al vieţii mele, eu nu pot să o fac.

Cred că mai întâi de toate, iubirea pe care ar fi util s-o cultivăm, în care ne-ar ajuta să investim, pe care ar trebui să ne dăm voie s-o simţim, este iubirea pentru noi înşine. Dar nu ştim să facem asta, aşteptăm să ne iubescă alţii, care nici ei, la rândul lor, nu ştiu cum. Noi cerem altor fiinţe să îşi asume responsabilitatea pentru emoţiile noastre şi vrem şi garanţia că nu se vor opri toată viaţa din a ne face fericiţi. Cred că alegem să îi iubim pe alţii şi aşteptăm dragostea lor la schimb, din frică de singurătate şi abandon. De asta, ne agăţăm atât de tare de oameni, de asta, proiectăm şi ne construim persoane ideale în imaginar. Dacă nu m-au putut iubi părinţii mei sau cel puţin nu aşa cum am avut eu nevoie, îmi caut un substitut, caut pe cineva care să îmi spună că sunt suficientă, că sunt grozavă, minunată, că va fi acolo pentru mine, pentru tot restul vieţii. În cazul meu, restul vieţii a durat doar 10 luni. Nu e ironic felul în care, uneori, căutăm garanţii pe care nu le putem oferi nici noi?

Acum câteva zile, după alte discuţii de lămurire, C. mi-a spus că între noi a fost o prietenie cu sex, mi-a repetat că el nu e pregătit pentru o relaţie, nici emoţional, nici în vreun alt fel, fie şi după un an de non-relaţie. Zice că între noi nu au fost emoţii, nu aşa cum am crezut eu şi că el nu trăieşte dragostea de cuplu, că iubeşte toţi oamenii la fel, că iubirea de cuplu e doar dependenţă şi ataşament. Aş vrea să cred că glumeşte, că am vorbit cu supravieţuitorul din el, că ceea ce mi-a spus sunt doar nişte concepţii, că sunt mecanismele lui de apărare prin care a învăţat să se protejeze de durerea de neiubire, de respingere, de umilinţă, de abandon. Dar o să iau omul aşa cum este şi o să accept realitatea despre care mi-a vorbit. Pe mine, adevărul lui m-a trezit, m-a ajutat să înţeleg cât de mult am tras de el ca să mă iubească, pentru că nu m-am putut iubi eu. Am proiectat pe C. nişte lucruri pe care mi-aş fi dorit ca el să le fi făcut şi i-am atribuit nişte calităţi pe care mi-ar fi plăcut să le aibă pentru ca eu să mă simt iubită din exterior. Nu l-am iubit pe el aşa cum e, am văzut potenţialul său şi am sperat că de acolo voi primi ceea ce am nevoie ca să mă vindec eu. Cu cât sunt mai mari proiecțiile noastre asupra unui om, cu atât mai mare e dezamăgirea când el nu se ridică la așteptări, de aia despărțirile dor atât de tare, ne zdruncină din temelii, de aia durează ani buni ca să procesăm o pierdere, ca să o acceptăm.

Sunt pe banca verde din grădina de la cabinet, din spatele blocului. Îmi place banca asta, îi face umbră un tei solid, bătrân, iar azi e o zi frumoasă de septembrie, când soarele încă mai are puteri să strălucească printre frunzele lui. Sunt cu C., este în dreapta mea, pare prezent, mă ascultă. Eu sunt puțin furioasă pe el, mi se pare că mă evită în ultimul timp. După ce ne-am întors de la mare, am avut impresia că s-a evaporat, a devenit aproape invizibil, a dispărut. Nu știu cum, dar vine vorba de înșelat, îi povestesc că am ieșit cu un coleg în parc înainte de a mă căsători cu fostul soț și sunt puțin rușinată, mă scuz, îi spun că altceva nu am făcut mai mult, el se agită, mă întrerupe, începe să vorbească peste mine, mă întreabă de ce tot repet că n-am făcut nimic de parcă, dacă aș fi făcut, era așa de grav. Pentru el, partea sexuală nu contează atât de mult, dacă te culci cu altcineva, nu înseamnă nimic. Eu îl privesc uimită și îl întreb, din instinct: „dar tu te-ai culcat cu altcineva de când noi..." și nu apuc să termin întrebarea, că îmi răspunde „DA", tare, răspicat. Lasă capul pe spate, se uită într-o parte, închide ochii și îmi spune din nou „DA", ca să întărească ceea ce a mai zis o dată. Simt „da"-ul ăla străpungându-mi carnea, ca o săgeată încinsă ce se oprește acolo unde e menită să ajungă, la mine în inimă, la țintă direct. Pentru o secundă, timpul se oprește în loc parcă intenționat, cât să simt durerea profundă, iar eu mă gândesc că aș vrea să am un buton de off, să îl apăs ca să nu mai simt atât de intens... El îmi zice: „Șterge-ți din minte ceea ce ți-am spus", dar mie mi se pare și mai dureros felul în care minimizează un lucru care pentru mine contează, e important. Aș vrea să uit, aș vrea să pot șterge cu buretele ceea ce am auzit, dar, dacă-ar fi aşa uşor... „De ce-mi dai tu mie atâta putere?" îl aud întrebând... Nu ştiu, nu ştiu ce ţi-am dat, nici când, îmi spun în gând, ştiu doar că aş fi vrut să mă alegi, să-mi fii fidel. Şi mă întreb: „De ce ai făcut asta, dacă sunt atât de minunată precum spui? Oare pentru tine nu contez?" Mă doare fiecare bucăţică din inimă şi fiecare părticică din corp. Mă doare tare şi neiubirea ta ce se aşază peste neiubirea celorlalţi. Mă simt trădată şi abandonată şi cum poţi să-mi spui să-mi şterg din minte, că n-are importanţă? Mă doare atât de tare, încât simt că mă sparg în bucăţele pe interior. Oare am să mă mai lipesc vreodată la loc?

Eu sunt femeie, iar corpul îmi e sanctuar. Pentru mine, actul sexual e un act intim, de conexiune, ca pentru multe alte femei. Ca să îţi dau voie să ajungi în interiorul meu, să mă cunoşti aşa, dezgolită, în tot adevărul meu, trebuie să treci nişte teste, iar, dacă mă simt în siguranţă cu tine, dacă simt că eşti suficent de puternic, încât să poţi să mă protejezi, să îmi respecţi feminitatea, să mă tratezi cu blândeţe, atunci te las să mă vezi şi dincolo de haine, în intimitate. Pentru mine, să mă arăt goală în faţa ta, înseamnă să mă arăt vulnerabilă şi să îţi dau voie să pătrunzi în cele mai adânci unghere ale sufletului meu. De aceea, corpul meu nu e la dispoziţia tuturor. De aceea, dacă ai ajuns să mă vezi aşa, dezgolită, poţi să te consideri special şi privilegiat. Atunci când tu mi-ai spus că nu faci sex fără emoţii, că nu faci ca să treci în carneţel, eu mi-am setat nişte aşteptări şi mi-am creat o imagine despre tine. Nu cred că e ceva ce am făcut doar eu, cred că oricine altcineva ar fi făcut la fel. Ai sădit atunci sămânţa încrederii şi nu am ştiut că valorile noastre sunt atât de diferite. Apoi, m-am simţit trădată, expusă şi lovită.

M-a durut trădarea lui C., m-a ţinut activă în aceleaşi răni, a trezit monstrul sadismului în interiorul meu. Am simţit să-l pedepsesc după experienţa asta, iar de atunci, toate lunile care au urmat, au fost o luptă de putere în care am încercat să ies învingătoare în dominarea emoțională. Nu m-am desprins de el, nu i-am întors spatele, nu l-am abandonat. Chiar dacă trădarea asta m-a sfâșiat, am rămas prinsă, pentru că este același scenariu pe care îl cunosc, în care joc același rol pe care toată viața mea l-am repetat, un rol secundar în care sunt, pe rând, când victimă, când agresor, când salvator și care mă trece prin stări de disperare, prin dureri fizice și emoționale, până la epuizare.

Stau pe bancă, vântul îmi bate în păr, C. este în dreapta mea, eu sunt împietrită și simt cum mi se ciobește și mi se crapă inima în piept. Mi-e frică să mă mișc, dacă se face fărâmițe, cine o să poată să le strângă pe toate, să mi le lipească la loc? Sunt mută, dar am impresia că vorbesc. În mintea mea o fac, dar buzele îmi sunt înțepenite. Dacă sunt așa deosebită, de ce ai simțit nevoia să faci asta și să îmi mărturisești în modul ăsta, atât de crud, tranșant? Te-ai gândit la cum s-ar putea să mă doară? Te-ai gândit la mine vreun moment? Văd doar verdele ăla sfidător al tricoului lui, verdele ăla brad, care îmi ia mințile, pentru că îi pune ochii în evidență... mi se pare că citesc durere în ei, dar nu are sens și nu înțeleg, poate că proiectez durerea asta, poate că el nu o simte, dar eu îmi doresc să o văd acolo, în semn de „ești importantă și îmi pasă și mă doare că te-am rănit"... Nu știu ce simte C., știu doar că în momentul ăsta aș vrea ca eu să amorțesc pe dinăuntru, să nu mai simt.

Mă întorc către mine, femeia care stă pe banca verde, într-o zi frumoasă de septembrie, plângând. Mă așez, mă privesc pe mine în ochii căprui și îi văd triști, citesc în ei deznădejdea, descumpănirea, dezamăgirea, durerea omului respins. E durerea aia de singur pe lume, de abandon, îmi e familiară, cunoscută... chiar și acum, la vârsta adultă, ea face parte din mine, ca și cum cineva a marcat-o acolo, cu fierul încins. Mă iau eu pe mine în brațe, așa cum aș fi vrut să o facă el. Îmi spun că îmi pare rău, aşa cum aş fi vrut să îmi spună el. *E normal să simţi durerea asta în tine, ai fost trădată, e firesc să te simţi rănită, tristă, singură şi neînţeleasă acum. Atunci când alegi să te dezgoleşti în faţa unui om, apare riscul de a ajunge şi aici. În viaţă, nu există garanţii, ştii prea bine că nici tu nu poţi promite nimănui, nimic. Ştiu că doare tare, dar dă-ţi voie să simţi, nu eşti singură, eu sunt cu tine să te ţin în braţe, să te mângâi, am să-ţi fiu fidelă şi întodeauna am să te aleg.*

Vreau să ştii că eu sunt tu din trecut, iar tu eşti eu din viitor, m-am întors să-ţi spun că eu te accept şi te iubesc aşa cum eşti.

Eu mă accept şi mă iubesc aşa cum sunt.

Cu ce am greşit de sunt tratată atât de urât? Oare aşa va fi toată viaţa de acum? Oare aşa e lumea în care trăim? Aşa sunt oamenii, îţi fac rău, te critică, te judecă şi te resping, te dau afară în miez de noapte când nu ai unde să te duci?

RACHETELE RESPINGERII

Când am venit la facultate în Bucureşti, am locuit în gazdă, la o bătrână, prietenă de-a mătuşii mamei. Casa ei arăta ca un cuib în care puteai cloci foarte bine ouăle depresiei – vechi, murdar, întunecos, mirosind a bătrân, a melancolie, a viaţă spre sfârşit. Avea vreo 80 şi ceva de ani doamna asta şi, la început, a părut drăguţă, însă, după câteva săptămâni, convieţuirea cu ea s-a transformat într-un film traumatizant. Mă simţeam ca în casa groazei, parcă eram captivă într-o închisoare de maximă securitate, ajunsesem să cred că nu voi mai ieşi de acolo în viaţă. Resemnare! Eram foarte aproape de resemnare. Femeia asta părea senilă, avea episoade de paranoia, în care mă suspecta de orice, lucru care mă obosea şi mă speria îngrozitor. Ajunsese să îmi reproşeze zilnic câte ceva, marea ei dezamăgire fiind că nu dormeam în acelaşi pat cu ea şi că nu o iubeam la fel de mult cum o iubea Iulia, o altă studentă la Psihologie, care locuise acolo, în trecut. Viaţa cu această femeie mi se părea fără sens, totul era negru, întunecat, mă simţeam îngrozitor de singură, nu aveam prieteni în Bucureşti, nu cunoşteam oraşul, eram stingheră şi speriată, pierdută, fără reper. Dacă nu mă mutam de acolo, cu siguranţă aş fi intrat într-o depresie severă.

Printr-o întâmplare, am aflat că două dintre fostele mele colege din clasa veche de liceu din care mă mutasem, căutau şi ele să închirieze un apartament. Am mai luat şi eu o colegă de facultate şi prin intermediul ei am găsit un apartament în Prelungirea Ghencea. Nu eram prietenă cu fetele, însă ne cunoşteam şi eram ok unele cu altele. Lucrurile au mers bine, până când S. și-a dorit și el să se mute în București, așa că am stabilit împreună cu colegele că poate sta o săptămână la noi, cât să meargă la interviurile pe care și le-a programat. Doar că săptămâna s-a tot prelungit și, deși verificasem cu fetele și primisem acordul lor pentru ca el să rămână mai mult, am ajuns tot într-o situație care m-a zguduit.

Sunt în Ghencea, în bucătăria din apartamentul în care stau cu chirie, fumez, fetele sunt și ele prin preajmă, atmosfera este aceeași ca în orice seară obișnuită, doar că nu mai este S. aici, a plecat mai devreme din București. Tresar la auzul unor bătăi în ușă, mă întreb oare cine-o fi la ora asta, așa târziu? Văd una dintre colege relaxată, mergând să deschidă, apoi observ o armată de oameni dând năvală în casă, mulți adulți, rude de-ale colegei mele de facultate, sunt cu toții foarte agitați, intră în bucătărie, eu sunt confuză, nu înțeleg nimic, ei mă fixează cu privirea ca și cum cu mine vor să vorbească, mie vor să îmi spună ceva, îi aud vorbind, mă ceartă, înțeleg că mă trag la răspundere pentru că mi-am adus iubitul aici, că nu e ok să fac asta, că fetele au nevoie de intimitate, să îmi fac bagajul și să mă mut. Eu sunt singură, nu știu ce să fac, mă gândesc că e o glumă, e o realitate pe care nu vreau s-o trăiesc, căreia nu cred că pot să îi fac față. Acum, acum îți faci bagajul și pleci din apartament! îmi spune unul din ei. Altcineva zice că e târziu și să mă lase să mai stau până a doua zi, dar aud „nu, să plece acum!" ce-i interesează pe ei că e noapte și nu am unde să mă duc? „Și când te gândești că fata mea voia să doarmă în cameră cu tine, uite ce pierzi", îmi zice mama colegei mele, pe un ton batjocoritor, de parcă fata ei ar fi vreun diamant, iar eu mi-aș fi dorit să fiu aurul din jurul lui... Tremur, în continuare nu înțeleg, cum adică să plec noaptea și unde să mă duc acum? Nu cunosc Bucureștiul, nu știu ce să fac, unde să dorm eu acum? Îl sun pe S., el trimite un prieten să mă ia, mă ajută să car bagajele, le punem în maşină şi mergem spre Regie, o să stau la ei, într-o cameră de cămin.

Sunt în maşină, încerc în mintea mea să înţeleg de ce există atâta cruzime pe pământ, cu ce am greşit de sunt tratată atât de urât? Oare aşa va fi toată viaţa de acum înainte? Oare aşa e lumea în care trăim? Aşa sunt oamenii, îţi fac rău, te critică, te judecă şi te resping, te dau afară în miez de noapte când nu ai unde să te duci? Simt o durere înăuntrul meu, oare am ceva defect? E ceva greşit cu mine de mă resping oamenii constant? Sunt tristă, dezamăgită, speriată şi furioasă pe oamenii ăştia care m-au rănit. Mă aşez lângă mine, pe scaunul matizului în care sunt, mă uit la chipul meu rotund, mă privesc în ochi, am aceiaşi ochi calzi, de fetiţă sensibilă şi confuză, deşi acum sunt adult. *Eşti atât de drăguţă*, îmi spun... *ştiu că doare, înţeleg exact ceea ce trăieşti acum, e firesc să simţi tristeţe, dezamăgire, furie, nişte adulţi, oameni responsabili, care ar fi trebuit să te protejeze, te-au gonit seara târziu, fără să le pese dacă ai unde să dormi, fără să se gândească la cât eşti de expusă. Ştiu că nu prea are sens pentru tine experienţa asta acum, dar are rolul ei. Nu-ţi promit că nu vei mai suferi de-a lungul vieţii, dar îţi promit că de fiecare dată eu voi fi aici, să te susţin, să te încurajez, să îţi zâmbesc.*

Vreau să ştii că eu sunt tu din trecut, iar tu eşti eu din viitor, m-am întors să-ţi spun că eu te accept şi te iubesc aşa cum eşti.

Eu mă accept şi mă iubesc aşa cum sunt.

Trebuie să învăț să mă iubesc. Eu să mă iubesc pe mine, nu altcineva. Asta e important. Asta e cheia. Doar așa mă pot vindeca de neiubire.

TRAUMĂ DE NEIUBIRE

Merg şi eu la psihoterapie, ca orice psiholog care vrea să fie bine pentru el şi, implicit, pentru clienţii lui şi am resimţit tot acest proces personal ca pe unul meticulos, dar blând, de forare a minei mele interioare, cu destinaţia diamant. Cred că sunt aproape, parcă văd diamantul strălucind în întunericul minei, la fel cum străluceşte noaptea Luceafărul, pe cerul întunecos. Azi, am fost la un grup de constelaţii şi am lucrat prin metoda intenţiei. Nu ştiam ce presupune şi nici nu am vrut să citesc despre asta. Pur şi simplu, am mers, pentru că aşa am simţit. Ceva dinăuntrul meu a ales, de parcă era lucrul cel mai potrivit pentru mine în acest moment. Mi s-a spus acolo că trebuie să îmi stabilesc o intenţie legată de un plan al vieţii unde simt că am dificultăţi sau unde caut un răspuns, că intenţia asta trebuie să cuprindă maximum 7 cuvinte şi caractere în total, şi că trebuie să aleg din grup câte un om care să reprezinte fiecare cuvânt. La constelaţii, îţi poţi lucra propria intenţie, dar poţi fi, de asemenea, ales să joci un cuvânt în intenţia altcuiva. Acolo sunt nişte oameni care se întâlnesc pentru prima dată, care îşi joacă scenariul de viaţă reciproc, reuşind să redea trauma persoanei din faţă, prin conectarea la conştiinţa colectivă, la un nivel energetic, vibraţional.

M-am gândit la o intenţie pe care să o lucrez, iar prima care a ieşit la suprafaţă, din inconştient, a fost „eu vreau *să mă iubească* pe mine", iar gândul meu s-a dus la C. Eu vreau să mă iubească el? Cât de în exterior poate fi intenţia mea?! M-am oprit puţin ca să meditez la ceea ce am gândit, nu e tocmai despre mine gândul meu, vreau să primesc ceva ce nu pot să controlez? Apoi mi-am dat seama că, de fapt, trebuie să învăț să mă iubesc. Eu să mă iubesc pe mine, nu altcineva. Asta e important. Asta e cheia. Doar așa mă pot vindeca de neiubire. Și eu știu asta, dar aștept. Aștept să mă iubească ceilalți. Aștept să mă iubească cineva, oricine. Aștept să mă iubească C. și parcă sunt furioasă pe părinții mei, pentru că nu au știut să mă iubească așa cum eu am vrut și pentru că am înțeles de la ei că asta este dragostea, ceva ce trebuie să aștepți și nu mai vine, ceva ce ai nevoie și nu primești, ceva ce lipsește și după care tânjești. De-a lungul vieții mele, am învățat că dragostea e ceva ce nu se vede, ce nu se cuantifică, ce nu știi cum se simte, dar de care sufletul tău are nevoie și pentru care trebuie să lupte mult. De oamenii, care nu-mi pot oferi ceea ce am eu nevoie, mă simt atrasă acum, de asta C. este cel potrivit pentru mine în acest moment, el mă ține în disconfortul ăsta care, de fapt, îmi e confortabil, mi-e cunoscut, el îmi activează tot: suflet, spirit, corp, mă invadează, mă cotropește, mă sufocă mental, îmi fură identitatea, mă îndepărtează de mine, parcă nu mai sunt eu, parcă, în spațiul meu personal, locuiește un străin, un om necunoscut, o persoană cu care mi-e greu să mă conectez și care nu se conectează cu mine deloc. Așteptarea asta este un indicator al felului în care mă iubesc eu pe mine. Atât timp cât îl aștept pe C. înseamnă că încă nu mă iubesc suficient. Ziua în care nu voi mai aștepta vreun semn de la el, ziua în care mă voi trezi și nu voi mai lua în mână telefonul, cu inima bătându-mi trepidant în piept, la gândul că poate mi-a scris ceva cât am dormit, ziua aia va marca un nou început în care eu voi fi ajuns la adevărata iubire față de mine.

Lucrul cu intenția mea a fost epuizant, mi-a reactivat ceea ce zace în interior și este dureros. E acolo o durere nespus de mare, durere de suflet, durere de corp. Traumă de respingere, traumă de abandon.

O traumă de neiubire şi toate acelea pe care le-am acumulat, cărora le sunt încă fidelă le ţin bine închise în cutia pandorei din sufletul meu. Intenţia asta mi-a apăsat toate butoanele, fără excepţie, atât de tare şi de profund, încât am simţit-o ca degetele grele şi aspre ale cuiva care caută o nouă frecvenţă de radio într-un mod brutal, rapid.

Eu vreau să mă iubesc pe mine. Asta este intenţia mea. O scriu pe tablă, în timp ce mă trec fiori, o parte de la nerăbdare şi o parte de la scârţâitul cariocii, pe care mă chinui să o mânuiesc. Scriu apăsat, să se vadă, să se simtă, să se audă, să-mi intre bine în fiinţă, în sânge, în inimă, să-mi intre bine-n cap. Le trec şi pe postit-uri şi apoi aleg primii oameni la întâmplare, aşa cum simt. Am încredere că e bine ceea ce-am făcut; de regulă prima alegere e cea mai importantă, e cea care se trage de acolo, din inconştient. Nu vreau să spun nimic despre mine sau despre intenţia mea înainte de a începe să lucrez ca un Toma necredinciosul care pune la îndoială capacitatea asta a oamenilor de a comunica prin vibraţii, prin unde electomagnetice, prin telepatie, prin energii, prin ce naiba o fi aia de ne uneşte pe toţi în aceeaşi cameră, unde ajungem să privim cu uimire cum alţii reproduc părţi din noi înşine, atât de fidel. Îmi rog anumiţi colegi să facă parte din intenţia mea, apoi mă retrag. E important ca la început să ne luăm un timp, atât eu cât şi ceilalţi, să ne aşezăm aşa cum simţim. Eu simt să stau departe de cuvintele mele (de oamenii care le joacă), le percep ca fiind grele, încărcate, parcă nu mă conectez cu nimeni, ele se tot mişcă, se mută între ele, la fel mă mişc şi eu, simt că nu am stare, nu îmi găsesc locul, oriunde m-aş opri, nu aparţin. Mi-e greu să stau lângă cineva, să întreb ce simte, mi-e greu să privesc vreo persoană în ochi. Laura, psihoterapeuta care ghidează grupul, mă întreabă şoptit: „Părinţii tăi erau foarte ocupaţi, iar tu stăteai singură mult?" Nu pot răspunde, încep direct să plâng şi simt cum durerea îmi sfâşie sufletul şi-mi zguduie trupul. E ca şi cum inima mea ar fi un ghem de aţă de care trage cineva, până nu mai rămâne nimic. Mă doare când trage, dar eu sunt puternică, îndur, mă gândesc că poate din ghemul ăsta voi putea croi ceva frumos, poate un ilic pe care să îl port să-mi ţină la inimă de cald, să o protejeze atunci când se zguduie de dor sau de durere, ca acum sau poate un covor pe care să îmi pun picioarele, atunci când simt că îmi fuge pământul de dedesubt...

Îmi adun forţele şi îl întreb pe *mine* ce simte, iar el îmi spune că nu îşi găseşte locul şi nu se poate conecta, e între oameni, dar nu are prea mare legătură cu ei. „Am o stare de anxietate şi un nod în gât", îmi spune. Sunt eu, da, sunt eu cu nodul meu şi cu frica aia nebună că viaţa va trece şi eu n-am trăit nimic. Trec mai departe şi ceea ce găsesc comun la toate celelalte cuvinte e faptul că nu se pot conecta autentic, la un nivel profund. „Uite cum s-au grupat părţile din tine, s-au format două grupuleţe, recunoşti ceva aici?", o aud pe Laura întrebând. Da! Sunt eu, sunt eu când nu ştiu ce să fac cu durerea mea. E povestea vieţii mele, singurătate, abandon... „Ca să supravieţuieşti, te-ai splitat, ţi-ai dezvoltat ca mecanism disocierea, ai oprit orice sentiment, ai vrut să fugi de ceea ce simţi ca să nu te mai doară atât de mult.", îmi zice ea în timp ce plâng...

Merg către *eu* şi o întreb cum se simte, însă nu mă pot uita în ochii ei. Mă aşez lângă ea, dar nu iniţiez niciun contact, stau lângă şi mă uit în gol, în jos. Îi simt vibraţia, dar sunt împietrită, nu pot să fac mai mult. Eu îmi spune că se simte singură, foarte singură şi tristă şi nu ştie ce să facă cu tristeţea asta, că e ca o greutate care o apasă pe torace, că o doare corpul de la ceea ce simte în piept. „Îmi simt corpul amorţit, de la brâu în sus, şi parcă nu mai am putere să îmi mişc mâinile, am o apăsare în piept, umerii împovăraţi, îmi simt înăuntru inima bătând. Bate foarte tare, ca şi cum vrea să îmi semnaleze că e acolo, că încă trăiesc." Mă recunosc, sunt eu. Sunt eu astă iarnă, când am ajuns la urgențe de 3 ori, crezând că am o boală gravă la plămâni. Ultima dată, la Timișoara, am crezut că mi se va rupe cutia toracică, de la presiunea pe care o simțeam. Era durere de neiubire, nimic explicabil clinic. „Ce vârstă ai, la ce vârstă simți că ești?", o întreabă Laura pe *eu*. „Cred că 5-6 ani, pe acolo mă văd." „ Ce s-a întâmplat atunci?", mă întreabă pe mine acum. Mă gândesc, iar primul lucru care îmi vine în minte e imaginea mamei, în rochia ei maro de gravidă, însărcinată cu frate-miu. „Îți amintești să fi avut senzațiile astea în corp atunci?" Nu-mi amintesc, probabil, tot disociată sunt. Din cauza asta, poate, nici nu am prea multe amintiri, în felul ăsta m-am protejat.

„M-aș duce către ceilalți, dar nu-mi găsesc locul", spune în continuare *eu*. Simt că vreau să mă agăț de cineva, de oricine, de oameni, dar sunt atrasă de persoane care nu îmi pot da ceea ce am nevoie și mă doare asta, iar apoi îmi spun că, de fapt, n-am eu nevoie de ei, oricum sunt oameni pe care nu-i vreau, sunt puternică, pot să trăiesc și fără, pot și singură, o știu. Parcă nu simt nimic pentru ei și am senzația că vreau să strig lucruri rele și tăioase și care să doară și nu mă simt vinovată când o fac. Recunosc partea asta sadică din mine, o folosesc cu oamenii care mă rănesc, după ce îmi dau shut down la programul emoțional pe care îl rulez. Așa mă apăr eu, scot supraviețuitorul din mine, sadismul meu e ca un scut pe care îl folosesc când nu mai fac față, când nu mai pot îndura suferința, când nu mai vreau s-o duc. Sunt eu, așa sunt eu, eu sunt...

Mă uit la *mă* și întreb „tu cum te simți?" Mă are aceiași ochi căzuți și îndurerați pe care îi am și eu în poza aceea din clasa I. Imaginea aia cu mine, care reflectă atâta durere, atâta uimire, atâta povară emoțională, pe aia o văd în fața ochilor mei... mă privește exact la fel, cu aceeași tristețe, cu sprâncenele lăsate identic, în jos. Începe să plângă: „Simt că am depus un mare efort, că am făcut atâtea pentru ceilalți, iar ei nu fac, pentru mine, nimic. Toți vor, toți cer, eu dau, și dau, și dau, și parcă nu mai pot. Mă simt sfârșită..." spune ea, în timp ce se prăbușește pe scaun, fără pic de control. Se simte sfârșită... exact așa mă simt eu, după ce dau părți din mine către fiecare om din jurul meu. Exact așa mă exprim eu. Sunt eu, e despre mine, eu sunt...

Nu mă mai mișc, stau țintuită pe loc, dar mă uit la iubesc și întreb „iubesc, tu cum te simți?" Mă simt agitată, parcă aș vrea să mă conectez, dar nu pot, parcă nu ajung la ceilalți, dar nici pe ei nu îi las să ajungă la mine. Și aștept. Aștept ceva, nu știu ce naiba aștept. Aștept să vină alții să îmi spună cât de minunată sunt. Aștept să mă vadă, să mă prețuiască, să îmi spună alții că mă iubesc. Și nu înțeleg de ce. Nu înțeleg de ce aștept să îmi spună ei, că ar trebui să știu eu și să fiu sigură eu. Că uite, sunt faină, chiar sunt. Aș putea să mă iubesc chiar eu. De ce aștept?" Mă recunosc, sunt eu. Așa am așteptat toată viața să mă iubească ceilalți, așa aștept să mă iubească C. acum. Sunt eu în fața mea, eu sunt...

Eu se aruncă subit, într-un mod brutal, pe jos, cade în genunchi. Își pune mâinile pe ochi și începe să plângă cu patos, cu jale, cu volum. Se zguduie din tot corpul și se oprește din respirat, nu îmi dau seama cât timp nu îi mai intră aer în piept, dar e înspăimântător ceea ce văd, e atât de necăjită încât am impresia că o să se stingă în orice minut. Apoi o aud trăgând aer, acum respiră, sacadat, mai repede și mai profund, strigând că o doare, că o doare tot și că se simte singură și nu înțelege cum de rezistă la o astfel de durere, că e grea, e foarte grea și rănile-i sunt inflamate și o ustură într-un mod de neînchipuit. Nu o pot privi cum jelește, e mult, e foarte mult, e copleșitor. Îmi las capul în jos și plâng înnăbușit, cu șervețelele peste ochi, ca și cum nu am voie să fac asta că e rușinos și nu trebuie să arăt lumii că sunt slabă, așa că, deși îmi vine să-mi urlu durerea, o temperez. Simt că îmi sângerează ochii, Doamne, câtă suferință văd la *eu!* *Iubire* se duce lângă și i se așază în stânga, tot în genunchi.

E sfioasă, dar o atinge discret pe spate şi o mângâie suav şi cald. Văd compasiune în ochii lui *iubesc*, parcă ar vrea să facă mai mult, e stingheră, stângace, nu ştie ce şi nu ştie cum, dar e acolo, e prezentă, nu a abandonat-o, nu i-a întors spatele, nu a fugit, pare că o acceptă în starea în care e acum. *Iubesc* face tot ce poate mai bine pentru *eu* în acest moment. Îmi ridic ochii şi văd aproape toate cuvintele din intenţia mea, căzute pe scaune, sfârşite, fără vlagă, secătuite. Sunt eu, mă recunosc, eu sunt...

E ciudat să mă văd pe mine din exterior. E şi mai ciudat cum nişte oameni care nu ştiu nimic despre tine, ajung să îţi pună în scenă, atât de autentic, atât de clar, trăirile, traumele, acele lucruri care te dor. Mi-am văzut în faţa ochilor povestea vieţii: singurătate, abandon... Toate *insight-urile* la care am ajuns în timp, după multe căutări şi săpături, le văd acum în faţa mea, puse în act. Le ştiam, dar mă identificam cu ele atât de mult, încât nu reuşeam să văd imaginea ca un observator. Să mă văd pe mine atât de îndurerată, a însemnat să accept că am trăit o traumă puternică, pentru că aşa a fost.

Până să îmi observ suferinţa din exterior, nu am acceptat-o, m-am făcut că nu există, că e ceva ce n-am trăit. Nu e cazul să-mi plâng de milă, mi-am zis, alţii au suferit traume puternice, la mine e neglijenţă emoţională, cam atât, ca mine sunt mulţi alţii, la mine n-a durut, nu ca la abuzul fizic, nu ca la abuzul emoţional, ale mele sunt mici, pot să le duc. De abia acum, am înţeles că neglijarea emoţională provoacă aceeaşi durere ca orice alt abuz şi că, deşi am subestimat importanţa poveştii mele de neiubire, durerea se comportă ca gunoiul ăla băgat sub preş, care, deşi nu e vizibil, începe să miroase din ce în ce mai mult, până face aerul din interior aproape irespirabil, sufocant. Cred că în momentul ăsta al vieţii aerisesc, golesc sufrageria sufletului meu, eliberez spaţiul pentru a pune ceva frumos mirositor, în loc. Mă gândeam să îmi împodobesc camera interioară cu lavandă, îmi place mult mirosul, e miros de viață și de bucurie, și de calm.

Sunt mândră de mine că am ajuns în punctul ăsta. A durut rău, m-a torturat procesul meu de până acum, a fost ca și cum cineva mi-a bătut cuie în carne și apoi, cu o cruzime cruntă, mi le-a scos lăsând în urmă răni ce mi s-au infectat. Dar cred că am învățat să le îngrijesc, să mi le curăț, să mi le bandajez, iar ele au prins coajă și simt că se vor vindeca, cât de curând. Pentru mine, să îmi văd intenția pusă în act, să o trăiesc, a fost ca și cum m-aș fi spart în bucățele, pentru ca apoi să mi le pun la loc, ca să mă văd pe mine valoroasă, așa cum sunt. Un om frumos și bun.

Acum mă privesc cu mai multă blândețe, înțeleg ce suferință e în mine și îi dau voie să fie, o accept. Știu că de asta e nevoie ca să mă vindec. Îmi dau seama că am intrat în contact cu iubirea de sine. Dacă *iubesc* l-a mângâiat pe *eu*, înseamnă că se simt, că s-au atins, că se acceptă și se vor apropia din ce în ce mai mult. Oare am început să mă iubesc? Poate că da, o fac sfios, că habar nu am ce înseamnă asta, dar sunt mândră de mine pentru că mă aflu în acest proces. A fost minunat să am ocazia să mă privesc din exterior și să îmi văd partea bolnavă, suferindă, partea din mine care zace, în genunchi. Acum știu că e important să îi dau voie durerii să fie ca să o depășesc. Se spune că persistă lucurile cărora le opunem rezistență, iar eu îi rezistam durerii din interior, respingându-mă, la fel cum mă respingeau și cei din jur. Cred că acum, iubindu-mă pe mine, mă vor iubi și ceilalți.

Stau în patul meu din garsonieră, întinsă pe burtă, cu obrazul drept pe pernă și cu mâinile întinse pe lângă corp, ca și cum aș fi pe zăpadă, gata să dau din membre, să fac un îngeraș. Doar că acum, pur și simplu, nu mă pot mișca. Au trecut vreo două ore de când s-a încheiat cu constelațiile, dar observ cât de tare m-au activat. Deși sunt ca paralizată și mă simt sfârșită pe exterior, e hiperactivitate în interiorul meu. Încep să plâng cu sughițuri, cu jale, cu foc. Exact așa cum plângea eu, exact așa cum am plâns toată viața mea, fără ca vreodată să fiu conștientă de felul în care mă manifest. Plâng. Atât de tare plâng, încât mă zgudui din încheieturi, tresar și simt că îmi amorțesc mâinile, că îmi amorțește fața și mă doare, mă doare corpul fizic și mă doare corpul sufletesc și nu înțeleg de ce dracului se simte așa și de ce, chiar și după atât timp, eu tot copilul ăla trist și rănit sunt. Îmi este pur și simplu rău. Tocmai am simțit că vreau să fie mama lângă mine, să mă strângă în brațe, eu să îi spun că sufăr și că am nevoie de ea, ea să mă mângâie pe păr, dar apoi mi-am amintit de toate dățile în care am avut nevoie de mângâiere, dar ea nu a știut ce să facă cu mine, nici cum, pentru că s-a speriat și n-a putut să îmi ofere suport emoțional, pentru că nici pe ea n-a învățat-o nimeni și nici ea n-a primit.

Mă simt singură, foarte singură. Te-a durut vreodată inima atât de tare încât să simți că ai să mori din cauza asta? Așa mă simt eu acum. Simt că pleacă viața din mine și că mă sting și, ca de obicei, nu e niciun suflet prin preajmă nici în acest moment. Sunt a nimănui. Așa am fost mereu. Mă uit la poza aia cu mine din clasa I, Doamne, cât de tristă sunt, cât de multă nevoie de iubire și de prezență umană simt că am acum... cred că mereu am avut. Privesc poza și-mi spun: *Ce frumoasă ești! Ești minunată, te văd, te văd acum. Îmi pare rău că nu am știut ce să fac cu tine atunci! Iartă-mă că nu am știut să te iubesc! De azi înainte, am să te iau de mână și am să te țin strâns, în fiecare zi, neîntrerupt. Am să am grijă de tine, pentru că ești copil, iar eu sunt un adult. Știu că te simți singură, dar eu am fost mereu lângă tine și în continuare voi fi.*

Vreau să știi că eu sunt tu din trecut, iar tu ești eu din viitor, m-am întors să-ți spun că eu te accept și te iubesc așa cum ești.

Eu mă accept și mă iubesc așa cum sunt.

De ce oare oamenii nu mă văd așa cum sunt? De ce mă simt atât de diferită, de ce nu-mi găsesc locul și am senzația că nicăieri nu aparțin?

RĂZBUNARE ŞI DURERE

Într-o stare profundă de disperare m-am regăsit şi la 28 de ani, când rănile mele de respingere şi abandon se transformaseră în adevărate plăgi emoţionale, ce-mi provocau dureri atroce, îngrozitoare. Eram la începutul carierei mele de terapeut ABA, lucram cu copiii cu autism. Colegele mele, coordonatoarele – fete cu mai multă experienţă, cele care mă formau – m-au plăcut, au considerat că am fler, aşa că au dus mai departe vestea că mă descurc foarte bine, iar când s-a deschis primul centru de terapie ABA al asociaţiei cu ai căror copii colaboram, am fost una dintre terapeutele care au avut acolo un loc. Era foarte bine pentru mine, ca începătoare, să îmi desfăşor activitatea într-un singur punct, am scutit multă energie, dar şi timp. În centru eram patru fete, cele trei terapeute care lucraseră cu copilul mămicii care înfiinţase ONG-ul (absolventă de Psihologie şi ea), încă o terapeută, colegă de dezvoltare personală de-ale ei şi eu. Era foarte uşor să auzi ce se întâmplă în sălile de terapie la început, pentru că nu era mobilier şi răsuna, aşa că nu a durat mult până când au auzit şi ceilalţi părinţi cum lucrez eu. Colega preşedintei, V., a fost dezavantajată prin prisma acestui fapt, deoarece unii părinţi au ales să încheie colaborarea cu ea şi să îşi aducă la mine copiii, ceea ce i-a provocat acesteia o aşa mare frustrare, încât mi-a declarat un adevărat război. Într-o zi, V. a încetat să-mi mai vorbească, nici măcar nu m-a mai salutat, iar din acel moment energia ei s-a îndreptat către a mă sabota, în toate modurile cu putinţă. A reuşit să se poziţioneze ca victimă şi să mă transforme pe mine în agresor, activând, în acelaşi timp, salvatorul din ceilalţi. Astfel, colegii au simţit nevoia să o protejeze prin a mă exclude pe mine din orice activitate deosebită legată de muncă, dar şi din activităţile extra şi din întâlnirile la care se distrau.

La scurt timp după ce s-a deschis centrul, a început să lucreze acolo şi fostul meu soţ, în echipa de marketing. Am simţit că îl plac şi m-am destăinuit uneia dintre colege, căreia „i-a scăpat" informaţia, permiţându-i „duşmancei" mele să aibă un avantaj. Înainte de asta, V. îmi era indiferentă, orice ar fi făcut nu mă afecta prea tare, însă din momentul în care a aflat de atracţia mea faţă de T. şi a folosit asta ca să-mi facă viaţa un calvar, am decis că trebuie să ripostez. Ea, însă, şi-a jucat foarte bine cartea, a avut grijă să fiu exclusă din orice, pe motiv că dacă vin eu, nu mai vine ea, deoarece o doare stomacul şi îi este rău, iar cum oamenii aleg să îl protejeze pe cel mai slab, au menajat-o, evident. A fost dureros pentru mine să asist la entuziasmul pe care îl afişau legat de Revelionul pe care urmau să îl petreacă împreună, a fost greu să îi observ pregătindu-se pentru petrecere, bucurându-se, chicotind, primind e-mailuri, pe când eu nu primeam nimic. După acel Revelion, am aflat ca ea şi T. sunt împreună, iar eu, timp de o lună cât a durat idila lor, am suferit îngrozitor.

Stau în pat, în garsonieră, mă simt complet lipsită de puteri, parcă sunt imobilizată, nu mă pot mişca de la brâu în sus, mă apasă o greutate pe cutia toracică, îmi simt mâinile grele, ca de plumb. Sfârşită de puteri, golită de energie, încerc să ţin, totuşi, deschisă, cartea din faţa mea ca să mai citesc puţin. Mă ajută cartea asta, îmi explică de ce oamenii mă tratează în acest fel. Poate că, citind-o până la capăt, o să reuşesc să îi iert. Acum însă, mă simt invadată de furie şi de revoltă şi îmi vine să le spun cuvinte dure, să îi atac, să îi rănesc, să îi doară la fel ca pe mine, să înţeleagă cum mă simt eu. Dar nu pot să dau frâu liber impulsurilor, ar fi prea mult, aşa că trag de mine, îmi pun masca zâmbitoare şi merg în fiecare zi la centru, de parcă nu m-ar afecta nimic. Numai eu ştiu cât de epuizant este să joc acest rol... mă doare până în ţesuturi şi, totuşi, trebuie să caut pe acolo, să găsesc partea din mine mai puţin bolnăvicioasă, să o folosesc drept ancoră, ca să supravieţuiesc o nouă zi... Aş vrea să plec, să fug, să renunţ la locul ăla, oamenii ăştia mă resping şi, până la urmă, ce nevoie am de ei, mă descurc şi singură, oricum. Dar ceva din mine mă face să stau, să mă expun. Până acum, în situaţii de genul am fugit, dar ştiu că am să supravieţuiesc, respingerea e, pentru mine, ceva normal, firesc, poate va trece mai repede rana asta dacă rămân. Mi-e atât de familiară situaţia şi, totuşi, la fel de chinuită sunt, ca de fiecare dată până acum. Mă doare corpul, simt un gol în stomac, mi-e greaţă, ameţesc, pare că oricât de multă respingere aş trăi, nenorocita asta de durere este aceeaşi, se simte mereu la fel. Pare că mor de fiecare dată, dar cumva nu mor până la capăt, zac la pământ, cu funcţiile vitale la minimimum, sperând că voi închide ochii şi se va sfârşi, dar, parcă atunci cineva mă resuscitează şi mă readuce la viaţă, renasc, mai puternică, mai energică, mai determinată ca oricând, până la următoarea experienţă de respingere, în care o iau de la început... de ce oare oamenii mă resping? Ce e în neregulă cu mine, aşa defectă sunt? Plâng iar, simt că ceea ce mi se întâmplă e nedrept, ştiu că eu sunt un om bun, ştiu că iubesc oamenii şi că-i ajut, cel puţin copiii ăştia cu autism rămân cu ceva de la mine. De ce oare oamenii nu mă văd aşa cum sunt? De ce mă simt atât de diferită, de ce nu-mi găsesc locul şi am senzaţia că nicăieri nu aparţin?

Mă aşez lângă mine pe pat, mă privesc cum stau întinsă, epuizată, cu privirea pierdută, cu lacrimile curgând... se vede cât sufăr şi parcă simt compasiune pentru mine acum, aşa că mă aplec uşor să mă mângâi pe spate şi îmi şterg lacrimile calde ce curg. Oare sunt sărate lacrimile mele? Poate că sunt şi de asta ustură când plâng... mai curge una, o șterg și îmi spun: *știu că suferi foarte tare acum, că te doare emoțional și că te doare fizic, știu că ai vrea măcar să poți să dormi, dar te trezești tresărind, sperând că realitatea e alta acum, știu că ești epuizată și că ai vrea să fugi, să te desprinzi, știu că ești tristă, îndurerată, furioasă și nu înțelegi de ce oamenii din jur nu văd că ești valoroasă și te resping, știu că te simți îngrozitor de singură și că ai vrea să ai măcar o ființă lângă tine, acum... e firesc să fie așa, dă-ți voie să simți! Am venit la tine acum ca să îți spun că nu ești singură, mă ai pe mine lângă tine, aici am fost mereu și mereu voi fi ca să te mângâi, să îți șterg lacrimile, să te îmbrățișez, să te alin.*

Vreau să știi că eu sunt tu din trecut, iar tu ești eu din viitor, m-am întors să-ți spun că eu te accept și te iubesc așa cum ești.

Eu mă accept și mă iubesc așa cum sunt.

În toate relațiile mele am trăit cu frica asta, cum că va apărea o persoană mai bună, pe care el o va iubi mai mult, de care se va îndrăgosti nebunește, pentru care mă va abandona.

PREFERATĂ

N-am simțit niciodată că aș fi preferata cuiva, nici a părinților, nici a bunicilor, nici în gașca de la bloc, nici la școală, nici în relații, parcă nu m-a preferat nimeni, pe nicăieri. Și în niciun caz nu am știut cum să fiu preferata mea, căci pentru mine a fost normal să ocup întotdeauna locul doi în propria-mi viață, în traiul meu, ca și-n al celorlalți. Atât am știut, ăla am crezut mereu că îmi e locul și nici n-am învățat cum să mă prefer eu, cum să îmi fiu fidelă mie, să mă aleg pe mine mai întâi.

Am simțit întotdeauna că pentru frate-miu, lucrurile au fost mai simple, că el a fost preferatul tuturor, că lui i s-au facilitat unele lucruri de care eu nu m-am bucurat. Am avut mereu impresia că a primit mai multă atenție decât am primit eu, pentru faptul că este mai mic și pentru faptul că este băiat, iar de multe ori m-am simțit neîndreptățită în raport cu el. Bunică-mea din partea mamei și sora cea mică a mamei au preferat-o întotdeauna pe vară-mea, ea era protejata și răsfățata, ea primea mai multă atenție, mai multe haine, mai mult din orice, iar mie mi se cerea să înțeleg și să nu mă supăr, pentru că n-are tată și astfel compensează ele lipsa lui. Am simțit adesea că sunt în umbra altora și pentru că eu sunt *cea mare* **trebuie** să înțeleg această poziționare a mea. Mereu a trebuit să înțeleg. A trebuit să înțeleg că frate-miu e mai mic, că vară-mea nu are tată, că ai mei sunt obosiți, că e nevoie să mă străduiesc mai tare la școală, că trebuie să învăț mai mult, să citesc mai mult, să știu mai mult, întotdeauna mai mult decât vecina mea, mai mult decât prietena mea, mai mult decât colega mea.

Nu e de mirare că lecția iubirii învățată de inconștientul meu a fost aceea că primești dragoste făcând pe plac, că ești iubit dacă taci și faci, că numai dacă nu îți exprimi emoțiile și înveți să înțelegi situațiile de orice fel ești acceptat, că iubirea nu e numai pentru tine, că trebuie să o împarți, că ți se oferă și ție din ea, după ce li se dă celorlalți. Cumva, cândva, undeva, în trecutul meu, unii oameni au decis că eu pot să trăiesc cu ideea de a nu fi la fel de importantă ca și ceilalți. Așa am simțit că am fost iubită eu, așa am învățat să mă iubesc, așa am căutat iubirea în bărbați. Copilul din mine a înțeles că va primi iubire, doar dacă înțelege, condiționat.

Cred că în momentul nașterii fratelui meu, acela când tata m-a ridicat în brațe și m-a dus pe balconul maternității, când am crezut că nu mai are nevoie de mine și că mă va arunca, teama aia extremă s-a impregnat în mine și a rămas acolo, ca un blueprint. E ceva ce mi s-a întipărit în ADN, care se activează de fiecare dată, în raport cu orice bărbat pe care-l plac. Nu e de mirare că mă sufoc în relații, că îmi vine să plec, că fac orice să fug. Pentru mine, relația este un pericol, pericol de comparație, de presiune, pericol de a fi nevoită să accept un loc secund, pericol de a fi respinsă, dată deoparte, pericol de abandon. Dacă va apărea altcineva mai bun?

Câteodată, simt că aș dori să am o baghetă magică, pe care să o folosesc pentru a fascina bărbatul din viața mea. În toate relațiile mele, am trăit cu frica asta, cum că va apărea o persoană mai bună, pe care el o va iubi mai mult, poate o femeie, uneori, mă gândesc că poate un bărbat de care se va îndrăgosti nebunește și pentru care mă va abandona. Oricine e un potențial pericol, o fostă, cineva necunoscut, o prietenă care s-ar putea transforma în iubită în mintea mea, orice altă persoană l-ar putea face pe cel de lângă mine atât de fericit, încât să vrea să mă arunce, așa cum am crezut că tata mă va arunca de la balconul maternității, când a aflat că are un băiat.

Poate, e ilogic, poate modul cum gândesc pare irațional, dar amigdala nu are logică, nici rațiune, are frică și furie și crede că mă protejează așa. Nu sunt un *controller*. Sau poate nu mai sunt. În schimb, în mintea mea îmi fac filme, scenarii, unele departe de realitate, toate cu un real consum intern. Și sunt faină, chiar sunt faină, așa cum zicea „iubesc" din constelația mea. Aparent, nu ar avea de ce să îmi fie frică, poate ar trebui chiar să mă mândresc că am atâtea calități, iar, dacă judec cu mintea mea rațională, realizez că pot fi și eu un pericol pentru ceilalți. Știu sigur că am o energie anume, ceva aparte, un vibe bun, iar asta atrage oamenii foarte ușor. Dar, în spatele măștilor, sunt același copil neiubit și nesigur, care se simte neimportant. Nu mă pot concentra pe a construi ceva, sunt într-o permanentă stare de vigilență și îmi este greu să cred că, din tot Universul ăsta, mă iubește doar pe mine cineva. Mi-am și ales bărbații care să întărească ceea ce zace în inconștientul meu. Știu că oricum nu există garanții și că, uneori, promitem degeaba, că viața ne suprinde, știu că sunt lucruri pe care nu le putem controla și că imprevizibilul rămâne imprevizibil, dar amigdala mi-o ia înainte mereu, se activează ușor, iar eu trăiesc aceeași sfâșiere de inimă, aceeași durere fizică și aceeași stare de sfârșeală și simt cum, de fiecare dată, mă doare la fel. Neiubirea doare atât de crunt... dar știu că va veni ziua în care voi simți că îmi sunt suficientă mie, pentru că ăsta este lucrul cel mai important.

Nici bunicii din partea tatălui nu m-au preferat. Nu ne-au preferat pe noi ca familie, nicicând. Bunicul era foarte ursuz, prezența noastră nu-l încânta, cu atât mai puțin a mea singură, fără însoțior adult. De asta nici nu am copilărit acolo, deși îmi amintesc că, în ciuda atitudinii sale ostile, îmi plăcea la ei – curtea, casa, porumbarul, wc-ul din curte, cu posterele de pe pereți, câinii, cotineața găinilor, toate îmi dădeau o energie pozitivă, mă umpleam instant de bucurie atunci când

ajungeam la ei. O singură dată am rămas acolo, vreo
două zile, într-o vară, înainte să intru la şcoală în clasa I.

Sunt fericită, am ajuns la Misleanu, la bunici.
Nu am stat niciodată aici mai mult, dar voi sta acum
aşa că sunt plină de entuziasm, de abia aştept să
trăiesc o nouă aventură. Intru pe poartă zburdând, zic
„săru-mâna!", iar tataia, om înalt, cu burtă, chelios, îmi
răspunde „să trăieşti!", tata îl salută şi el şi îi întinde o
pungă în care a pus nişte conserve de carne şi câteva
borcane de castraveţi muraţi, mai stau puţin de vorbă,
apoi pleacă, lăsându-mă aici. Atât de încântată sunt, e
şi verişoara mea aici, sunt sigură că ne vom înţelege de
minune şi că ne vom distra împreună în zilele ce vor
urma. Se face seară şi ne culcăm amândouă în aceeaşi
cameră, fiecare în câte un pat. Spunem o rugăciune şi
adormim. A doua zi, mă trezesc de dimineaţă, voioasă
că pot alerga desculţă şi că pot să mă bucur de caisul din
curte, de florile din grădiniţă, de cuptorul de lut în care
face mamaia mâncare – miroase a tocăniţă cu mărar –
de chiuveta de afară, pe care bunicii din partea cealaltă
nu o au... tataia nu zice mai nimic, ne ignoră complet,
la prânz se băgă la somn, timp în care noi nu avem
voie să alergăm pe lângă casă pentru a nu îl deranja.
Când iese, după orele de somn, pare atât de îmbufnat,
încât mi-e frică să mai afişez vreun zâmbet, să nu fie
discordant cu starea lui. Îl aud deodată bombănind,
nu înţeleg ce spune, îl văd doar nervos şi agitat, are
vocea gravă, încerc să desluşesc: „Te-a adus tac-tu aici
cu două conserve, ce crede, că aşa se creşte un copil?"
„Lua-te-ar gârla să te ia!" O aud pe mamaie, „ai făcut şi
pipi în pat, dacă mai faci pe tine te trec gârla şi te trimit
la măta-mare la Ghimpaţi sau te pun la autobuz. Cred
că mâine te trimit acasă, înapoi!" Eu stau şi ascult şi
nu-mi vine să cred, aş vrea să îmi acopăr urechile, să nu
aud, să nu-mi pătrundă vorbele în interior. De ce e vina
mea că am scăpat un pic de pipi în pat? N-am vrut, s-a
întâmplat şi de ce e vina mea că tata nu a adus mai multă

mâncare? La ceilalţi bunici oricum mă duc fără nimic. Dar oare verişoarei mele i-au adus ai ei mai mult? Mă simt mică şi singură, atât de mică şi de singură sunt... mă uit în jur, caut să mă sprijin de ceva sau de cineva, că poate nu mai doare atât de mult... şi mă întreb, de ce nu mă simt iubită şi de ce oamenii nu mă acceptă aşa cum sunt?

Mă îndrept către mine, fetiţa care plânge în curtea bunicilor şi mă ating pe umăr ca să simt. *Sunt eu, sunt eu aici, eu sunt... spijină-te de mine, nu te scap, am să te ţin, sunt aici să îţi fiu stâlp! Ştiu că eşti tristă şi furioasă şi te simţi neîndreptăţită şi neputincioasă în acelaşi timp, e firesc să simţi aşa, tu eşti mică, iar oamenii ăştia mari te ceartă şi îţi reproşează lucruri pe care tu nu le poţi controla, e ok să simţi aşa, vreau să ştii că nu eşti singură, eu voi rămâne cu tine mereu şi îţi promit că te voi prefera.*

Vreau să ştii că eu sunt tu din trecut, iar tu eşti eu din viitor, m-am întors să-ţi spun că eu te accept şi te iubesc aşa cum eşti.

Eu mă accept şi mă iubesc aşa cum sunt.

Eu sunt fericită şi atunci când plâng,
pentru că ştiu că lacrimile mă curăţă,
că durerea mă schimbă, că dacă sufăr,
înseamnă că Universul m-a salvat de
la ceva ce nu era potrivit.

PLÂNSUL NOSTRU
CEL DE TOATE ZILELE

Mă tot lucrez pe mine, mă plămădesc ca pe un aluat de pâine de casă, din aia bună, pufoasă, de care făcea bunica și pe care o cocea în cuptorul din lut atunci când eram mici. Aluatul, cu cât e mai bine frământat, cu atât e mai omogen. Și cu cât e mai omogen, cu atât e mai bună pâinea. Dar și plămăditul ăsta interior necesită tehnicile lui, iar pentru mine, ca să ajung să mă înțeleg ca pe un întreg, ca pe o structură unitară, cu toate ingredientele integrate în interior, a funcționat să mă uit în urmă, în trecut. C. a fost un pilon important în descoperirea mea de sine, în reconectarea mea cu mine însămi, prin faptul că m-a provocat să caut, să găsesc explicații, să îmi răspund la *de ce-urile* la care nu aveam răspuns. Non-relația cu el m-a împins să mă întorc către mine, să îmi descopăr traumele, să îmi înțeleg rănile, să mi le îngrijesc. A fost și încă este, un proces extrem de dureros. E un proces cu mine, în care învăț să mă conectez la esența mea, să înțeleg că, să fiu eu așa cum sunt, e un privilegiu, nu e un defect și că e important să mă iubesc și să mă accept. Pentru mine, pare că s-a deschis o nouă eră, în care învăț unde sunt eu, învăț cum să mă protejez, cum să mă disting de ceilalți, să mă definesc. Acum, am curajul să mă uit în oglindă, să mă privesc, să fiu atentă la mine și la emoțiile mele și îmi dau voie să simt și să trăiesc.

Am fost, de curând, la o întâlnire a femeilor abuzate, agresate, victime ale violenței domestice, care s-au transformat în învingătoare, unele chiar în salvatori. Puterea lor nemărginită m-a impresionat, am realizat că, pentru a ajunge aici, ele şi-au dat voie să îşi trăiască rolul de victimă, că şi l-au asumat, că sunt deschise la a vorbi despre asta, despre vulnerabilitatea lor, despre neputinţa pe care au simţit-o uneori. Privindu-le, am înţeles că, pentru a te vindeca, e nevoie să laşi inima să te doară, să îţi dai voie să „te jeleşti", să te compătimeşti şi să îţi respecţi procesul, pentru că el poate dura mai mult, mai ales atunci când ai restanţe pe care nu le-ai plâns la timpul potrivit. Cel mai util e, poate, să faci asta fără aşteptarea ca oamenii să înţeleagă, să îţi conţină sau să îţi accepte suferinţa, pentru că, de cele mai multe ori, oamenii fug de însăşi suferinţa lor, fug de emoţii şi de tot ce doare, pentru că e copleşitor şi pentru că se simt neputincioşi.

Cred că ceea ce trăiesc eu acum se cheamă perlaborare invazivă, mă aflu într-un proces în care retrăiesc, resimt, îmi reamintesc traumele, mă las invadată de toată durerea, neputinţa, singurătatea, abandonul, frica, anxietatea, furia, tristeţea, vinovăţia, ruşinea şi neajutorarea pe care le-am simţit atunci la aceeaşi intensitate, până când ajung să le resemnific, să le integrez, să le dau sens. Am intrat în procesul ăsta instinctiv. Cartea asta mă doare, dar mă şi vindecă în acelaşi timp. Aşa că las să mă doară rănile şi le bandajez. E normal să usture, atunci când le deschizi.

Când ai traume, ca să îţi protejezi eul, ajungi să te splitezi, să te disociezi, treci printr-o stare de clivaj, te separi de o parte din tine, ca să nu mai simţi durerea aia sălbatică şi cruntă din acel moment. Eu aşa am făcut ca să supravieţuiesc. Cândva, undeva, în trecutul meu, am decis că e mai bine să nu mai simt, să mă amorţesc. Iar mesajele din jur, legate de durere, de suferinţă şi de plâns m-au determinat să îmi ignor emoţiile, să mă anesteziez. Mesajele sociale, dar şi mesajele pe care le-am auzit de la părinţi au în centru faptul că nu e bine să plângi, pentru că, dacă plângi, te îmbolnăveşti, pentru că, dacă plângi, eşti slab, pentru că trăim într-o lume în care trebuie să fii puternic. Şi puternică am fost. Mi-am dat seama că în zilele noastre nu mai avem timp de emoţii, deoarece credem că ele sunt rele şi că plânsul e o boală, când, de fapt, el este un medicament. Eu n-am avut modele, nu am văzut oamenii dragi în jurul meu plângând, noi suntem puternici, la noi s-a îndurat, s-a rezistat, fie femeie, fie bărbat. Oamenii îşi dezvoltă tot felul de mecanisme de evitare, ca nu cumva să intre cu durerea aia în contact, consideră suferinţa ca fiind ceva atât de grav... Dar durerea nu este rea, în realitate, durerea este un dar.

Cumva, eu am învăţat să iau lecţia din fiecare suferinţă şi să mă transform. Dar nu prea m-am plâns. Poate că acum, plângându-mi restanţele, o să mă echilibrez. Am învăţat în ultima vreme să îmi stimez durerea şi să o respect, pentru că ştiu că dacă fug de ea sau o ignor, dacă mă perfac că nu există, devine mai puternică şi se contopeşte cu mine, rămâne pentru totdeauna în interior. Iar ea ar trebui să fie musafir, nu rezident. Câteodată, mă simt atât de suferindă, încât am senzaţia că o să pic din picioare, că o să mă lovesc de pământ. Uneori, durerea este atât de intensă, încât am impresia că o să cad, că o să mă sparg în bucăţi, iar apoi o să mă tai în propriile mele cioburi şi-o să mă prăpădesc. Dar mă las să sufăr, îmi dau voie să fiu sensibilă, îmi dau voie să plâng. Azi, după atâta căutare interioară, am realizat că e necesar să goleşti rezervorul cu lacrimi din când în când, căci până şi ele au termen de valabilitate şi expiră dacă nu le consumi la timpul potrivit.

Asta le spun şi clienţilor mei, asta le spun şi prietenilor mei: bucuraţi-vă de durerea voastră, daţi-i voie să fie, luaţi ce e mai bun din fiecare experienţă, durerea înseamnă creştere, înseamnă expansiune şi, dacă nu înţelegi cum e să te doară, nu înţelegi nici cum este să fii fericit! Contrastul e necesar ca să putem trăi în armonie, nu ai cum să ştii ce îţi doreşti, decât dacă mai întâi îţi dai seama ce nu-ţi doreşti, nu ai cum să simţi plăcerea, dacă nu simţi mai întâi durerea. Pe mine, suferinţa m-a ajutat să mă transform, să prind aripi, să le desfac, să învăţ să zbor către culmi, să îmi găsesc un loc acolo şi să privesc lumea de sus. Şi ce loc frumos! Cred că asta este libertatea pe care o primeşti la schimb cu lacrimile pe care le verşi. Am un prieten care, de fiecare dată când mă vede, mă întreabă dacă sunt fericită, iar eu îi răspund că da, fără să ezit. Eu sunt fericită şi atunci când plâng, pentru că ştiu că lacrimile mă curăţă, că durerea mă schimbă, că dacă sufăr înseamnă că Universul m-a salvat de la ceva ce nu era potrivit.

Sunt cu mama de mână, mergem spre şcoala nr. 3. Am 7 ani, în toamnă voi începe clasa I. Mama vrea să mă înscrie la şcoala asta, la un domn învăţător, care ne-a chemat la clasă, să ne vedem şi să vorbim, acum, la sfârşit de an şcolar. E o nouă etapă pentru mine, nu îmi dau seama ce mă aşteaptă, e ceva străin, nu îmi pot imagina cum va fi, iar asta mă frustrează puţin. Înţeleg, totuşi, că şcoala asta e ceva important, pentru că o simt pe mama agitată şi preocupată, destul de serioasă o văd. Are burta mare mama, mai aşteaptă un copil şi pentru asta face pregătiri, dar mie mi se par atât de multe schimbări, într-un timp atât de scurt, încât sunt bulversată puţin. Am ajuns la şcoală, intrăm pe un culoar lung şi mergem până spre capătul lui. E întunecos holul, sunt uşi de o parte şi de alta, eu mă uit la fiecare, întrebându-mă: oare unde o să intrăm? Mergem până aproape de capăt, ne oprim şi batem în uşa din dreapta, o uşă maro, masivă, din lemn. Ne deschide un bărbat, înalt, brunet, impunător, trebuie să fie domnul învăţător. Ne salută, ne pofteşte în clasă, văd în dreapta o tablă mare şi neagră, catedra cu un scaun maroniu, iar în stânga mulţi copii în bănci. Se ridică toţi în picioare şi spun „bună ziua!", în acelaşi timp. Mă simt deodată foarte mică, domnul învăţător îmi pare mare, copiii din bănci sunt mari, mama e mare şi ea, şi tabla e mare şi geamurile sunt mari, doar eu mă simt minusculă şi sunt speriată de atâta seriozitate şi de necunoscut. Cât vorbeşte mama cu domnul, copiii rămân nemişcaţi, într-o linişte profundă, se aude doar vocea domnului învăţător, explicându-i mamei ceva ce nu mă chinui să aud. Se încheie discuţia şi domnul învăţător îmi spune: „Te aştept în toamnă, la clasa I, hai, ia-ţi la revedere de la copiii!" Dar eu sunt atât de înspăimântată încât mă blochez, mă uit la ei speriată şi nu reuşesc să deschid gura să salut, dar în schimb încep să plâng. Sunt confuză, nu înţeleg de ce atâta seriozitate, de ce e mediul ăsta atât de dur şi nu vreau să mai merg la şcoală, pentru că nu-mi place, vreau să rămân acasă toată viaţa, să mă joc, să fiu copil. „Vai, dar ce emotivă este!", îi spune mamei domnul învăţător. O văd pe mama stânjenită, pare că îi e ruşine de ceea ce a auzit, nu-mi spune nimic legat de asta, dar cred că nu e tocmai bine ceea ce am făcut, poate ar fi trebuit să fiu puternică şi să mă abţin, oare sunt defectă dacă plâng?

Mă întorc către mine, fetiţa inocentă de 7 ani, care stă pentru prima dată într-o sală de clasă, cu lacrimile curgându-i pe obraz, simţindu-se confuză, frustrată şi speriată de necunoscut. Mă aşez pe jos, ca să fiu la înălţimea ei, îi şterg lacrimile, lăsând cale liberă pentru altele noi, o mângâi pe păr, o privesc în ochii ei şi-i spun: *ştiu că eşti speriată, confuză, dezamăgită şi tristă acum, e firesc să simţi aşa, ştiu că eşti şi furioasă pe tine pentru că nu te poţi opri din plâns, pentru că ai înţeles, de la cei din jur, că plânsul te face sensibilă, iar a fi sensibilă este un lucru urât, că este ceva în neregulă cu tine dacă te manifeşti, dar dă-ţi voie să simţi, la fel va fi şi când vei afla că nu mai poţi merge acolo, la şcoală, pe motiv că sunt deja prea mulţi copii înscrişi şi tu nu mai ai loc. Vreau să înţelegi că nu e vina ta şi că ai voie să plângi, că a plânge este un lucru la fel de firesc cum este a respira, că plânsul te curăţă şi îţi dezinfectează rănile din interior către exterior. Vreau să ştii că niciodată nu vei fi singură în durerea ta, eu te voi îmbrăţişa şi voi fi lângă tine mereu.*

Vreau să ştii că eu sunt tu din trecut, iar tu eşti eu din viitor, m-am întors să-ţi spun că eu te accept şi te iubesc aşa cum eşti.

Eu mă accept şi mă iubesc aşa cum sunt.

Nu trăirea tristeţii ne îmbolnăveşte,
ci ignorarea ei.

SOMATIZĂRI, AFECȚIUNE

Continui să susțin utilitatea trăirii emoțiilor, de orice fel. Noi, oamenii, am fost învățați că plânsul e rău, că tristețea nu e bună, că emoțiile negative ne sunt dușmani. Am fost învățați că dacă exprimăm ceea ce simțim, dacă ne arătăm vulnerabili, e ca și cum am declara că suntem slabi și trebuie să fim puternici, pentru că altfel „râde lumea de tine" și „te ia de prost". Am fost învățați că dacă plângem ne îmbolnăvim, că plânsul ne aduce în depresie și că de acolo sunt slabe șanse de a mai ieși. Oamenii cred că suferința emoțională ne provoacă boli și chiar ne provoacă, dacă băgăm durerea sub preș și nu ne dăm voie să o simțim, așa că sănătos este să o eliberăm. Singura emoție negativă acceptată social, în zilele noastre, e furia, avem voie să fim furioși, furia e de om puternic, de om care își cere drepturile, de om care pune piciorul în prag. În realitate, furia e doar o mască, sub care ascundem răni emoționale, care, dacă nu le vindecăm, se transformă în dezechilibre fiziologice și boli.

„Cum să fii trist? Gândește pozitiv! Ia partea bună din orice! De ce să plângă ochii ăștia ai tăi frumoși? Nu mai plânge că te îmbolnăvești! Bărbații nu plâng! De ce plângi, ce ești copil?" Eu asta am auzit în jurul meu cel mai des, atât de la cei dragi mie, cât și de la ceilalți, ca o concepție generală a societății în care trăim. Crescând cu vorbele astea, am ajuns să cred, la un moment dat, că e ceva în neregulă cu mine dacă mă simt tristă și plâng, în loc să-mi maschez durerea cu un zâmbet fals, dacă vorbesc oamenilor despre suferința prin care trec, în loc să ascult muzică şi să ignor ceea ce simt, dacă stau în casă şi îmi dau voie să sufăr, în loc să ies în lume ca să uit de ce mă doare în interior. Aşa că am învăţat să îmi camuflez emoţiile sub zâmbete, sub glume, sub energie pozitivă, sub un vibe bun. Ca să nu mă îmbolnăvesc. Dar, de multe ori, încercarea asta disperată de control emoţional, de apăsare a butonului de „off", m-a adus la epuizare, la lipsa de energie, la sfârşeală, iar corpul meu a învăţat să îşi ceară drepturile, pauzele, atenţia, tandreţea şi iubirea de care are nevoie, tocmai prin dezechilibre fizice, dureri şi boli.

Am ajuns în spital de nenumărate ori, din diverse motive. Somatizări, aşa numim noi, psihologii, modul prin care organismul nostru trage un semnal de alarmă legat de dezechilibrele dinăuntru, de conflictele care mocnesc, prin dureri corporale nejustificate medical, sau prin boli reale, în cazurile ajunse la extrem. Pe mine, corpul m-a salvat de multe ori, cred că sunt norocoasă pentru că mi-a vorbit, dar cred că sunt şi mai norocoasă pentru că am învăţat să îl ascult şi astfel am putut să vindec plăgile mele sufleteşti, înainte ca ele să se transfere în corp. A fost un moment în viaţa mea când am înţeles că organismul meu este prietenul meu şi că, dacă îmi ascult trupul, el îmi va spune întotdeauna ce şi unde să reglez, la nivelul emoţional. Acum ştiu că, dacă mă doare ceva, se poate să fie o emoţie pe care n-am identificat-o, pe care n-am exprimat-o, pe care am ignorat-o, aşa că o caut şi învăţ să o gestionez astfel încât să îmi fie bine şi să mă echilibrez.

Nu trăirea tristeţii ne îmbolnăveşte, ci ignorarea ei. Organismul uman este extrem de inteligent, dacă nu poţi exprima ceva la nivel verbal, el face echipă cu mintea şi trage alarma ca să te trezeşti. Eu am simţit asta de multe ori, în cazul meu, somatizările au funcţionat ca două mecanisme cu meniri diferite: de a exprima nevoia de iubire şi de a mă salva dintr-un infern odios. Cred că, dacă simţi că nu îţi sunt îndeplinite nevoile de afecţiune când eşti mic, mintea ta se agaţă de orice ştie, de orice vede, ca să primeşti ceea ce simte că îţi trebuie la nivel emoţional, iar creierul meu a asociat atenţia şi afecţiunea cu bolile, cu adevăratele afecţiuni. Să primeşti afecţiunea prin afecţiune, cât de ilar poate fi... Atunci când am stat cu mama în spital şi am mâncat amândouă tocăniţă, atunci când tata m-a ascultat la inimă, atunci când, după un episod de boală, tata mi-a desenat cele mai frumoase locuri din Univers, în acele momente eu am înţeles că primesc iubire atunci când mă îmbolnăvesc, aşa că am asociat boala cu atenţia, cu tandreţea, cu afecţiunea, cu prezenţa fizică şi emoţională.

Dacă stau să mă gândesc, am în spate un amplu istoric de boli. Cred că enterocolita este prima boală pentru care am fost internată în spital, atunci când am crezut că mama m-a abandonat, dar s-a întors. Apoi am făcut şi boala mâinilor murdare, hepatită A, iar mai târziu, în clasa a III-a, mi-am scos polipii şi amigdalele care mi se inflamau atât de des încât de câteva ori pe an, făceam injecţii cu polidin, antibioticul suprem. S-a mirat doctora care mi le-a scos, de cât de mari erau amigdalele, probabil că absorbiseră în ele tot ceea ce mi-aş fi dorit să spun, să cer, să verbalizez, dar nu puteam şi nu ştiam cum să exprim. A urmat o operaţie de apendice, care, să fiu sinceră, nici măcar nu mă jena atât, apoi constante crize de spasmofilie, de multe ori forţate – pentru că învăţasem cum să mă hiperventilez până îmi amorţesc mâinile şi picioarele, până îmi înţepeneşte faţa, ca să fie reală boala, să pleace mama de la muncă, să vină să mă ia şi să stea cu mine, să îmi dea atenţia pe care o doream. Mai târziu, am dezvoltat un astm ce m-a băgat de două ori în spital aproape fără aer în plămâni, cu saturaţia la pământ, odată chiar şi cu pneumonie, apoi răceli banale care toată iarna nu treceau şi multe alte boli imaginare, pe fondul anxietăţii morţii, care m-a bântuit o perioadă, după moartea oamenilor dragi, dar şi când m-am trezit prinsă într-o căsnicie în care nu mă regăseam. Pentru mine, bolile au reprezentat o evadare temporară din închisoarea singurătății în care m-am simțit captivă aproape toată viața mea, boala a adus lângă mine oamenii de la care am cerut ceva ce târziu am înțeles că pot să îmi dau eu.

În majoritatea amintirilor mele, mă văd singură și izolată, incapabilă să îmi pun fiecare emoție în sertarul ei. Haos, în haos mă văd în mintea mea. Un mare haos emoțional. În el, am fost afundată și în adolescență, când plecam singură să mă plimb prin parc, pentru că ai mei munceau, iar colegii mă respingeau, în el, am fost pierdută și când, tot singură, traversam orașul la picior, în ideea că fac mișcare și poate slăbesc ca să râdă oamenii de mine mai puțin, în același haos mă pierdeam și când mergeam singură pe drumul spre școală și înapoi, în el, mă afundam și acasă când ajungeam, întâi în dormitorul mic de la B10, apoi în camera mea de la B36 și, în ultima vreme, în garsoniera în care locuiesc.

Sunt în dormitorul meu de la B10, cred că am vreo 6 ani. Ai mei m-au băgat iarăși la somn de la ora opt, pentru că am nevoie de odihnă, am avut hepatita A, iar acum trebuie să dorm mult și să țin regim. Dar eu sunt agitată și nu pot să adorm, știu că avem vizitatori și mi-ar fi plăcut să mai stau să mă mai joc cu ei, dar nu mă lasă ai mei. Stau închisă în cameră, dar îi aud vorbind și îmi vine greu, aș vrea să ies să mă distrez cu ei, am fost în centrul atenției azi. Închid ochii, dar parcă prin mine trec valuri de electricitate și tresar, mă întorc de pe o parte pe alta și în mintea mea întreb: oare ce fac oamenii mari dincolo, despre ce vorbesc, ce glume zic? Trăiesc o zbatere interioară care mă agită și în exterior, dar știu că nu am nicio șansă să ies, așa că privesc către veioza mea galbenă de pe noptieră și văd cum, pe măsură ce se încălzește becul, sclipiciul din ea se ridică încet și se unduiește în lichidul din interior, pare că se vrea admirat prin plasticul transparent. Încep să număr bucățile de sclipici, pe măsură ce se desprind de bază și urcă spre vârf, le urmăresc mişcarea lentă care parcă mă fură, mă simt hipnotizată şi mă pierd încet, încet. Mă trezesc, e dimineaţă şi mă dau jos din pat. Merg direct către uşă şi o împing ca să se deschidă şi să ies. Ştiu că tata e la muncă, dar mama sigur e aici. Dau să deschid, uşa se crapă, dar se izbeşte de măsuţa noastră de cafea, cea masivă, din lemn maroniu. De ce face mama asta în fiecare zi, nu înţeleg. Încep iarăşi să mă agit şi simt un mare disconfort şi strig la ea să vină repede şi să-mi deschidă uşa de tot: „mami, mami, mamiiiii, m-am trezit!". Sunt furioasă, nervoasă şi tristă că nu înţeleg de ce îmi pune masa asta la uşă din când în când, de ce mă închide, de ce mă ţine captivă aici? Parcă aş fugi din casă şi m-ar pierde pe undeva, nu? Mama vine, ia masa şi-mi deschide uşa. „Ce faci mami, te-ai trezit?", mă întreabă şi apoi fuge grăbită spre bucătărie, unde, cel mai probabil, are mâncarea pe foc. Eu sunt încă turată, atât mental, cât şi fizic şi simt aşa o confuzie în interior, parcă sunt un prizonier, mă sufoc în fiecare dimineaţă când mă trezesc şi încerc să ies din dormitor, simt nevoia de spaţiu, de libertate şi de claritate şi să înţeleg de ce mă simt captivă acolo. Mă aşez pe canapea şi aştept să mă liniştesc.

Mă întorc către mine, fetiţa de 5 ani, agitată din cauza faptului că s-a trezit captivă în cameră, din nou. Mă aşez pe canapea, lângă ea, o văd puţin pierdută, stă în fund, rezemată, cu picioarele ridicate în faţa ei, sprijită cu capul pe genunchi. O mângâi pe frunte şi pe spate, o îmbrăţişez şi o sărut pe creştetul capului, pe părul castaniu şi mătăsos, mirosind încă a copilărie şi a inocenţă, a frumos. Mă uit apoi la ea şi-i spun: *ştiu că eşti panicată încă, ştiu că eşti revoltată de faptul că te trezeşti închisă acolo deseori şi nu înţelegi de ce, ştiu că, uneori, ţi-e frică şi că te gândeşti că poate nu e nimeni acasă şi vei rămâne izolată toată ziua în dormitorul mic şi întunecos, ştiu că te înspăimântă gândul şi eşti furioasă, iar singurătatea asta pe care o simţi în fiecare dimineaţă e grea, e firesc să simţi aşa. Cu mintea de azi, de adult, îţi pot spune că mama nu te izolează ca să te ţină captivă aici, ci deoarece casa e mică, din dormitor ajungi direct în sufragerie unde dorm ei, iar ei încearcă să îl facă pe fratele tău şi nu vor să rişte dacă tu te trezeşti. Mi-ar plăcea să îţi spun că nu se va mai întâmpla, dar nu pot, mi-ar plăcea să îţi spun că astfel de senzaţii nu vei mai trăi în viaţa ta, dar starea asta de sufocare o vei lua cu tine peste tot, în căminele în care vei sta, în garsoniera ta, în relaţiile de iubire în care te vei simţi captivă, în relaţiile cu prietenii. Fuga asta de îngrădire, de însingurare te va defini, este şi va fi a ta, nu ştiu dacă vei scăpa vreodată de ea, vei fugi şi de oameni constant, pentru că vei avea impresia că dacă te conectezi, te vei sufoca. Aşa eşti tu şi e ok să fii aşa. Aşa simţi tu şi e ok să simţi aşa, dă-ţi voie să îţi trăieşti frica, furia, dezamăgirea. Emoţiile astea sunt ale tale şi doar trăindu-le, ele se vor disipa. Singură nu ai fost, nu eşti şi niciodată nu vei fi, eu voi sta lângă tine mereu ca să te protejez.*

Vreau să ştii că eu sunt tu din trecut, iar tu eşti eu din viitor, m-am întors să-ţi spun că eu te accept şi te iubesc aşa cum eşti.

Eu mă accept şi mă iubesc aşa cum sunt.

Cred că noi, oamenii, suntem condamnați să ne uităm după iubire într-un loc nepotrivit. Mă tot întreb de ce căutăm ca bezmeticii în afară ceva ce e înăuntru, ceva ce suntem noi, de fapt.

PATTERN DE IUBIRE

Aflându-mă în procesul ăsta al descoperirii de sine, în ultima vreme am ajuns să înțeleg că am avut multe relații disfuncționale și dezechilibrate, care mi-au făcut rău. Sau poate răul mi l-am făcut eu singură, păstrându-mă pe o frecvență care atrage oameni care mă țin prizonieră în pattern-ul meu, în rănile mele de respingere, de umilință, de trădare, de abandon. Mi-a luat ceva timp și mi-a trebuit ceva durere ca să reușesc să-mi definesc relația echilibrată, să o înțeleg, nu doar de cuplu, ci și de prietenie ca să știu cum să mă raportez la oameni, de acum. A trebuit să înțeleg ceea ce nu vreau și ceea ce îmi face rău, să elimin persoanele nocive din viața mea, să fac loc, ca apoi să încep să reconstruiesc, să clădesc pe o altă structură, relații în care să mă conectez.

În toată zbaterea asta, am înțeles că, pentru mine, relații echilibrate sunt acelea în care creștem împreună, în care ne extindem, în care există expansiune intelectuală, emoțională, spirituală și conexiune –atât cât putem, căci, în esență, nu știm prea bine să ne conectăm. Pentru mine, relații echilibrate sunt acelea în care oferim din ambele direcții, respectându-ne limitele, în care încercăm pe cât posibil să ne acceptăm, în care ne spunem unii altora ceea ce simțim. Relații echilibrate, pentru mine, sunt acelea în care ne comunicăm propriile nevoi și apoi ne spunem unii altora: „uite, cu asta te pot eu ajuta", înțelegând că, uneori, putem mai mult, alteori, mai puțin sau câteodată nu putem deloc. Relații echilibrate, pentru mine, sunt acelea în care, deși nu ne vorbim, știm că suntem acolo unii pentru ceilalți și că, dacă unul e în criză, celălalt îi poate fi suport. Pe mine, relațiile cu astfel de oameni m-au îmbogățit spiritual, m-au ajutat să mă cunosc, să mă înțeleg, să mă transform. Dar și relațiile în care am fost respinsă m-au îmbogățit, pentru că acelea, deși ustură, deși dor, sunt farul către miezul nostru interior, ne dau oportunitatea de a ne transforma, de a ne conecta cu cine suntem în interior.

Mă gândesc la relațiile mele de până acum și îmi dau seama că în toate, fără excepție, sunt eu, Andreea cea mică, copilul confuz și neajutorat, care așteaptă ca pentru el să decidă ceilalți. Sunt copilul cuminte, speriat de gândul că, dacă nu face pe plac, va fi respins și abandonat, care crede că nu merită să fie iubit, că nu e suficient, că oricând poate apărea altcineva mai bun, care va fi preferat. Sunt tot copilul care așteaptă să fie văzut, apreciat și mângâiat, care caută validare și recunoașterea faptului că e important. Sunt tot copilul ăla care așteaptă să fie iubit, care își dă puterea altora și care, de frica singurătății, nu se poate transforma într-un adult. De aici, relațiile mele dezechilibrate, de la faptul că m-am „vândut" ca să nu fiu singură, m-am dat, mi-am fragmentat sufletul și am lăsat particule din el oamenilor cu care m-am intersectat.

Cât despre relațiile de iubire, fac și eu ceea ce fac și ceilalți. Iubirea asta pare un mister, un *ceva* pe care și-l dorește orice om, este un fenomen intens studiat. Încă din cele mai vechi timpuri, există urme ale prezenței iubirii, iar ele se regăsesc în toate culturile de pe Pământ. Oamenii, pentru iubire, sunt în stare chiar și de cele mai mari atrocități. Și nu îți trebuie mult să realizezi că aproape toți căutăm iubirea asta în exterior. Nu vorbește nimeni despre cât de mult s-a iubit pe sine, ci despre cât de mult l-a iubit pe cel de lângă el și cât a așteptat să fie iubit de către acesta. Cred că noi, oamenii, suntem condamnați să ne uităm după iubire într-un loc nepotrivit. Mă tot întreb, de ce căutăm ca bezmeticii în afară, ceva ce e înăuntru, ceva ce suntem noi de fapt.

Eu cred că suntem iubire, cred că înainte de a o primi de la ceilalți, este important să o descoperim în noi înșine, dar nu facem asta, pare că suntem condamnați să privim într-un loc care e gol, unde nu e nimic. Căutăm, ca în mitul Andoginului, căutam. Androginul e ființa aceea perfectă, care se spune că ar fi trăit la începutul omenirii. Era o ființă totală, atât femeie cât și bărbat, care conținea în ea incredibile forțe intelectuale și afective, o fericire care i-a făcut invidioși și pe zei care, de frica de a nu fi înlocuiți de androgini, au decis să îi taie pe aceștia în jumătăți. Dar, odată separate, ființele mureau de tristețe, iar zeii, ca să nu-i piardă pe toți, l-au creat pe Eros, care a dat naștere iubirii, iubire care i-a salvat. Se spune că de atunci, jumătățile se caută una pe cealaltă, pentru a redeveni ființa accea completă, perfectă de la început. Jumătățile separate de zei suntem noi, oamenii, condamnați să trăim într-un trup imperfect, incomplet, cu sufletul tăiat, căutând partea lipsă din interior care credem că, odată găsită, ne va duce ființa la starea aceea de beatitudine, de grație și de fericire pură. Asta pare că facem, că suntem în căutarea altcuiva care să ne facă să ne simțim compleți, care să ne facă fericiți, de care să ne lipim, unindu-ne rănile produse de tăierea androginului în jumătăți. Poate că, de fapt, suntem în continuare androgini, poate că nimeni nu ne-a tăiat, poate că jumătatea lipsă e în noi, ascunsă în interior, acolo unde zeii știau că nu ne vom uita curând, dar nebunia asta a căutării ne face să fim orbi, să nu mai vedem cât suntem de puri și de frumoși, câtă grație deținem și cât de mult putem să ne iubim chiar noi.

Helen Fischer este un celebru antropolog american, care studiază fenomenul iubirii de foarte mult timp, iar studiile ei legate de iubire ei au adus mai multă claritate asupra creierului uman și a felului în care funcționăm în raport cu oamenii de care ne îndrăgostim. Ea a condus un experiment în care a selectat trei categorii de oameni, prima formată din persoane profund îndrăgostite, la început de relație, a doua, din oameni care erau împreună de 25 de ani și afirmau că sunt la fel de îndrăgostiți de partener ca la început și a treia categorie, cu persoane care doar fuseseră părăsite și sufereau în urma abandonului trăit. Sub RMN, s-a observat că, atunci când li s-a cerut să se gândească la persoana iubită, la toți cei testați, fără excepție, s-a activat aceeași zonă a creierului care este responsabilă atât cu iubirea și cu plăcerea, cât și cu durerea și cu stările de sevraj. Asta a dus-o pe Helen Fischer la concluzia că dragostea este o adicție, un drog și că, atunci când avem persoana – obiectul atenției noastre, suntem fericiți, iar, când nu o mai avem, suferim nu doar emoțional, dar și fizic și avem aceleași simptome ca în sevraj. De asta ne este greu să uităm o persoană, să trecem peste durerea despărțirii, peste faptul că ne-a abandonat, chiar dacă aceasta ne-a făcut rău și avem toate motivele din lume să o urâm, să nu ne mai dorim apropierea de ea. Deși ne doare abandonul, zona care se activează în creier când îl trăim, e aceeași zonă responsabilă și cu dragostea, așa că nu putem să uităm, ba din contră, ne vin în minte toate amintirile frumoase, împiedicându-ne astfel să ne desprindem și să ne vindecăm. De aici, atitudinea ambivalentă față de o persoană care te abandonează, care te părăsește, care te trădează. De asta, în loc să-ți spui nu mai vreau să-l mai văd vreodată pe omul ăsta care m-a rănit, corpul tău tânjește și mai tare după el și îi caută prezența, de asta te gândești la persoana asta obsesiv, ca la un drog pe care nu-l mai ai. Dacă mă raportez la mine, îmi dau seama că nici măcar nu caut, eu aștept. Aștept ca iubirea să îmi vină de la oameni cărora le atribui statutul de jumătăți, așa că sufăr când realizez că jumătatea nu se lipește, că nu e ceea ce am eu nevoie. Pentru că eu am nevoie, de fapt, de jumătatea neexploatată din interiorul meu. Aceea este jumătatea mea.

Legat de iubire, de indisponibilitate emoțională, de ce fel de bărbați îmi aleg ca să „iubesc", am simțit în mine pulsația curiozității care m-a împins către a face o incursiune în pattern-urile femeilor de la mine din neam. Din partea tatălui, nu știu prea multe, cu ele nu am fost în contact, dar privind la cele de pe ramura maternă, am înțeles de ce sunt atât de atrasă de tipologia asta de bărbat, absent și indisponibil emoțional. Bunicul meu, Tăticu', a fost el însuși așa, mi-l amintesc de multe ori plecat la treburile câmpului, așa cum mi-o amintesc și pe Mămica, rămasă acasă, trebăluind. Mă trimitea mereu la colț, în sat, la intersecția cu drumul principal, ca să mă uit în stânga și în dreapta, la cele două cârciumi, să văd unde e căruța noastră, să știe unde s-a oprit.

Privesc la tata, pare și el absent și agitat, de cele mai multe ori e plecat la muncă, pe la vecini, la alți prieteni sau e acasă, dar stă la televizor ori meșterește la ceva. L-am simțit și pe el deconectat. Se pare că și mama tot asta a înțeles despre iubire, doar că, la rândul ei este la fel de indisponibilă emoțional și nu o deranjează lipsa lui, spre deosebire de bunica, mama nu ne pune să îl căutăm pe tata când nu știe unde e. Mă uit către surorile ei, mătușile mele, nu s-au căsătorit niciodată – una din ele a făcut-o pe vară-mea destul de tânără la 21 de ani și, din câte știm noi, a mai avut de atunci un singur iubit oficial, la o vârstă înaintată. Mătușă-mea cealaltă, sora lor cea mică, nu ne-a prezentat niciun iubit până la 35 de ani când a venit acasă la bunică-mea cu un bărbat, iar, până să ne obișnuim noi cu ideea că e cu cineva, a făcut și doi copii. Nu s-au căsătorit și nici nu cred că o vor face, parcă nici nu se pune problema de așa ceva, nu pare niciunul dispus să-și asume. Vară-mea și-a găsit și ea un bărbat care să îi recreeze normalitatea; crescută fără o prezență masculină, și-a luat un soț care lucrează ca șofer, el este mai mult plecat iar ea e singură și-i place, pentru că asta e normalitatea pentru ea. Este evident că femeile din familia mea sunt atrase de bărbați indisponibili şi absenţi. Povestea mea este la fel, sunt din acelaşi film.

Sunt în apartamentul de la B10, stau în sufragerie, frate-miu e şi el aici, e bebeluş, plânge, nu înţeleg de ce. Ai mei sunt la bucătărie şi se ceartă, îi aud cum ţipă unul la altul. Îmi este frică atunci când ridică tonul, nu înţeleg de ce oamenii mari fac asta, nu mă simt în siguranţă, nu ştiu la ce să mă aştept. Simt că nu am stare şi vreau să se termine, să se oprească, să nu îi mai aud, îmi pun mâinile la urechi şi stau ca pe ace, aşteptând să încheie, să-i pună punct. Dar timpul parcă e împotriva mea, e în tabăra adversă, face ca fiecare secundă să treacă încet, atât de încet... Nu ştiu ce înseamnă o viaţă de om, dar mi se pare că a trecut, iar ei nu mai încetează odată scandalul ăsta, eu nici măcar nu înţeleg ce cuvinte îşi spun şi nici despre ce este vorba, sunt prea înspăimântată ca să fiu atentă la asta acum. Frate-miu plânge încontinuu, se agită, iar eu nu ştiu ce să-i fac. Tata trece prin sufragerie şi se duce, nervos, în dormitor. După câteva minute apare mama, îl ia pe frate-miu, îl linişteşte, îl pune în cărucior şi mă trimite mesager ca să îi transmit lui taică-miu să ieşim afară, să-l scoatem pe ăsta micu', în parc. Taică-miu iese, îmbufnat, ia căruciorul şi îl duce, pe braţe, până la parter. E nervos, îl văd, dar mă bucur că ieşim împreună, nu s-a mai întâmplat şi sunt fericită, de abia aştept, e o experienţă nouă pentru mine, o să ne plimbăm şi o să vorbim şi poate că facem scheme amuzante şi să vezi ce-o să ne distrăm. Ahh! ce încântată şi entuziasmată sunt! Plecăm, mergem pe lângă bloc, el împinge căruciorul tăcut, cu privirea pierdută, confuză şi lipsită parcă de bucurie, ca şi cum şi-ar dori să fie în altă parte şi nu cu noi, aici. O să îi revină veselia, îmi spun. Mergem mai departe, tata împingând căruţul în continuare, eu pe lângă el, zburdând. Îi tot caut privirea, să văd dacă e mai bine şi pot să îi cer să ne jucăm, dar el pare cufundat în aceeaşi stare în care era şi când a coborât, nu se uită la mine, de parcă nici nu aş fi acolo, lângă el. Mai trecem pe lângă alte două blocuri şi încep să înţeleg că tata nu mă vede, e total absent, împinge mecanic de cărucior. E ca şi cum pe stradă se plimbă, în locul lui, un corp complet, dar golit şi rece, îngheţat. Îmi dau seama că sunt singură, de fapt, că tata nu vede bucuria mea, nu mă vede pe mine, că nu mă va lua de mână, că nu se va juca. Aş vrea să fac ceva să îl ajut să îşi revină, să fie bine, să ne putem bucura, dar mă simt neputincioasă, nu ştiu ce să fac. Mă cuprinde o tristeţe profundă şi mă simt atât de mică şi de neimportantă, invizibilă sunt. Îmi vine să plâng, dar dacă o fac, îl supăr pe tata şi mai mult. Şi ce să fac ca el să îşi revină, să fie bine şi să nu mai fie supărat? Vreau să îl ajut, dar nu ştiu cum să o fac. Mă opresc din zburdat, nu mai am energie deloc, mă simt sfârşită şi am o stare de amorţeală în corp. Umerii îmi sunt grei, îi simt cum se îndoaie spre faţă, alunecă involuntar către pământ, lăsându-mi mâinile să atârne, blegi, pe lângă corp. Sunt epuizată pe interior şi parcă nu mai am emoţii, am doar senzaţia că sunt pe cale de a mă desprinde de mine, că vreau să plec undeva, într-un loc necunoscut, unde nu e durere, unde nu mai simt nimic. Îmi las corpul să păşească lent pe lângă cărucior şi simt cum mă ridic, cum plutesc deasupra lui, înălţându-mă tot mai sus. Oare unde mă duc?

Mă întorc în timp, la fetiţa de 7 ani care merge cu tata, să îl plimbe pe fratele bebeluş. O văd lipsită de vlagă, de energie, de viaţă, în timp ce păşeşte, spăşită, pe lângă cărucior. Pare sfârşită, aşa că îmi pun urechea pe pieptul ei şi o ascult la inimă, îi număr bătăile, să văd dacă mai are puls. Trăieşte încă, inima îi bate sfios. Mă aşez în genunchi în faţa ei, îi dau părul pe după urechi, o mângâi pe faţă, mă uit în ochii ei mari şi căprui, o strâng în braţe cât să îmi simtă prezenţa umană şi îi spun: *ştiu că te doare extrem de tare că îl vezi pe tata aşa, că el nu se joacă şi pare că nici măcar nu observă că eşti şi tu pe lângă el. Ştiu că te simţi neputincioasă pentru că ai vrea să îl ajuţi, ştiu că te simţi singură, că eşti tristă şi dezamăgită şi că, atunci când ai ieşit din casă, te-ai aşteptat la altceva, e firesc să simţi aşa, dă-ţi voie să trăieşti emoţiile astea, nu fugi din propriul corp! Dacă te desprinzi, ele se vor întoarce la tine ca un bumerang şi te vor copleşi cândva. Aş vrea să îţi spun că lucrurile se vor schimba şi că tata va fi de acum înainte mai prezent, dar nu pot, pentru că nu va fi aşa, face şi el ce poate, şi nu poate fi atât de prezent precum ai tu nevoie. Tata nu poate mai mult. Aş fi vrut să îţi pot spune că dacă nu e tata, vor apărea bărbaţi în viaţa ta care te vor vedea, dar nu pot face nici asta, pentru că ştiu că nu-i aşa. Nici nu pot promite că nu va mai durea, pentru că durerea va fi la fel ca acum, de fiecare dată când vei tânji după atenţia unui bărbat. Dar trăieşte-ţi durerea, nu te disocia aşa cum ai mai făcut în alte momente, când, ca să te protejezi, ai vrut să fugi din propriul corp. O să mai încerci să faci aşa, căci disocierea asta e un mecanism care te ajută să te protejezi de avalanşele emoţionale ce vor urma. Eşti minunată aşa cum eşti, ceea ce se întâmplă acum nu are legătură cu tine, dacă tata nu te vede, nu înseamnă că nu eşti suficient de bună, pentru că eşti, iar eu te voi ajuta întotdeauna să te priveşti pe tine prin lentilele frumuseţii, pentru că eşti frumoasă, atât în interior cât şi în exterior. Ceea ce vreau să ştii este că nu eşti singură, chiar dacă te simţi, niciodată nu ai fost şi niciodată nu vei fi, pentru că sunt eu lângă tine să te însoţesc pe drumul tău în viaţă, oriunde ar duce el. Voi fi lângă tine mereu, cu umărul pregătit pentru ca tu să plângi, te voi susţine să treci prin etapele vieţii tale şi nu te voi abandona.*

Vreau să ştii că eu sunt tu din trecut, iar tu eşti eu din viitor, m-am întors să-ţi spun că eu te accept şi te iubesc aşa cum eşti.

Eu mă accept şi mă iubesc aşa cum sunt.

*Viața nu este altceva decât o
învățare de a ne iubi singuri și, până
nu aflăm cum să o facem, nu suntem
altceva decât niște bieți cerșetori
emoționali.*

CE ESTE DRAGOSTEA

Habar nu am ce înseamnă să iubești și nici să fii iubit. Bâjbâi și eu, orbecăi în întuneric, încercând să descopăr, ca orice om, tainele iubirii. Nu știu ce e dragostea, dar am înțeles ce nu e ea. A trebuit să mă despic în fâșii, să sufăr până la sânge, să urlu de durere, pentru a înțelege că dragostea nu trebuie să doară așa. Târziu, am înțeles că iubirea nu este chin, nu e teroare, nu e expunere, nu e neglijență, nu e nepăsare și ignor, nu e șantaj emoțional și nici manipulare. A trebuit să mă dau cu capul de pragul de sus timp de opt ani, de atât de multe ori ca să înțeleg că un om care te iubește sănătos nu te expune, nu amenință că va pune pe internet intimitatea ta, nu scrie pe forumuri ca să primească validarea că el este victimă, iar tu ești agresor. A trebuit să sufăr enorm ca să înțeleg că un om care cere să ți se pună diagnostice pishiatrice în lipsa ta, care încearcă să te sugrume pentru că vrei să pleci, să scapi, care stă cu bagajul la ușă și te amenință că te va părăsi dacă nu-i faci pe plac, un om ca ăsta nu te iubește, asta e boală, nu e iubire, e atașament distrugător.

A trebuit să mă mai dau cu capul de pragul de sus alți patru ani ca să înțeleg că nu sunt atât de nașpa și de nasoală, încât să îl iau pe primul care-mi dă atenție, așa cum am făcut cu fostul soț și că pot trece peste frica de a nu fi iubită de către cineva, dacă mă văd eu pe mine, dacă înțeleg eu că sunt valoroasă și am multe calități. Dacă învăț să mă iubesc. Am înțeles cu greu că, să speli pantofii cuiva în timp ce el dorme, după o noapte de beție în urma căreia l-ai cărat în spate, pe scări, până la etajul doi, nu e iubire, că asta tot boală e. E boala lui nu cred prea multe despre mine, cred că sunt nasoală și nu valorez suficient, încât să pun punct, cred că pentru a fi iubită, trebuie să fac mâncare, să fac bani, să fac liniște, să ascult, să conțin, să susțin, să înțeleg, să accept, să tolerez și să le fac pe toate bine, că altfel omul e nemulțumit, iar eu nu sunt demnă de iubit.

A trebuit să mă dau a treia oară cu capul de pragul de sus, încă un an, ca să înțeleg că a accepta să fii în umbră, că a nu fi o relație pentru cineva, că a trece peste faptul că el s-a culcat cu altă persoană, că a accepta să nu dormiți împreună, că a avea grijă ce spui și cum formulezi ca să nu se simtă rănit și să dispară săptămâni întregi, nu este iubire, este boală iar. A trebuit să ajung în spital, la urgențe, de 3 ori, cu cele mai groaznice dureri în piept, pentru ca, de abia a treia oară, să înțeleg că mă doare inima de neiubire și că, fiziologic, n-am nimic. A trebuit să mă doară corpul în așa hal de rău ca să înțeleg că ceea ce trăiesc nu e dragoste, ci chin, că momentele alea rare de tandrețe, mângâiatul pe frunte pe furiș, în timp ce dormi, deschisul ochilor și zâmbitul în timp ce faceți dragoste, că toate lucrurile alea pe care le-a făcut în timp ce vă contopeați, alea n-au fost, de fapt, nimic, dar că tu, din cauza traumelor tale, ai crezut că e o mare iubire aici. A trebuit să trăiesc un an în lumea mea imaginară ca să înțeleg că iubirea nu e așteptare și nici acceptarea unor așa condiții și nici făcut pe plac. Iubirea nu e atunci când nu știe nimeni că exiști în viața unui bărbat.

Ce e iubirea? În continuare, nu știu... Dar o caut. De data asta o caut în interior, mă transform într-un explorator al invizibilului și încerc să descopăr cum este să iubești ceva ce nu vezi, să te iubești. Îmi amintesc că, în adolescență, când resimțeam lipsa iubirii părintești, ceea ce mă ținea în viață, era visul că undeva, acolo, în lumea asta mare, se află un bărbat care mă va salva cu iubirea lui, care mă va face să simt *ceva-ul* ăsta care nu ştiu ce e, dar care îmi lipseşte, după care tânjesc atât de mult. Îmi imaginam atunci că iubirea mă va cuprinde, că mă va mângâia cum mângâie razele soarelui florile vara, că mă va hrăni până voi creşte mare şi frumoasă şi îmi voi desface petalele, iar lumea se va bucura de frumuseţea mea. De asta, de fiecare dată, m-am aruncat în braţele primului venit, de asta am proiectat atât de mult pe bărbaţii din viaţa mea şi am aşteptat de la ei să îmi dea iubirea aia ca în poveşti, ca în filme, ca în imaginar. Acum realizez că viaţa, când eşti mare, nu este ceea ce crezi atunci când eşti mic, aşa că azi adaug o pereche de lentile noi ochelarilor prin care privesc lumea, pentru a-mi da seama, uitându-mă prin ele, că viaţa nu este altceva decât o învăţare despre a ne iubi singuri şi, că până nu aflăm cum să o facem, nu suntem altceva decât nişte bieţi cerşetori emoţionali.

Cobor în faţa blocului şi văd uşa maşinii deschizându-se. Întotdeauna am apreciat asta la C., are nişte gesturi care mă impresionează, îl percep ca fiind foarte grijuliu, ştie ce să facă cu o femeie, e atent. Urc, el se apleacă spre mine şi mă pupă pe obraji, prieteneşte, cum face mereu când ne vedem. Din exterior, nu ne trădează nimic, nu pare să fie ceva mai mult decât prietenie între noi. Dar eu mă simt iubită, cumva cred că momentele alea de pasiune profundă, cele pe care le trăim între pereţii garsonierei mele, acolo unde nu ne vede nimeni nicicând, sunt cele care fac relaţia frumoasă, eu simt că atunci comunicăm la un nivel profund. Ce contează că nu ştiu ceilalţi? Până la urmă, nici eu nu-mi doresc o relaţie atât de mult, doar ce am divorţat, iar pentru mine e ok acum să trăiesc o aventură, o experienţă pe care să nu o expun lumii, să fie doar a mea, că poate aşa durează farmecul mai mult. Mă simt bine când suntem între patru pereţi? Da. Asta contează atunci, nimic mai mult... Ajungem la spălătorie, m-a întrebat dacă îşi poate spăla maşina în timpul nostru, iar eu am acceptat, mi-am zis că tot împreună suntem şi acolo, nu-i aşa? Mi-a promis că mergem să vedem avioanele după şi sunt mulţumită, ştiu că sub ele ne vom atinge, ne vom săruta, ştiu că atunci mă voi simţi în siguranţă în braţele lui cum nu m-am simţit niciodată, cu nimeni altcineva. Aveam nevoie să mă simt femie şi să mă las iubită de un bărbat, iar C. are o aşa mare putere în el, cred că Universul ne-a adus împreună cu un scop...

Ajungem la avioane, însă în altă parte, pentru că bate vântul din cealaltă direcţie azi. Locul ăsta e mai expus, sunt şi alţi oameni în afară de noi doi aici, nu e atât de intim ca pe câmp, acolo unde ne-am sărutat pentru prima dată, ore în şir, când nu înţelegeam ce se întâmplă cu mine, de unde mai am aer să respir, căci buzele noastre erau ca doi magneţi, lipite atât de strâns... Nu mă încântă locul ăsta şi parcă nici pe C. nu îl simt atât de conectat, îl văd anxios, nu are stare, e neliniştit. Decidem să plecăm, ajungem la mine şi se pune în pat, după ce îmi dă de înţeles că nu facem dragoste, că dormim, pentru că e târziu, iar el se trezeşte de dimineaţă la 7, pentru că are treabă afară din oraş. Se aşază pe marginea patului, pe burtă, cu spatele la mine, cu piciorul stâng aproape atârnându-i pe jos, părând pregătit să fugă în orice moment şi cu mâna dreaptă ţinându-mă strâns. Încep să îl mângâi pe frunte, ştiu că îi place şi îmi place şi mie, simt că dăruiesc afecţiune, iar asta este şi nevoia mea. Îmi apropii buzele ca să îl sărut şi mă hipnotizează mirosul lui, nu există persoană în lume al cărui miros să mă atragă mai mult, printre notele ierboase de Sauvage, îl simt, în mod natural, sălbatic, bărbătesc... Îmi pun capul pe pernă lângă el şi adorm. Dorm prost, mă trezesc din când în când şi încerc să mă întorc pe cealaltă parte, am corpul amorţit, dar, când simte că vreau să mă mişc, mă apucă strâns, astfel încât să stau acolo, să nu mă dezlipesc de el. Adorm, chinuită, e adevărat, dar îmi place şi mie să îi simt pielea caldă lipită de a mea. E aşa bărbat...

Încerc să îmi deschid ochii, simt o atingere, şi vreau să înţeleg ce e, de unde vine, dar pleoapele îmi atârnă atât de greu, sunt ca de plumb, reuşesc doar puţin să îmi desprind genele şi îl văd pe C., prin ochii întredeschişi, aplecat deasupra mea. C. mă priveşte şi mă mângâie pe frunte blând, suav. Timpul se opreşte, lumea se opreşte, ceasul nu mai ticăie, viaţa stă pe loc, iar eu trăiesc cel mai frumos moment din viaţa mea, divin, sublim. Dacă asta e iubirea, să mă mângâi pe frunte şi să mă priveşti atunci când dorm, o vreau. Îmi cad pleoapele şi adorm din nou. Mă trezeşte un fâşâit. Deschid ochii, e încă întuneric, iau telefonul şi mă uit la ceas, e 7 fără 10, îl văd pe C., îndesându-şi lucrurile în rucsac, complet pe fugă şi grăbit, pare speriat, parcă la 7 îşi pusese ceasul să sune, ce s-o fi întâmplat? „Ardelutzo, plec, hai să încui uşa!" îmi spune el. Mă ridic, bezmetică, din pat, total confuză de faptul că e gata de plecare aşa rapid, îl îmbrăţişez şi închid uşa în urma lui. Mă aşez în pat confuză, neînţelegând ce s-a întâmplat, de ce e contradicţia asta între gesturile lui şi de ce pleacă atât de repede, de ce e atât de grăbit? Oare am făcut eu ceva greşit? Mintea mea ruminează, mă cuprinde tristeţea şi mi-e frică de ceea ce va urma, dacă nu îi pasă de mine, dacă sunt neimportantă, dacă nu mă mai vrea, dacă e ceva în neregulă cu mine? Oare sentimentul ăsta de singurătate, pe care îl simt acum, va dispărea?

Mă întorc către mine, cea din septembrie, anul trecut, femeia care stă bulversată în pat, încercând să dea un sens lucrurilor ce tocmai s-au întâmplat. Mă apuc pe după umeri, îmi simt căldura şi mă minunez de mine, ce fiinţă blândă sunt... Îmi simt vibraţia şi energia, e energie curată, de om bun, complet, deloc defect. Mă mângâi şi eu pe frunte, la fel cum a făcut-o el şi realizez, în timp ce mă ating, că pentru mine mângâiatul pe frunte e la fel ca dăruirea în actul sexual, sunt gesturi de iubire, sunt dovezi. Ăsta e limbajul iubirii pentru mine, prin asta îţi arăt eu cât contezi şi înţeleg şi eu la fel din aceleaşi lucruri pe care tu le faci. Mă uit la mine, femeia matură și îmi spun: *știu că te doare, confuzia asta e sfâșietoare acum, știu că, așa cum ai făcut în fiecare relație, deși de data asta nu ai o relație asumată, sufletul tău tânjește după mai mult. Aș vrea să-ți spun că vei primi ceea ce ai nevoie, dar nu pot, pentru că nu va fi așa, de neiubirea lui C. vei mai suferi un timp, cred că demonul ăsta te va chinui până când te va durea atât de tare, încât te vei întoarce la esența ta și vei învăța să te iubești. Știu că ești confuză și tristă acum și e firesc să fii așa, dă-ți voie să simți. Nu ești stricată, nu ești defectă, doar că nu știi ce e iubirea și o cauți în locuri nepotrivite, în care ea nu-și face cuib. Vreau să știi că nu ești singură, eu sunt cu tine aici, mereu am fost, mereu voi fi. Te voi trece prin asta ținându-te de mână, mângâindu-te pe frunte și îmbrățișându-te din când în când. La fel cum făcea tata când erai mică, la fel cum și C. a făcut, la început.*

Vreau să știi că eu sunt tu din trecut, iar tu ești eu din viitor, m-am întors să-ți spun că eu te accept și te iubesc așa cum ești.

Eu mă accept și mă iubesc așa cum sunt.

Am așteptat ca oamenii să se
transforme, să se pregătească pentru
existența mea, să se bucure că sunt,
să vadă că aduc un plus valoare
vieții lor și lumii în care trăim.
Și încă aștept.

INDISPONIBILITATE EMOȚIONALĂ

Mă plimbam aseară în jurul Bucureștiului, singură în mașină, ascultând Coldplay – Fix you, cu geamurile deschise, respirând miros de tei, cu mâna afară, mângâind aerul sălbatic și rece, având o senzație stupidă în mine, de început de dragoste ireală, bolnăvicioasă, aia care m-a invadat răsunător și fără vreo notificare, pe același traseu, acum un an, când m-am plimbat prima dată cu C. Am mers pe același drum, răpusă de o curiozitate hipnotizantă și de un masochism sălbatic, atrasă de o dorință cruntă de a retrăi momente, ce astăzi nu mai sunt, a căror amintire mă doare și mă chinuie sălbatic, profund. Mă așteptam să fiu confuză, dar m-am uimit pe mine, am fost suficient de lucidă încât să văd realitatea, așa cum este ea, aceea că C. nu m-a vrut încă de la început, la fel cum pare că nimeni nu m-a vrut. Dar s-a întâmplat să apar în viața lui, așa cum am apărut și în viața celorlați într-un moment, poate, nepotrivit. Sau potrivit doar cât să învățăm niște lecții, pentru ca apoi să mă desprind. Am așa senzația cum că m-am încăpățânat să răsar și să exist în viețile acestor suflete, sfidător, fără instrucțiuni și nici eu nu am primit vreo instrucțiune de folosire a vieții sau a oamenilor din jur. Dar am învățat, pe parcurs, diverse manevre prin care să îi mulțumesc pe ei, crezând că astfel îmi va fi mie bine și am așteptat. Am așteptat ca oamenii ăștia să se transforme, să se pregătească pentru existența mea, să se bucure că sunt, să vadă că aduc un plus valoare vieții lor și lumii în care trăim. Și încă aștept. Aștept ca ei să se conecteze cu mine, să mă observe, să-mi conțină emoțiile, să mi le accepte, să mă accepte. Aştept, de 33 de ani îi aştept pe ai mei, vreo 13 ani am aşteptat bărbații din viața mea şi de un an îl aştept pe C., dar în continuare pare că nu e nimeni pregătit pentru mine, iar eu mă simt acelaşi copil abandonat, respins, trădat. Pare că nimeni nu e capabil să îmi ofere ceea ce am eu nevoie, ba din contră, mi se transmite că ceea ce-mi doresc este cam mult. Dar eu vreau doar normalitatea lui a fi iubit şi nu ştie nimeni să mă iubească, cum nici eu nu ştiu să mă iubesc.

Mă gândesc aşa, la cât de trist este să ştiu că există iubire, dar că sunt incapabilă de a o trăi. Am fost crescută de oameni indisponibili emoțional şi am interacționat cu oameni indisponibili emoțional toată viața mea, atât în relațiile de cuplu, cât şi în cele profesionale, dar şi în relațiile de prietenie pe care le-am avut. Privind în urmă, realizez că mulți dintre oamenii ăştia nici nu m-au vrut, dar, dacă tot am fost pe acolo, m-au tolerat. Nu m-au acceptat, că acceptare înseamnă să iei omul aşa cum e, ei au vrut să mă schimbe, pentru că sunt prea solicitantă atunci când cer să fiu iubită, dar sunt minunată atunci când ofer şi fac pe plac şi îi ascult. C. nu m-a vrut atât de tare, cum nu m-a vrut nici T., cum nu m-a vrut nici S. La fel ca tata, pentru că nici tata nu m-a vrut atât de mult sau nu m-a vrut fetiță, el m-ar fi vrut băiat. Şi ce-au făcut cu toții? Au lăsat, pe inima mea, amprenta de abandon, cu fiecare amenințare la care m-au supus. Tata mă dădea la casa de copii, chiar dacă doar verbal, S. îşi făcea bagajul şi îl scotea la uşă ca să văd că pleacă, T. dormea prin alte părți când ne certam, iar C. dispărea, zile întregi, uneori chiar săptămâni. Ca să mă protejez pe mine, să nu mai sufăr atât, odată ce am crescut, am învățat să abandonez eu, înainte de a mă abandona ei. Am plecat de acasă de la tata, am plecat din relația cu S, am divorțat de T şi am încheiat non-relația cu C. ca să nu mai doară, să nu mai usture atât faptul că viața mea se învârte în jurul unor oameni pentru care nu contez cât aş fi vrut. La fel am plecat şi de la locurile de muncă, la fel am dispărut şi din diverse prietenii, pentru că doare până la cer şi înapoi să fii omul din umbră, să fii tu cel neiubit.

Mă doare, mă doare de îmi vine să urlu atât de tare, încât să mă audă până şi ultimul om de la celălalt capăt al pământului... Nu mi-am imaginat că vindecarea e atât de crudă, atât de tumultoasă, de solicitantă, că mă poate consuma aşa de mult, dar nu vreau să sar peste etape, căci pentru mine, vindecarea mea a devenit un lucru sfânt. Să ai privilegiul să înţelegi ce se întâmplă cu tine, să intri în contact cu sinele tău, să laşi să te doară, ca mai apoi să se vindece şi să se cicatrizeze rana asta a sufletului, ce altă minune mai mare aş putea trăi acum? Cine sunt eu? Unde sunt? Ce caut eu aici? Când am fost ultima dată eu însămi? Cine sunt în relaţiile cu oamenii din viaţa mea? Astea sunt întrebările la care încerc să îmi răspund. Sunt întrebările care mă provoacă să mă baricadez în mine însămi, să intru în contact cu ceea ce e acolo cald, să îmi depăşesc teroarea de a descoperi ceea ce se zbate în interior, ceea ce îmi hrăneşte demonii şi-i face mari. Gata cu fuga şi cu ascunsul şi cu imaginatul, nu e niciun moment mai potrivit decât momentul de acum, pentru a privi în mine şi a mă vedea! E beznă, ştiu, dar vreau să găsesc fâşia aia de lumină care mă va duce la esenţa mea, ca să mă uit la mine fără perdea şi ca să mă accept aşa cum sunt, ca să mă arăt lumii fără pretenţia de a primi iubire din exterior. Ştiu că, până la sfârşitul procesului, mă voi iubi eu într-atât de mult, încât cei din jurul meu nu vor face decât să întărească ceva ce ştiu, ce simt şi am integrat deja în fiinţa mea.

Un lucru e cert pentru mine acum: indisponibilă sunt şi eu. Nu ştiu să iubesc, nu ştiu să mă iubesc, nu sunt pregătită pentru o relaţie cu cineva din exterior. Relaţia pe care vreau să o construiesc este relaţia cu mine însămi. Încep acum o revoluţie, cea mai importantă din viața mea. Este revoluția din interior, prin care vreau să mă eliberez din tirania emoțională sub care am trăit până acum. C. a fost oglinda mea, el mi-a reflectat unde mă aflu eu acum și ce părți din mine am de demolat și de reconstruit, așa cum mi-au reflectat și cei mai mulți oameni pe care i-am cunoscut. Cât de important este să mă îndrept către mine, să învăț să pun limite, să mă protejez? De la ei am înțeles că mă agăț și că îi folosesc drept cârje emoționale pentru că nu mă pot sprijini pe propriile picioare, în raport cu ei am înțeles că, la nivel emoțional, sunt același copil de 5-6 ani care așteaptă să primească iubirea, care nu mai vine și nici nu va veni vreodată din exterior, în raport cu ei m-am poziționat în copil și lor le-am dat puterea de a decide pentru mine, deoarece am crezut că astfel mă vor iubi. Am fost oarbă până acum, a trebuit să mă sparg în bucăți ca să îmi dau seama de ceea ce-mi fac, ce fel de oameni atrag în viața mea și că aștept. Așteptările astea ale mele mi-au creat cele mai mari dezamăgiri, dar tot ele m-au și trezit și mi-au dat cele mai mari lecții din toată viața mea. Am înțeles de ce, după astfel de experiențe, unii oamenii ajung să creadă că sunt de neiubit. Dar eu nu m-am lăsat, cred în continuare că merit al naibii de tare iubire și învăț să mi-o ofer chiar eu acum, pentru că simt că asta este cheia vieții, dragostea de sine, acceptarea, înțelegerea propriului eu.

În ultima vreme am ajuns la concluzia că oamenii nu pier din iubire, ci din neiubire. Pentru că au răni care sângerează prea mult dacă nu le pun la timp un pansament, iar salvatorul din mine simte atât de tare nevoia să se agațe de oamenii care suferă, să îi învețe să nu mai moară de inimă, să îi vindece, cum a făcut și cu fiecare bărbat pe care l-am avut, încât e tare tentat să se pună pe sine oricând pe locul doi, fără să se gândească la asta prea mult. Dar nu mai vindec pe nimeni, e timpul să mă vindec și să mă repar pe mine acum. E timpul să adun bucățile de suflet care mi-au căzut, să le lipesc, să le lipesc cu foiţă de aur şi cu pietre preţioase prin kitsugi, arta japoneză care transformă orice vas spart într-un lucru minunat şi preţios, punând accentul pe imperfecţiuni. Mă lipesc eu, îmi dau eu mie preţ acum, îmi dau valoare mie, învăţ să mă prioritizez şi nu mai pun pe nimeni mai presus. Oamenii sunt bineveniţi în călătoria mea şi îi primesc cu drag la drum, însă pentru a ne vindeca, nu pentru e ne sacrifica şi a ne facem unii pe alţii responsabili de ceea ce trăim.

Am cules lecţii importante din viaţa mea de până acum. Sunt la fel de frumoase ca florile nemuritoare de pe câmp. Le pun în buchetul vieţii şi ştiu că vor rezista pentru totdeauna acolo şi că, din când în când, semeţe şi jucăuşe, îmi vor zâmbi ca amintiri. Am învăţat că nu este nimic mai presus de mine în viaţa asta decât sunt eu şi că, oricâtă durere îmi aduce procesul de descoperire, el merită tot efortul, pentru că mă metamorfozează, mă transformă din larvă în fluture, unul cu aripi colorate, pregătite de zbor. Am învăţat că e important să mă cunosc pe mine ca să ştiu ce nevoi am şi să mi le hrănesc eu însămi, altfel mă agăţ de oameni care nu mă pot căra în spate, pentru că ei nu pot căra nici sacii lor şi că, dacă mă las pe alţii, risc să cad, să mă lovesc mai rău. Am învăţat că nu e suficient să aud, că e important să şi ascult ceea ce îmi zic cei din jur şi că, dacă omul îmi spune că nu vrea o relaţie, nu are rost să mă zbat eu, să îl repar , să îl fac să mă dorească, să mă iubească, să mă vrea, ci trebuie să învăţ să las lucrurile aşa cum sunt, să nu forţez, să mă doresc eu. Am învăţat să fiu atentă la ce vor oamenii, dar şi la ce fel de prieteni îmi doresc eu şi să nu-mi mai depăşesc limitele, să atrag persoane din motive nepotrivite, cum ar fi să am către cine fugi atunci când mă simt cea mai singură şi tristă fiinţă de pe pământ. Am învăţat că singurătatea, de multe ori, ne aruncă în braţele nefericirii şi că, în loc să stăm să ne descoperim pe noi şi să ne ţinem companie nouă înşine, facem cele mai proaste alegeri, căutând iubirea în exterior; şi, ca să umplem golul, sfârşim lângă o persoană cu care de multe ori nici nu ne conectăm. Am învăţat că singurătatea nu e ciuma, nu e muma pădurii, nu e moartea cu coasa, ci e un mare dar. E cel mai mare privilegiu pe care îl poate avea un om. Pentru că, dacă omul reuşeşte să trăiască cu el însuşi şi să fie mulţumit, nimic altceva nu mai e de neîndurat. Singurătatea e iubire, e vindecare, e acceptare. Şi, în sfârşit, am învăţat că pot să văd ce vreau, uitându-mă la ce nu vreau şi ştiu că eu nu vreau o relaţie, eu vreau libertate. Eu nu vreau ataşament, eu vreau conexiune. Eu nu vreau promisiuni, eu vreau intenţii. Eu nu vreau o viaţă, eu vreau o clipă. Vreau clipa de aici şi acum.

Dacă mi-e frică? Îmi e. Îmi e al naibii de frică, cel mai tare mi-e frică de faptul că sentimentul ăsta de frică nu se va termina niciodată şi că va trebui să învăţ să trăiesc cu el, pentru că a venit cu viaţa la pachet. Am multe frici, unele monstruoase, altele mai mici. Dacă nu mă va iubi nimeni niciodată? Dacă eu însămi nu voi putea iubi? Dacă o să trăiesc o viaţă simţindu-i pe oamenii de lângă mine ca fiind străini? Dacă voi fi mereu incapabilă de a crea vreo legătură autentică, o conexiune reală, suflet la suflet, om la om? Dacă toate relaţiile mele vor avea termen de garanţie? Dacă voi decide mereu că au expirat şi voi pleca mai departe, ştergând cu buretele de pe tabla vieţii mele oameni şi amintiri? Dacă nu o să-mi fie niciodată dor de cei de care mă despart, ca şi cum nici nu au existat? Dacă o să simt mereu alienare şi înstrăinare şi dacă nu o să-mi doresc nicicând să fiu un om normal? Dacă ploaia asta de emoţii nu se va opri până la sfârşit? Sau, şi mai rău, dacă nu se va potoli niciodată dorul meu de C.? Dacă am să trăiesc mereu cu o insurmontabilă şi iraţională speranţă că, într-un viitor ireal, proiecţiile din mintea mea legate de el, se vor transpune într-o realitate fluidă şi ameţitoare? Dacă viaţa mea va fi o experienţă terifiantă de aşteptare? Dacă, la sfârşitul vieţii, voi muri cu degetele inerte pe telefon, cu privirea bezmetică, golită de viață, ațintită pe un singur nume, numele lui? Sau dacă am să găsesc iar un om pe care să proiectez superputerea asta de a mă iubi? Dacă nu mă pricep deloc la a vedea oamenii și distorsionez realitatea și dacă nu voi ști niciodată ce e real și ce e făcătura minții mele? Dacă voi rămâne cu rănile sângerânde, scăldată în lacrimi de plâns disperat, cu sentimentul ăsta de goliciune din interior? Dacă nu-mi voi putea stăpâni vreodată durerea surdă și ascuțită care străpunge puternic pereții inimii mele, acum? Dacă, în loc de a-mi scrie viața, voi reuși doar să mâzgălesc o terifiantă și rușinoasă iluzie de a trăi?

Știu că frica mea de intimitate stă în spatele incapacității mele de a mă maturiza. Am simțit mereu că sunt diferită, că într-un fel sau altul, nu mă pot conforma. Nu mă simt în armonie cu normele, cu cutumele, cu ce trebuie să faci la fiecare vârstă conform societății în care trăim. Dacă ar fi să mă iau după criterii, aș putea spune că nu am realizat nimic; la 33 de ani, oamenii au familii, au copii, s-au așezat la casele lor, eu mă învârt ca un titirez, habar neavând de mine și de ce-mi doresc cu adevărat. Știu doar că nu vreau, refuz să mă așez și să mă conformez, iar când mă gândesc la o relație, simt că mă sufoc și îmi vine să fug. Simt că în interiorul meu este o luptă aprigă între incapacitatea de a mă maturiza emoțional, dorința de a trăi fără reguli, și nevoia firească și umană de apartenență, de a fi inclusă în ceva. Dar nevoia de mine este parcă mai presus de orice. Ceea ce simt acum, este faptul că nu voi reuși să fiu într-o relație cu aceeași persoană, toată viața mea, iar gândul ăsta mă înspăimântă, mă îngrozește, îmi provoacă frică.

Mi-e foarte frică. Mi-e frică de viață și de viitor și tare aș vrea un glob de cristal să mă uit în el și să mă văd acolo, să mă conving că voi fi bine și mâine și peste câțiva ani. Dar ceea ce vreau e nebunesc și imposibil, așa că las viața să mă surprindă, atât cu lumina, cât și cu umbrele ei.

Dragă mamă,

Îți scriu această scrisoare pentru a mă elibera de sentimentele negative din mine, dar și pentru a-ți spune tot ceea ce simt și cred pozitiv despre tine, pentru că meriți să afli.

Vreau să știi că nu îmi place să îmi ascund emoțiile față de tine. Mă epuizează să mă prefac că sunt bine atunci când, de fapt, nu sunt și obosesc când mă văd nevoită să îmi pun măști ca să nu știi că sufăr, mi-e greu să zâmbesc când la mine în suflet nu e bine. Mă enervează că încerci să mă faci să reprim ceea ce simt, e o mare presiune pe mine atunci. Mă înfurie faptul că, dacă simți că nu sunt bine, mă verifici și încerci să mă scoți din stare, spunându-mi să nu mai plâng, că plânsul nu face bine, că o să mă îmbolnăvesc sau că o să intru în depresie și tu nu știi ce să faci cu mine atunci. Eu nu am nevoie să faci nimic. Vreau să mă lași să fiu, să-mi dai voie să plâng ca să mă curăț. Am nevoie să știu doar că, oriunde ai fi fizic, sufletește ești cu mine și mă accepți, cu durerea mea cu tot. Mamă, vreau să-mi dai voie să fiu slabă și să știi că am să supraviețuiesc, cum am făcut-o până acum. Am nevoie să fiu vulnerabilă, să fiu atentică, să plâng, fără să-mi fie rușine că fac asta și fără să-mi pese de ceea ce alți oameni cred. Vreau să mă lași să îmi asum existența, să îmi dai voie să fiu eu.

Mă doare că, uneori, evidențiezi părțile din mine care nu îți seamănă și mă întristează că nu realizezi cât de mult din mine ești tu, de fapt. Mă simt respinsă când nu-ți asumi că sunt parte din tine și când pare că îl preferi pe fratele meu și că ești mândră de asemănările dintre voi. Devin frustrată când simt că mă respingi dacă nu mă ridic la așteptări, știu că aștepți de la mine să te caut mai mult, dar atât pot eu să fac acum, am nevoie să privesc mai întâi în interior şi după ce mă voi conţine pe mine, poate voi avea cum să vă conţin şi pe voi.

Mi-e frică de neiubire şi, uneori, am impresia că nu mă iubeşti. Sau că nu mă iubeşti la fel de mult pe cât te iubesc eu. Sau că nu mă iubeşti la fel de mult pe cât îl iubeşti pe fratele meu. Dar apoi, când mă gândesc mai bine, îmi dau seama că mă iubeşti şi tu cum ştii, cum poţi. La fel am învăţat să iubesc şi eu, aşa mă iubesc pe mine, aşa m-au iubit şi bărbaţii pe care i-am ales. Aş vrea să iubesc într-un alt fel: mai prezent şi cu mai puţină aşteptare, fără frica asta că va apărea cineva mai bun. Poate că va veni şi ziua în care voi învăţa cum.

Mamă, aş fi avut nevoie de mai multă prezenţă emoţională din partea ta, aş fi avut nevoie de mai mult suport, mi-ar fi plăcut ca, atunci când am suferit, tu să fi stat lângă mine, în pat, să mă fi mângâiat pe frunte, să mă fi îmbrăţişat, să-mi fi spus că e firesc să doară, că e uman, că e ok să simt ceea ce simt, că o să treacă şi că tu oricum mă accepţi şi mă iubeşti aşa cum sunt. Dar ştiu că ţi-a fost frică şi nu ai ştiut să faci mai mult. Azi, cu mintea mea de adult, pot înţelege orice lucru pe care l-ai făcut sau pe care l-am vrut, dar n-ai putut să-l faci.

Ştiu că, uneori, te-am judecat şi te-am făcut să suferi cu sadismul meu, dar şi pe mine m-a durut că nu am vorbit niciodată un limbaj comun. Ştiu că, uneori, am fost un copil rebel şi că, în multe momente, te-am înspăimântat, că ţi-am produs durere şi că nu ai ştiut cum să gestionezi unele situaţii în care am ajuns, nu pot decât să îmi imaginez ce ai simţit. Am făcut multe lucruri sub formă de revoltă ca să semnalez că, pentru mine, ceva nu e ok, am făcut multe lucruri ca să atrag atenţia, pentru că ştiam că în felul ăsta ai să priveşti către mine mai mult, n-am ştiut un alt fel de a cere şi încă nu ştiu, pentru că nu ştiu ce-mi doresc, nici cine sunt.

Îți cer iertare, mamă, pentru toate momentele în care te-am rănit, vreau să știi că și eu te iert și înțeleg că ai făcut tot ceea ce ai știut tu mai bine, tot ceea ce ai putut. Apreciez că ai muncit atât ca să ne oferi educație, îți mulțumesc pentru tot sacrificiul tău și vreau să știi că, deși acum mă doare viața, eu sunt fericită că trec prin acest proces. Se spune că înainte de a fi concepuți, copiii își aleg părinții cei mai potriviți pentru călătoria asta de vindecare – pentru viață, cum îi spunem noi, și știu că dacă eu sunt fiica ta, atunci tu, pentru mine, ești cea mai bună mamă și nu mi s-ar fi potrivit mai bine nicio altă mamă de pe acest pământ. Te admir pentru tot, îmi imaginez că ți-a fost greu să fii un părinte atât de tânăr și vreau să știi că nu cred că m-aș fi descurcat mai bine în locul tău, cum cred că nu aș fi ajuns un om mai bun într-o altă familie decât asta în care sunt.

Mamă, vreau să mă eliberez din lanțul indisponibilității emoționale și am nevoie să-mi permiți să o fac, îți sunt fidelă și de multe ori acționez ca să te mulțumesc, în mod inconștient. Mi-ar plăcea să îmi permiți să fiu eu, deși încă nu știu cu adevărat cine sunt, mi-ar plăcea să îmi permiți să greșesc și să știu despre mine că tot valoroasă sunt, mi-ar plăcea să-mi permiți să fiu naivă, să mă dezvălui în fața celorlalți, să vorbesc tare despre mine, să îmi exprim durerea pe care o simt, fără frica de lume sau de o durere în plus. Mi-ar plăcea să îmi dai voie să fiu liberă și disponibilă să mă iubesc și să iubesc, înțelegând că asta e nevoia mea acum. Eu aleg să rup lanțul și să mă eliberez.

Îți mulțumesc pentru tot ceea ce ai făcut pentru mine, îți mulțumesc că m-ai crescut și vreau să știi că nu ești niciodată singură, eu te port mereu la mine în suflet și în gând.

Eu te accept și te iubesc așa cum ești și știu că și tu mă accepți și mă iubești așa cum sunt!

Dragă tată,

Îți scriu această scrisoare pentru a mă elibera de sentimentele negative din mine, dar și pentru a-ți spune tot ceea ce simt și cred pozitiv despre tine, pentru că meriți să afli.

Nu-mi place că, uneori, tragi concluzii fără să mă asculți. Mă deranjează că nu crezi că mă descurc singură, că ai impresia că am nevoie de un bărbat care să aibă grijă de mine, că tu consideri că dacă sunt femeie, sunt slabă și că mă pierd. Eu sunt bine, mă descurc mai bine decât m-am descurcat vreodată cu un bărbat. Mă simt furioasă când te raportezi la mine ca la un copil și când îl creditezi mai mult pe fratele meu, simt că faci exact ca mama. Deși spui că semăn cu tine, simt ca și tu tot pe el îl preferi, că tinzi către mine doar pentru că sunt copilul disponibil, pe care mama nu l-a preferat. De asta mă simt neîndreptățită uneori, sunt vigilentă și trăiesc în toate relațiile cu frica asta cum că va apărea vreun om mai bun pe care să îl prefere ceilalți.

M-a durut că, de multe ori, ai fost absent fizic și că, nici când erai prezent, nu știai ce să faci, mai ales emoțional. Îmi amintesc că au trecut ani buni în care am stat împreună la masă, fără să ne spunem un cuvânt. Înțeleg că mai mult n-ai putut, nici tu n-ai avut de la cine să înveți. Îmi imaginez că și pentru tine a fost greu să fii un părinte atât de tânăr și să fii nevoit așa devreme să te maturizezi. Sunt tristă la gândul că am învățat că iubirea înseamnă lipsă, indisponibilitate și așteptare, că astăzi îmi găsesc, în mod inconștient, bărbați pe care îi aștept, așa cum și pe tine te-am așteptat să vii acasă, să-mi desenezi, să mă preferi, să mă accepți așa, ca pe fetița ta. Azi iubesc, așteptând să mă vadă cineva, așa cum am așteptat să mă vezi tu, când eram mică.

Aş fi avut nevoie de la tine să fii mai prezent, atât fizic cât şi emoţional. Poate să mă mângâi pe frunte mai mult, poate să mă iei în braţe mai mult, poate să mergi mai mult cu mine în parc, să îmi desenezi mai mult şi să mă laşi şi tu să îmi trăiesc emoţiile, să simt, să plâng, să mă purific, să înţeleg că e ok să intru cu sentimentele mele în contact. Mi-ar fi plăcut să ştiu că eşti şi tu acolo, lângă mine, dacă am nevoie de suport. Mult timp, în terapia mea personală, nici nu te-am adus în discuţie, nu ştiu de ce nu am simţit să vorbesc despre tine, poate am avut impresia că de la relaţia cu mama mi se trage tot. Dar apoi, l-am întâlnit pe C., iar el mi te-a oglindit. Atunci am înţeles că atât de important eşti, încât te caut în alţii şi vreau să te găsesc şi că, aştept ca ei să îmi deseneze cele mai frumoase locuri din lume, aşa cum mi-ai desenat tu, atunci când eram fetiţă, munţi, ape şi văi.

Ştiu că şi pe tine te-am făcut să suferi de multe ori, că te-a durut când am plecat de acasă, că te-a dururt de fiecare dată când nu mi-a fost bine şi îmi cer iertare dacă te-am făcut să suferi, nu am vrut. Tot ceea ce am vrut, a fost să fiu iubită şi văzută. Vreau să ştii că şi eu te iert pentru tot şi te admir că ai reuşit să creşti aşa de tânăr doi copii, pornind de la nimic. Nu ştiu eu, în locul tău, ce m-aş fi făcut şi nu cred că aş fi reuşit mai bine de atât. Date fiind condiţiile, dat fiind contextul, nu pot decât să spun că ai fost şi eşti un tată bun. Poate, fără partea mea din mama şi fără partea mea din tine, nu aş fi fost omul care sunt azi şi nu i-aş fi influenţat pe alţii atât de mult. Pentru că tu mi-ai dat viaţă, azi pot să înfrumuseţez, mai mult sau mai puţin, vieţile unor oameni şi lumea în care trăim.

Tată, vreau să mă eliberez din lanţul neiubirii, al iubirii care înseamnă aşteptare şi făcut pe plac şi am nevoie de permisiunea ta ca să îl rup, pentru că, în mod inconştient, îţi sunt fidelă şi, de multe ori, mă simt atrasă de bărbaţi absenţi şi indisponibili emoţional.

Mi-ar plăcea să îmi permiți să fiu liberă şi disponibilă pentru a primi iubire într-un mod mai sănătos, mai puțin dureros, înțelegând că asta e nevoia mea acum. Eu aleg să rup lanțul şi să mă eliberez.

Îți mulțumesc pentru că eşti tatăl meu, îți mulțumesc pentru că m-ai crescut, pentru că m-ai învățat lucruri frumoase şi vreau să ştii că nu eşti niciodată singur, eu te port mereu la mine în suflet şi în gând.

Eu te accept şi te iubesc aşa cum eşti şi ştiu că şi tu mă accepți şi mă iubeşti aşa cum sunt!

Dragă frate,

Îți scriu această scrisoare pentru a mă elibera de sentimentele negative din mine, dar și pentru a-ți spune tot ceea ce simt și cred pozitiv despre tine, pentru că meriți să afli.

Vreau să știi că nu îmi place că întotdeauna te-ai comportat ca fiind superior. M-a deranjat de fiecare dată când te-ai pus mai presus și când, cu aroganță, mi-ai arătat cât sunt de mică, pe lângă piedestalul tău. Știu că ăsta e un lucru care ți s-a transmis și pe care l-ai preluat, care ți s-a întărit, dar încă mă doare că la vârsta asta, de multe ori, consideri că meriți mai mult ca mine, că toate lucrurile ți se cuvin.

Mă doare că nu poți fi empatic și sufăr pentru că, la un moment dat, ai considerat că o persoană din exterior e mai valoroasă ca mine și, pentru asta, m-ai abandonat. Mă întristează să văd că oamenii dragi mie pot renunța la mine atât de ușor, că aleg atât de rapid pe altcineva și mi-e teamă uneori că nu mă va iubi nimeni, că nimeni nu mă va aprecia. Dacă sunt invizibilă pentru tine, cum oare m-ar putea alții observa?

Aș fi avut nevoie de mai multă loialitate din partea ta, de mai multă susținere, de imparțialitate, de adevăr. De mlte ori m-am simțit neîndreptățită în raport cu tine și am învățat că trebuie să accept că sunt pe locul doi, că trebuie să cedez, că, prin statutul meu de soră mai mare, trebuie mereu să înțeleg. Înteleg azi, cu mintea mea de adult, că acest comportament al tău față de mine a fost încurajat, dar, la nivel emoțional, mă simt încă rănită de comportamentul tău. A fost dureros pentru mine să văd și să simt că tu ești preferatul, să trăiesc depunând eforturi ca să demonstrez că sunt bună și valoroasă, să fac lucrurile perfect ca să merit atenție, ca ceilalți să fie mândri de mine, pe când la tine, a fost suficient ca, pur și simplu, să fii, ca să te prefere, iar eu să simt că, uneori, efortul meu este în zadar. De multe ori, am fost furioasă pe tine, pentru că am simțit că tu ai fost dorit și plănuit, pe când eu am ajuns din întâmplare călător pe acest pământ.

Știu că au fost, probabil, momente în care și tu ai suferit din cauza mea, îmi cer iertare dacă unele lucruri venite de la mine te-au durut și vreau să știi că și eu te iert pentru umilințele la care m-ai supus, poate fără să știi că o faci și fără să știi cât m-au durut. Te iert și pentru că nici tu nu m-ai preferat, te iert, pentru că m-ai ignorat. Cred, totuși, că ești un frate bun și știu că, deși, uneori, nu vorbim, ești acolo și că dacă am nevoie de tine, nu există alt om pe pământ care m-ar putea ajuta mai mult. Deși nici tu nu știi ce să faci cu emoțiile, știu că prin orice suferință aș trece, mă pot baza pe tine, dacă nu să mă conții, măcar să fii acolo cu un sfat. Nu cred că aș fi putut avea vreun frate mai bun decât ești tu, dacă nu ai fi fost astfel, poate că nu aș fi crescut nici eu la fel de mult.

A., vreau să mă eliberez din lanțul umilinței și al locului doi, din lanțul fricii că va apărea altcineva mai bun și am nevoie de permisiunea ta, pentru că, în mod inconștient, îți sunt atât de fidelă încât ajung în situații și în relații în care nu sunt preferata nimănui. Mi-ar plăcea să mă lași să fiu eu centrul vieții mele și preferata altora, înțelegând că asta e nevoia mea acum. Eu aleg să rup lanțul și să mă eliberez.

Îți mulțumesc pentru că ești fratele meu, îți mulțumesc pentru că ești mereu disponibil să îmi fii suport, pentru că m-ai învățat lecția răbdării și a toleranței și vreau să știi că nu ești singur, eu te port mereu la mine în suflet și în gând.

Eu te accept și te iubesc așa cum ești și știu că și tu mă accepți și mă iubești așa cum sunt!

Dragă C.,

Îți scriu această scrisoare pentru a mă elibera de sentimentele negative din mine, dar și pentru a-ți spune tot ceea ce simt și cred pozitiv despre tine, pentru că meriți să afli.

Te aștept. Ca pe tata, te aștept. Încă nu înțeleg că nu ești disponibil pentru mine, că niciodată nu ai fost. Gândindu-mă la tine, îmi dau seama că sunt sclava minții mele, că semeni cu tata în tot. Ești ceea ce știu eu despre iubire. De asta mi-e greu să mă desprind. Îmi ești atât de familiar, încât doare. Dar cu durerea asta știu eu ce să fac. Ieri te-am văzut. Te-am privit de la distanță câteva secunde, apoi te-am ocolit. Îmi era teamă să mă apropii, îmi era teamă să te privesc în ochii tăi verzi, să mă las îmbrățișată de tine, pentru că nu m-aș fi putut abține, între brațele tale puternice m-aș fi cuibărit. În drum spre parc, am fost la librăria aia de vizavi de tine să îmi iau o carte. Am văzut un motor, semăna cu al tău. Când am traversat, la întoarcere, îți puneai casca pe cap. Ți-am văzut de la distanță pieptul puțin dezgolit, aveai tricoul ăla verde, în V, care îți scoate ochii în evidență și în care arăți așa bărbat... În secundele cât te-am privit, am simțit cum inima zvâcnește în interiorul meu într-un mod atât de gălăgios, încât am pus mâna s-o opresc, îmi era teamă să nu ajungă până la tine sunetul ei, să mă trădez. Aș fi vrut să am curajul să vin în fața ta și să mă las văzută, că poate și ție ți-a fost dor și vrei să mă săruți, dar apoi mi-am dat seama că iară proiectez, că poate să mă săruți e doar nevoia mea și tu n-o simți și n-o s-o faci, iar eu din nou voi suferi. Aș fi fost prea vulnerabilă atunci.

Te-aș vrea în viața mea, dar îmi e frică să îți spun. Și nu știu cum te vreau și în ce fel. Sunt ciudată, îmi doresc oameni, iar când îi am nu știu ce aș putea face cu ei și îi îndepărtez. Oricum, să te vreau eu, nu este de ajuns. Ca să vindecăm ceva, ar trebui să vrei și tu. Și nu o simt... Dacă mă vrei ca pe o prietenă, pentru mine e dureros. Măcar tu știi ce vrei, eu n-am habar.

Aș vrea să mă ierți pentru că te-am abandonat, dar atât de tare mă doare interacțiunea cu tine, încât nu pot să îți vorbesc. Mă doare prezența ta mai mult decât absența, înțelegi? Aș vrea să știi că nu te consider vinovat. Mi-ar fi plăcut să clarificăm lucrurile încă de la început, aș fi apreciat dacă nu m-ai fi validat atât și ai fi fost mai rece și distant, poate, astfel nu m-aș fi conectat cu tine așa de mult. Dar s-a întâmplat, așa că învăț să accept și să mă bucur de ceea ce-am avut. Cu mintea mea de adult, înțeleg că atât ai putut și te iert, la fel cum mă iert și pe mine, pentru că am proiectat și am așteptat și am pus între noi emoții care probabil că nu sunt.

Toate lucrurile frumoase pe care ți le-am spus au fost reale, le-am simțit. Nu șterg nimic, eu cred, în continuare, că ești omul ăla bun și cald pe care l-am văzut în spatele măștilor, încă de la început. Vreau să știi că există cel puțin zece motive pentru care merită să trăiești, ți le-am mai spus, îmi doresc să te bucuri de ele ca până acum și mi-ar plăcea să te simți mândru că existența ta m-a transformat. A usturat al naibii de tare să cred că te iubesc. Acum știu că nu se poate numi iubire ceea ce-am simțit... dar am luat din experiența asta tot ceea ce a fost mai bun și uite ce-a ieșit, mă vindec pe mine și îi vindec și pe alții cu povestea dintre noi. Mi-ar plăcea să te simți liber și să trăiești așa cum ți-a fost dat, mi-ar plăcea să te simți mai puțin responsabil pentru ceilalți. Vreau să știi că, indiferent de comportamentul tău, care, uneori, m-a rănit, m-am uitat mereu la tine în suflet, acolo unde m-au întâmpinat întotdeauna căldura și bunătatea ta. Pentru bunătatea asta, mi-ești drag, pentru asta, aleg să te privesc în continuare, de la distanță, cu înțelegere, compasiune și respect.

Mi-ar plăcea să mă ierţi pentru acele multe lucruri dureroase pe care ţi le-am spus, m-am apărat şi eu de suferinţă, aşa cum am putut. Vreau să ştii că şi eu te iert pentru tot ceea ce ai făcut şi m-a durut, pentru absenţă, pentru fugă, pentru că m-ai trădat. Te iert pentru că nu ţi-ai putut asuma nicio intenţie şi, pentru toate clipele în care m-am simţit respinsă, te iert iar. Cred că o experienţă mai bună decât asta, nu aş fi putut trăi, şi cred că un bărbat mai potrivit pentru etapa aceasta a vieţii mele, nu aş fi putut întâlni. Cred că ai apărut în viaţa mea ca să îmi arăţi unde sunt eu, emoţional vorbind, şi să mă ajuţi să văd care-mi sunt rănile şi ce mai e de vindecat. Îţi sunt recunoscătoare pentru asta şi îţi mulţumesc. Vei rămâne, la mine în suflet, ca bărbatul care m-a provocat să mă întorc către esenţa mea. Eşti important.

Cred că ziua în care nu-mi va mai fi dor de tine, ziua în care voi înceta să te aştept, ziua în care mă voi trezi fără să mai simt durerea asta apăsătoare în piept, aceea va fi ziua în care mă voi fi vindecat. Tu eşti barometrul meu.

Vreau să mă eliberez de tine, să tai lanţul ăsta energetic care ne leagă, pe care încă îl simt, să-ţi dau tot ceea ce e în mine de la tine şi să-mi iau bucăţile de suflet înapoi. Deşi n-am avut o relaţie, îţi sunt încă fidelă, în mod inconştient. Aleg să mă desprind şi să merg separat, pe calea mea, deschisă fiind către ceea ce Universul mi-a pregătit. Aleg să mă eliberez, să te eliberez şi să-ţi dau voie şi ţie să pleci pe drumul tău. Mi-ar plăcea să îmi permiţi să fiu specială pentru mine şi să mă iubesc eu, înţelegând că asta e nevoia mea acum. Eu aleg să rup lanţul şi să mă eliberez.

Îți mulțumesc pentru că ai fost parte din viața mea, îți mulțumesc pentru că m-ai respins și m-ai provocat să privesc în mine mai adânc și vreau să știi că nu ești singur, eu te port mereu la mine în suflet și în gând.

Eu te accept și te iubesc așa cum ești și știu că și tu mă accepți și mă iubești așa cum sunt!

SFÂRŞIT

Sunt în întunericul meu atât de bine cunoscut, dar ceva mă trage într-un loc ce nu îmi e familiar. O forță mai presus de mine mă întoarce cu capul în jos şi văd ceva neclar, nedefinit. Mi-e frică, îmi e atât de frică de ceea ce va fi... Oare unde mă duc? Mă zgâlțâie, simt nişte senzații pe piele şi ceva puternic îmi străluceşte-n ochi, mă chinui să îmi dezlipesc pleoapele, văd forme nedefinite în jurul meu şi aud voci ale unor persoane pe care nu le recunosc. E atât de multă agitație încât încep să plâng şi simt cum cineva mă ia în brațe, imediat. Sunt nişte brațe calde, fine şi cunoscute oarecum, parcă sunt în siguranță, e ca acolo de unde am venit. Încerc să deschid ochii, să privesc persoana, să o văd. Mă văd pe mine, adultă, uitându-mă la mine, mică, doar ieşită din pântec şi plâng de fericire şi de bucurie că mă văd. Sunt minusculă, şi firavă, şi rozalie, şi cu ochii lipiți, şi plânsă toată, dar ce frumoasă sunt, îmi zâmbesc eu mie, nou-născută şi îmi zic: *Bine-ai venit pe lume! Lumea în care trăim este un loc minunat. Aici există frică, aici există curaj, aici există furie şi vinovăție, gelozie şi tristețe, dor, singurătate, respingere, umilința şi abandon. Dar tot aici există alinare, acceptare, frumos, bucurie, recunoştința, încredere, includere, conținere, apropiere, loialitate, dragoste, conexiune. Aici nu vei fi niciodată singură, pentru că, atunci când nu vei simți pe nimeni, alături de tine, voi fi eu, iar când vei crede că eşti la pământ şi nu poți să te ridici, îți voi sufla în aripi şi-ai să zbori.*

Viața ta nu va fi mereu uşoară, în unele momente vei suferi, dar vreau să ştii că, indiferent de ceea ce ai să trăieşti,

eu te voi însoţi. Când nu te vei simţi aleasă, te voi alege eu,
când nu vei fi preferată, te voi prefera eu, când te vei simţi
respinsă, te voi accepta eu, când te va durea, te voi îmbrăţişa
eu. Să nu-ţi fie frică de viaţă, să nu-ţi fie frică să trăieşti şi să
nu uiţi niciodată că lumea e un loc minunat în care poţi să te
vindeci, poţi să creşti.

Vreau să ştii că eu sunt tu din trecut, iar tu eşti eu din
viitor, m-am întors să te întâmpin şi să-ţi spun că eu te accept
şi te iubesc aşa cum eşti.

Eu mă accept şi mă iubesc aşa cum sunt. Azi mă
iubesc cu adevărat.

POSTFAȚĂ

Am cunoscut-o pe Andreea Săvulescu cu 8 ani în urmă, la cursurile de dezvoltare personală pe care le predau; de atunci, a decis să pună bazele carierei sale de psihoterapeut. I-am fost alături ca îndrumător în cadrul formării în Psihoterapie Cognitiv-Comportamentală și Hipnoză Eriksoniană din cadrul AHPCC. Colaborarea noastră a continuat cu ședințele de supervizare în profesie, dar și cu procesul ei personal de cunoaștere și optimizare personală, în care i-am oferit asistență și ghidare. În tot acest răstimp petrecut alături de Andreea, m-au impresionat ambiția ei, hotărârea, pragmatismul, claritatea cu care își setează obiectivele și perseverența cu care urmărește îndeplinirea lor cu succes. Ca psihoterapeut, este o persoană empatică, disponibilă și adaptabilă la nevoile emoționale ale celor care-i cer sprijinul. Este un profesionist prin maniera în care încearcă să se construiască pe sine, dar și relațiile terapeutice cu beneficiarii muncii sale.

În carte, Andreea dezvăluie cititorilor latura sa vulnerabilă, vorbește cu onestitate despre omul din spatele profesiei de psihoterapeut, încercând să normalizeze renunțarea la măști și asumarea cu curaj și demnitate a autenticității și a întoarcerii către sine. Lucrarea de față are ca menire autovindecarea, dar și facilitarea procesului de identificare și transformare a cititorilor săi.

Am apreciat, în mod deosebit, structura volumului, fiecare capitol debutează cu explicarea unor concepte, continuă cu o parte de autodezvăluire și se încheie cu o tehnică psihoterapeutică eficientă, aplicabilă contextului dat.

Maniera autentică de exprimare, experiențele prezentate, în care, probabil, mulți se vor regăsi, tehnicile psihoterapeutice descrise, toate acestea îi vor ajuta, sper, pe lectori să se întoarcă spre sine, locul de unde începe transformarea.

Psihoterapeut principal și Lector Universitar Doctor
Mădălina Petrescu

Cartea-terapie - aşa pot denumi această incursiune literară a Andreei către sine, acest drum iniţiatic către rescrierea propriului scenariu de viaţă. Drumul este anevoios, cu hăuri, prăpăstii, mlaştini şi înălţimi pe care Andreea are curajul să le străbată.

Dependentă de a fi om, şi nu psihoterapeut, autoarea are curajul de a privi în interiorul propriilor răni, are curajul de a se destăinui pentru a se elibera, coborând de pe piedestalul pe care mulţi dintre oamenii prezenţi în procesul psihoterapeutic ne aşază. Noi, psihoterapeuţii, nu suntem îngeri, nu suntem perfecţi. Am suferit, suferim şi vom suferi în propriile strădanii de vindecare.

Simţi în paginile cărţii, urmărindu-i copilăria şi adolescenţa, că, prin acest demers, Andreea a trecut de la etapa acuzatoare, la etapa acceptării în relaţia cu proprii părinţi, demers pe care ar fi bine să-l urmăm cu toţii.

Într-un sistem educaţional în care copiii sunt supuşi de multe ori unor tratamente agresive atât din partea colegilor (numite azi bullying), într-o societate care valorizează şi impune imagini de silfide, cartea Andreei poate oferi şi altor adolescenţi modalităţi de depăşire a unor abuzuri, poate insufla motivaţii către atitudini proactive, modele de împlinire a unor nevoi, altele decât comportamente alimentare compulsiv-emoţionale.

Nu suntem răniţi singuri, nu ne vindecăm singuri. Încercăm toată viaţa să ne vindecăm în relaţiile cu ceilalţi uitând de cea mai importantă relaţie: relaţia cu noi înşine. Andreea ne învaţă cum să ne liniştim copilul interior şi să construim o relaţie de încredere, de siguranţă şi de iubire cu fiinţa care am fost şi suntem.

Andreea, dăruind, a dobândit! Astfel, ea ne invită spre demersuri vindecătoare, spre propriile întoarceri către nevoi ce ard adânc în fiecare dintre noi, încă din copilărie. Nu este o carte ce oferă soluţii minune, nu este un demers spre fericire în 7 paşi, este o invitaţie de a avea curaj să mergem către noi, să începem călătoria către centrul fiinţei noastre!

Psihoterapeut principal şi Lector Universitar Doctor
Lucian Negoiţă

BOOKZONE